James Coleman

Tacita Dean

Stan Douglas

Douglas Gordon

Steve McQueen

Bruce Nauman

Rosemarie Trockel

Bill Viola

Geschichten des Augenblicks

Über Narration und Langsamkeit

James Coleman
Tacita Dean
Stan Douglas
Douglas Gordon
Steve McQueen
Bruce Nauman
Rosemarie Trockel
Bill Viola

Susanne Gaensheimer

Moments in Time

On Narration and Slowness

Mit Beiträgen von / With essays by
Helmut Friedel
Susanne Gaensheimer
Matthias Gaertner
Irene Netta
Michael Tarantino
Ulrich Wilmes

Herausgegeben von / Edited by
Helmut Friedel

Lenbachhaus München
Hatje Cantz

Inhalt / Content

Helmut Friedel

7 *"Weshalb ist das Vergnügen an der Langsamkeit verschwunden?"*

11 *'Why has pleasure in slowness disappeared?'*

Matthias Gaertner

15 *Langsamkeit denken*

21 *Thinking Slowness*

Susanne Gaensheimer

27 *Geschichten des Augenblicks*

40 *Moments in Time*

52 James Coleman *La Tache Aveugle, 1978–90*

58 Tacita Dean *Gellért, 1998*

64 Stan Douglas *Nu•tka•, 1996*

70 Douglas Gordon *24 Hour Psycho, 1993*

78 Steve McQueen *Bear, 1993*

84 Bruce Nauman *Art Make-Up, No. 1–4: White, Pink, Green, Black, 1967/68*

90 Rosemarie Trockel *Mutter, Mutter, 1992 Ei-Dorado, 1993*

98 Bill Viola *The Greeting, 1995*

Ulrich Wilmes

105 *Die Erinnerung an das Morgen*

119 *Remembering Tomorrow*

Michael Tarantino

131 *Ein paar Augenblicke in der Geschichte der Filmzeit*

137 *A Few Brief Moments of Cinematic Time*

Irene Netta

143 *Zeit als gestalterisches Element bei Jan Vermeer van Delft und Bill Viola*

156 *Time in the Work of Jan Vermeer and Bill Viola*

166 Biografien / Biographys

177 Liste der ausgestellten Werke / List of exhibited works

Helmut Friedel

"Weshalb ist das Vergnügen an der Langsamkeit verschwunden?" (Milan Kundera)

Eine anschauliche Vorstellung von der Langsamkeit, mit der sich der Spaziergänger in den Geschäftspassagen der Metropolen des 19. Jahrhunderts bewegte, liefert Walter Benjamin in seinem *Passagenwerk*, in dem er bemerkt, daß es Flaneure gab, die Schildkröten an Leinen mit sich führten. Mit diesem Bild stellt er uns einen nahezu undenkbar gewordenen Menschentyp vor, der sich im langsamen Schauen wie natürlich auch im Gesehenwerden ergeht und der sich in seinem skurrilen Protest gegen die Funktionalität des lärmenden Maschinenzeitalters mit seiner Tempomaximierung spreizt. Nur aus Schilderungen wie wir sie in Sten Nadolnys Roman *Die Entdeckung der Langsamkeit* von 1983 finden, dessen Handlung ebenso auf das vergangene Jahrhundert verlegt ist, oder bei Milan Kunderas *Die Langsamkeit* von 1995, der in seinem Roman unsere Zeit mit der des Fragonard und Watteau kontrastierend darstellt, erfahren wir etwas von der ungeahnten Qualität der Langsamkeit, die etwas gänzlich Anderes bedeutet als Untätigkeit. Nadolnys langsamer Held ist ein großer Entdecker und Kunderas Erinnerung an die Zeit des Rokoko gilt dem verschwenderischen Umgang mit Zeit für die Liebe. Erst die Dehnung des Augenblicks in die Zeit einer Geschichte wirkt der Beiläufigkeit und dem Vergessen entgegen.

"Es besteht eine geheime Verbindung zwischen der Langsamkeit und dem Gedächtnis, zwischen der Geschwindigkeit und dem Vergessen. Denken wir an eine äußerst banale Situation: ein Mann geht auf der Straße. Plötzlich will er sich etwas ins Gedächtnis rufen, doch die Erinnerung versagt. In diesem Augenblick verlangsamt er automatisch seine Schritte. Umgekehrt beschleunigt jemand, der versucht, einen gerade erlebten schrecklichen Vorfall zu vergessen, unbewußt seine Gangart, als wollte er sich rasch von dem entfernen, was zeitlich noch allzu nahe bei ihm liegt.
In der existentiellen Mathematik bekommt diese Erfahrung die Form zweier elementarer Gleichungen: der Grad der Langsamkeit verhält sich direkt proportional zur Intensität der Erinnerung; der Grad der Geschwindigkeit verhält sich direkt proportional zur Intensität des Vergessens" (Milan Kundera, *Die Langsamkeit*, S. 40 f.).

Individuelle wie kollektive Schicksale entscheiden sich vielfach in minimalen Ausschnitten aus dem Zeitfluß. Im Augenblick ereignet sich alles und kann darin wieder verschwinden. Denkt man über Geschichten des Augenblicks nach, wird es darum gehen wie es gelingen kann, sich der Vielfalt unterschiedlicher Sensationen und Gefühle erinnerlich zu werden. Rasch folgen

Fragen nach der Bedeutung von Geschwindigkeit und Beschleunigung in ihrer Relation zur Zeit. Warum können wenige Augenblicke so voll des Lebens sein und dann wieder Tage und Wochen gleichgültig verstreichen? Ist es die Mechanisierung der Zeit, durch die mit immer größerer Genauigkeit unser Leben zu Stückchen zerkleinert wird, bis kein Ganzes mehr erfahrbar bleibt?

Die Antwort der Bilder auf diese Frage lautet von jeher: Dehnung von Zeit. Grundsätzlich intendiert kein Bild eine Erschließung seiner Inhalte, seiner künstlerischen Qualitäten, seiner besonderen "Sprache" im Augenblick; ganz im Unterschied zum Zeichen, das sich aufgrund seiner Intention mit dem einfachen Bezeichnen und Erkennen, das heißt mit einem raschen Auffassen begnügt. Das Bild, obschon in all seinen Bestandteilen immer zugleich anwesend, eröffnet sich erst langsam im Schauen in seiner Vielschichtigkeit. Betrachtung erfolgt in zeitlicher Ausdehnung, über deren Geschwindigkeit, respektive Langsamkeit, kaum präzisere Angaben möglich sein werden, als daß sie nie auf einen Punkt reduziert werden können; denn es gibt vielerlei zu sehen. Da es zu den besonderen Qualitäten des Sehens gehört, etwas zu "übersehen", wird ein Schauen von Bildern nie zu einem Ende im Sinne einer vollendeten Betrachtung gelangen.

Der Zeitfaktor spielt in der Kunst seit den späteren fünfziger Jahren eine neue, bedeutsame Rolle. Die Kunstaktionen etwa eines Yves Klein eröffnen einen anderen Zeitraum, in welchem das Kunstwerk als Ergebnis wie ein Kondensat der vorangegangen Bewegung übrig bleibt. Bei Joseph Beuys werden die künstlerischen Handlungen zu Werken, in denen wiederum die Aufforderung zur Aktion des Rezipienten angeregt wird. Sind die ersten aktionistischen Kunstdarstellungen in ihrer Überlieferung auf einige Filmmitschnitte und Fotos beschränkt, so ändert sich mit der Verfügbarkeit von Video die Situation entscheidend. Langdauernde Aufzeichnungen werden nun möglich, die nicht aus mehreren Schnitten zusammengesetzt ein collagiertes Bild ergeben, sondern ein authentisches Zeitbild liefern. Andy Warhols erster Film *Sleep* von 1963 antizipiert mit seinen sechs Stunden Dauer und der Verlangsamung durch eine Projektion mit sechzehn Phasenbildern pro Sekunde als Film die Langsamkeit des Video. Der Film besteht aus zehn-Minuten-Teilen, die jeweils wiederholt werden und einen schlafenden Mann zeigen. "Es fing damit an, daß jemand schlief, und dann wurde es einfach länger und länger. Ich habe tatsächlich all die Stunden für diesen Film gedreht..." (Andy Warhol, 1965).

1965 beginnt Roman Opalka mit seinem Bild *1965 / 1–∞*, einem Werk, das er bis an sein Lebensende fortzusetzen gedenkt und das sich aus einzelnen "Details" zusammensetzt. Opalka malt dabei fortlaufend Zahlen auf weiße Leinwände, alle von gleicher Größe, wobei er mit Schwarz beginnend pro weiterer Tafel dieses um jeweils ein Prozent Weiß aufhellt. Die Zeichen auf der Leinwand werden so im Laufe der Vollendung seiner Arbeit immer heller, bis sie nahezu unsichtbar weiß auf weiß stehen werden. Das Bild kennt also einen einzigen Verlauf, dessen Vollendung biographisch bedingt sein wird. Die Zeit seines Bildes schließt ein Leben in sich und könnte vom Betrachter nachvollzogen werden. Es basiert unter anderem in der skeptischen Annahme des Künstlers, daß es nichts weiter mitzuteilen gibt, als daß er dies getan hat, in der Sicherheit, daß er für jeden Strich seiner Malerei begründen kann, weshalb er genau so auszusehen hat – nämlich die gerade Folge der Zahlen in den bestimmten Formen der Ziffern.

Edward Kienholz schafft ein völlig anders aufgefaßtes "Zeit-Bild" mit *Still Live* von 1974; ein Wortspiel mit "Still Life" (Stilleben), "Still Alive" (noch am Leben) und "live" (scharfe Waffe, Munition). Es handelt sich dabei um eine Arbeit, die in Deutschland entstanden ist, nachdem Kienholz in Berlin seinen zweiten Wohnsitz nahm. Innerhalb eines Environments, das aus einem Raum mit Mobiliar besteht, ist der Lauf eines Gewehrs auf einen Sessel gerichtet, und den Besuchern wurde gesagt, daß eine wenn auch minimale Chance bestünde, daß das Gewehr in dem Moment feuern könnte, in dem sie im Sessel Platz nehmen würden. Wer sich hinsetzte, begab sich bewußt in die Schußlinie und gefährdete sein eigenes Leben. Der Automat, der den Mechanismus in Bewegung setzen kann, war auf eine mögliche Auslösung des Schusses innerhalb von zehntausend Jahren angegeben. Selbstverständlich war die Arbeit insbesondere mit Hinblick auf die Berliner Realität der Mauer und des Schießbefehls entstanden, die ein Gefühl der Gefährdung vermitteln sollte. Sie beinhaltet daneben aber einen bemerkenswerten Zeitfaktor: die Kürze des dramatischen Augenblicks, bei der gleichzeitigen Dauer der Anspannung in der Erwartung einer möglichen Katastrophe.

Videokunst und Langsamkeit, Langsamkeit und Langeweile waren für den künstlerischen Umgang mit dem in den siebziger Jahren neuen Medium nahezu synonym zu verwenden. Langatmige, ununterbrochene Aufnahmen von Performances mit starker Hinwendung zur Abbildung des eigenen Körpers, eine narzißtische Selbstbeobachtung, charakterisieren eine Reihe früher Videoarbeiten. Daneben war es insbesondere die Landschaft, der die neuen Beobachtungsmöglichkeiten galten. Gerry Schums Videoausstellung, die erste für das öffentliche Fernsehen produzierte Ausstellung, vereinte 1969 die Protagonisten der Land Art mit Richard Long, Barry Flanagan, Dennis Oppenheim, Robert Smithson, Marinus Boezem, Jan Dibbets, Walter de Maria und Mike Heizer. Schums Fernsehgalerie stellte eine neue Kunstform in anhaltenden, ruhigen Bildern vor, die auch mit den Sehgewohnheiten des Fernsehpublikums kollidierten.

Performances haben immer wieder Langsamkeit zum Thema. Bei Marina Abramović und Ulay wird Zeitdauer zu einer bestimmenden Größe in vielen ihrer Arbeiten. *Relation in Movement* und *Relation in Time* sind zwei Performances aus dem Jahr 1977, die sechzehn, beziehungsweise siebzehn Stunden dauerten. Die Handlungsanweisung *Relation in Movement* ist denkbar einfach. Ulay: "I am driving the car for an indefinite time in a circle" – Marina Abramović: "I am sitting in the car, moving for an indefinite time in a circle, announcing the number of circles by megaphone". Der Kleinbus hinterläßt eine immer schwärzer werdende Kreisspur auf dem Aktionsplatz. *Relation in Time* findet zunächst ohne Publikum statt und wird nur stündlich in Fotos dokumentiert. "We are sitting back to back, tied together by our hair without any movement". Nach sechzehn Stunden wird das Publikum zugelassen: "We continued sitting for one more hour". Die letzte gemeinsame Aktion *The Lovers. The Great Wall* endet am 27. Juni 1988 nach einem neunzig tägigen Marsch über zweitausend Kilometer, den Ulay in der Wüste und in den Bergen, Marina Abramović aber vom Meer aus aufsteigend begannen, und endet in dem Satz: "We each took 2000 km march to say goodbye".

Unsere Ausstellung *Geschichten des Augenblicks* knüpft einerseits an Ausdrucksmöglichkeiten der siebziger Jahre mit den Arbeiten von James Coleman und Bruce Nauman an, legt aber den Akzent verstärkt auf jüngere Positionen. Dabei spielen insbesondere mediale Überlegungen eine vorrangige Rolle. Alle gezeigten Arbeiten sind Projektionen, wobei zu beobachten ist, daß die Geschwindigkeit in der Darstellung der Langsamkeit sich zunehmend ändert. Diese Veränderung resultiert aus den gewandelten Konditionen der Bilder und ihrer Produktion. Heute kann bei einer Vorstellung von Geschwindigkeit nicht mehr von einer raschen, aber gleichbleibenden Bewegung die Rede sein, sondern vielmehr muß man von einer ungeheueren Beschleunigung sprechen, die scheinbar alle Bereiche unseres Lebens erfaßt hat. Es sind nicht nur die Prozesse der Produktion und der sie generierenden computergesteuerten Maschinen, die in immer kürzeren Zeitabschnitten maximierte Produkte hervorbringen; es sind vielmehr bereits verinnerlichte Wege der Wahrnehmung, die unsere Weltsicht prägen und die dieser Beschleunigung unterliegen. Eine mechanisierte Weltanschauung, die die Natur zur funktionalisierten Realität gemacht hat, indem sie die philosophische Durchdringung mit Berechenbarkeit eintauschte, erzielt ihre Erfolge durch Leistungssteigerung, die sich ausschließlich nach der Formel "Gewicht durch Weg mal Zeit" berechnen lassen. Danach unterliegen mitunter auch Kunstwerke diesen Konsumgesetzen.

Ich danke den Künstlern für ihr Interesse an der Ausstellungsidee und für die engagierte Mitwirkung. Susanne Gaensheimer danke ich für ihren außergewöhnlichen Einsatz, durch den aus einer Idee eine erfahrbare Wirklichkeit wurde.

Helmut Friedel

'Why has pleasure in slowness disappeared?' (Milan Kundera)

In his *Das Passagen-Werk* Walter Benjamin gives a vivid impression of how strollers moved in the shopping arcades of nineteenth-century cities: some of them, he says, walked with a tortoise on a lead. This image conjures up a type of person almost unthinkable today, someone who deliberately cultivates slowness and, in making sure that others take note of the fact, openly expresses contempt for the noisy utilitarianism of the machine age and its worship of speed. It is only from literature that we gain some idea of the qualities inherent in slowness (which is something quite different from idleness) – from Sten Nadolny's novel *The Discovery of Slowness* of 1983, for example, which is set in the previous century, or from *Slowness*, a novel by Milan Kundera published in 1995 in which our times are contrasted with those of Fragonard and Watteau. Nadolny's leisurely hero is a great discoverer, while Kundera evokes the Rococo era to explore the enormous amount of time lavished on amorous pursuits. Transitoriness and oblivion are counteracted by extending the moment to the length of a story. As one passage in Kundera's novel has it:

'There is a secret link between slowness and remembering, between quickness and forgetting. Think of something utterly commonplace – a man walking down the street. Suddenly, he wishes to remember something, but his memory fails him. At this moment he automatically slows his paces. Conversely, someone trying to forget a terrible experience he has just had will unconsciously quicken his pace, as though wanting to escape from what is still all too close to him in time.
In existential mathematics this experience can be expressed in the form of two elementary equations: the degree of slowness exists in direct proportion to the intensity of remembering; the degree of quickness exists in direct proportion to the intensity of forgetting.'

Both individual and collective destinies are often decided in the space of minuscule excerpts from the flux of time. Everything can take place, and disappear again, in an instant. In reflecting on certain moments, on the stories of single instants, one searches for a way of preserving in the memory a wide variety of different sensations and feelings. Questions soon arise as to the significance of speed and acceleration in relation to time. How can a few moments be so full of life and then days or weeks pass by more or less unnoticed? Does the answer lie in the mechanization of time, which has reduced our life with ever greater precision to a series of small units so that it can no longer be experienced as a whole?

The visual arts have always responded to these problems by extending time. Unlike a sign, the entire purpose of which is to denote and be recognized, that is, to be understood immediately, an image will never reveal fully its content, its artistic qualities and its particular 'language' in a single moment. Although all its elements are always present at once, the image unlocks its multifarious secrets only over time, in the course of viewing. It is scarcely possible to define the speed, or rather the slowness, at which such observation of an image takes place, except to say that it can never be as short as an instant: there is simply too much to see. Since one aspect of looking is that things can be 'overlooked', viewing an image will never come to an end in the sense that everything has been seen that there is to see.

Time has played a new, significant role in art since the late 1950s. Actions such as those of Yves Klein extended the time factor, so that the work of art appears as a set of remains, as the condensed result of previous activity. With Joseph Beuys artistic actions became works in which the spectators themselves were encouraged to act. Such early examples of this form of artistic expression are preserved only in snippets of film or in photographs. The emergence of video changed all that. The visual documentation of long periods of time became possible, not as a collage of edited film footage, but as a genuine record of the passage of time. Projected at a reduced speed of sixteen frames per second so that it lasted six hours, Andy Warhol's first film, *Sleep* of 1963, anticipated the slowness of video. This film, which shows a man sleeping, consists of ten-minute sections that are repeated.

In 1965 Roman Opalka began his picture *1965 / 1–∞*, a work, assembled from individual 'details', that the artist intends to continue working on for the rest of his life. Opalka paints a continuous sequence of numbers on separate white canvases, all of the same size, beginning with black and becoming progressively one per cent lighter on each new canvas. Thus becoming lighter and lighter, the digits could one day be barely distinguishable from the white ground. The artist's biography will determine when the work ends. Hence, the time encompassed by the picture will be that of a life and could be retraced by the spectator. *1965 / 1–∞* is founded partly in Opalka's sceptical assumption that he has nothing more to convey than that he has done what he has done in the certain knowledge that he can explain exactly why each and every brushstroke is the way it is – namely, because it gives shape to the established form of a digit in a strict numerical sequence.

Edward Kienholz created a completely different 'image' of time in his *Still Live* of 1974, the pun in the title setting up associations with 'still alive' and with 'live' in the sense of 'charged'. In this work, staged in Berlin after the artist had established a second home there, the barrel of a machine gun was pointed at an armchair in a furnished space. Visitors were told that there was a chance, however slight, that the gun would fire the moment they sat down in the chair. Those who did so thus knew full well that they were endangering their lives by placing themselves in the line of fire. The firing mechanism was set to produce a shot at some point in the next ten thousand years. Still Live was naturally created with the special conditions of Berlin in mind, not least the threat to life represented by the fact that East German soldiers were under orders to shoot anyone setting foot in the no-go area next to the Wall. Yet the work also has a notable time element: the tense anticipation of disaster concentrated in the space of a single dramatic moment.

Video art and slowness, slowness and boredom, were almost synonymous in the 1970s, when the medium was new. Continuous, long-winded records of Performances that often involved the artists' own bodies were typical of the narcissistic self-observation that characterized much early video work. Landscape, too, was a favourite subject for the new possibilities for observation offered by video. In 1969 Gerry Schum organized a video exhibition – the first exhibition to be produced for public television – that was devoted to the work of exponents of Land Art: Richard Long, Barry Flanagan, Dennis Oppenheim, Robert Smithson, Marinus Boezem, Jan Dibbets, Walter de Maria and Mike Heizer. Schum's *TV gallery* presented a new art form in gentle images, seemingly suspended in time, that conflicted with the general public's viewing habits and expectations.

Performances frequently revolve around slowness. Indeed, it is the determining factor in many works by Marina Abramović and Ulay. Two 1977 Performances by them, *Relation in Movement* and *Relation in Time*, for example, lasted sixteen and seventeen hours respectively. The directions for both pieces could scarcely be simpler. For *Relation in Movement* they are: 'Ulay: I am driving the car for an indefinite time in a circle. Marina Abramović: I am sitting in the car, moving for an indefinite time in a circle, announcing the number of circles by megaphone.' The vehicle left the trace of a circle that became darker and darker as time passed. The first part of *Relation in Time*, documented every hour in photographs, took place without an audience: 'We are sitting back to back, tied together by our hair, without any movement.' The public was admitted after sixteen hours: 'We continued sitting for one more hour.' The last joint action by these two artists, *The Lovers: The Great Wall*, ended on 27 June 1988 after a ninety-day walk over two thousand kilometres, which Ulay had begun in a mountainous desert region and Marina Abramović by the sea. It closed with the words: 'We each take 2000 km to say goodbye.'

The exhibition *Moments in Time* includes works by James Coleman and Bruce Nauman that relate to forms of expression practised in the 1970s, but its main focus is on more recent developments. Medial considerations occupy a central place here. All works make use of projectors and it is noticeable that what might be called the 'speed of representing slowness' is subject to increasing change. These changes derive from alterations both in the conditions under which the images are produced and in the way they are produced. Today, notions of speed can no longer be governed by rapid, constant movement, but by a tremendous acceleration that would seem to have invaded all areas of life. For, in the final analysis, our view of the world is not actually determined by computer-generated and computer-controlled processes that manufacture a maximum number of products in ever shorter spaces of time, but by certain modes of perception, long since internalized, that form the basis of this acceleration. A mechanized *Weltanschauung* that has turned nature into a functionalized reality by exchanging philosophical exploration for measurability achieves success by increasing performance that can be calculated solely in terms of the formula Weight = Distance x Time. Works of art, too, can certainly be subject to this law of consumption.

I am most grateful to the artists included here for their openness towards the concept behind this exhibition as well as for their commitment to the project. I also wish to thank Susanne Gaensheimer, who, with extraordinary dedication, has transformed an idea into reality.

Matthias Gaertner

Langsamkeit denken

Es ist eine neue Errungenschaft, manchmal auch eine Last und ein Fluch, daß Denken es nur mit Gedanken zu tun haben kann; daß es von Gedanken ausgehen und bei Gedanken bleiben kann, und nichts zu erklären oder zu lösen braucht.
So sollen hier *Gedanken*, die sich vielleicht im Umkreis solcher langsamer Kunst erheben, aufgegriffen und ein wenig weiter*gedacht* werden – ohne Rücksicht darauf, ob sich die Künstler derartiges gedacht haben und ob diese Gedanken irgendetwas an den Werken erklären oder verständlich machen. Im Gegenteil: Es wird darauf vertraut, daß das Anschauen etwas auch gegenüber dem Denken unersetzlich Eigenes ist und daß bei jedem der gezeigten Werke, selbst wenn beim Machen viel gedacht wurde und das Anschauen viele Gedanken provoziert, genug fürs Denken Uneinholbares bleibt – nur für die Augen, in langem, langsamem Hinschauen.
Die klassische Frage des Denkens lautet: "Was ist...", und so soll gefragt werden: Was ist Langsamkeit? Wo taucht sie auf, was geschieht in ihr, warum und wie kann sie Thema werden, des Denkens oder der Kunst. "Langsam betrat sie den Raum"; "Er fuhr an dieser Stelle sehr langsam"; "Mach langsam!"; "Der ist aber langsam"; "Langsam fiel das Blatt zu Boden" – unter "langsam" wird man verstehen, daß jemand oder etwas mehr Zeit braucht als gewöhnlich, als jemand oder etwas anderes. Versucht man Langsamkeit zu denken, denkt man Zeit. Im folgenden soll also der *Gedanke* Zeit zu denken versucht werden – nicht über die wirkliche Zeit nachgedacht werden, die Zeit, die jeder von uns hat oder die einem fehlt, die man bräuchte, die man jemandem stiehlt oder die man sich einfach nimmt, auch nicht über unsere Zeit – und zwar anhand von drei verschiedenen Weisen von Langsamkeit. Die erste sei "technisch" genannt, weil sie machbar ist; die zweite ist dagegen eine menschliche Langsamkeit, wie man sie an alten Menschen etwa kennt; die dritte soll diejenige sein, die einem "unendlich" langsam erscheint, eine Langsamkeit vor dem Ende.

1. Technische Langsamkeit

Das Charakteristische am Technischen ist, daß alles als veränderlich und damit als machbar gedacht ist (auch wenn wir vieles noch nicht und manches sicher nie machen können). Als veränderlich kann etwas gedacht sein in dem, daß es ist oder nicht ist: herstellbar und wieder zerstörbar; als veränderlich kann es aber auch gedacht sein in dem, wie es ist, also als vergrößerbar oder verkleinerbar, bemalbar, – und all die vielen Möglichkeiten von Gestaltung, Design und auch Verpackung; weiter darin, wieviel es davon gibt, also daß es etwas ganz anderes ist, ob es ein Ding nur einmal gibt oder millionenmal; schließlich darin, wo es ist, also veränderlich im Hinblick auf den Ort, wo es sich befindet, daß man es von hier nach dort bewegen kann. Jede dieser Veränderungen ist als ein Vorgang gedacht und an jedem solchen Vorgang kann man eine bestimmte Geschwindigkeit messen, er geht schneller oder langsamer vonstatten. Zu dieser Veränderlichkeit gehört, daß das Tempo nicht als feststehend gedacht ist, daß es schwanken kann und daß es auch beschleunigt oder verlangsamt werden kann – soweit das Material einen solchen Eingriff aushält und soweit die dafür nötige Energie vorhanden ist. Langsam ist dabei ein grobes, zumeist ungenaues Zeitmaß, hat oft einen Beigeschmack von "zu langsam", etwa wenn man sagt: "Mit dem Projekt geht es langsam voran". "Langsam" meint jedenfalls, daß ein Vorgang mehr Zeit braucht und daß derselbe Vorgang auch schnell sein, d.h. weniger Zeit brauchen könnte.

Aus dieser Bestimmung allein ist es aber ganz unverständlich, inwiefern Langsamkeit eigens gesucht und dann positiv bewertet werden kann, wenn etwa von einer Entdeckung der Langsamkeit gesprochen wird. Denn in solcher Redeweise ist Langsamkeit offensichtlich gegen die Schnelligkeit und Schnellebigkeit, gegen Tempo, Raserei und Hektik, gegen das Technische überhaupt gesetzt. Von solcher Langsamkeit scheint ja erwartet zu werden, daß alte menschliche Werte in ihr wieder oder auch ganz neue möglich und lebbar werden. Dagegen soll hier behauptet werden, daß dies nur so scheint, daß vielmehr eine solche Langsamkeit genauso zum Technischen gehört, ja daß sie sogar noch eine Steigerung des Tempos bedeutet.

Um dies deutlich zu machen, seien zunächst einige technische Beispiele genannt, wo ein Vorgang ausdrücklich verlangsamt wird, wo eigens das geforderte, gewohnte oder gewünschten Tempo zurückgenommen wird. Ausdrücklich langsam wird man etwa beim Autofahren vor einer roten Ampel, vor Richtungsänderungen, an unübersichtlichen oder sonst gefährlichen Strecken (also unfreiwillig und zumeist nicht positiv bewertet), aber auch, wenn man die sonst vorbeihuschende Landschaft sehen will. Ausdrücklich langsam geht genießend der Spaziergänger, ging neugierig der Flaneur, ganz verlangsamt lebt der Urlauber. Zu nennen sind hier auch langsame Sätze in der Musik oder Ritardandi, auffällige, ausdrückliche Verlangsamungen. Auch wenn ein Lehrer einen Sachverhalt eindringlich verständlich machen will, verlangsamt er das Tempo des Unterrichts. Tatsächlich wird, an den Beispielen deutlich, mit dem gewohnten oder auch geforderten Tempo eigens gebrochen, und tatsächlich ist dann vieles möglich, was es sonst nicht wäre. Aber es ist nicht so, wie die weitverbreitete Klage über das zu hohe Tempo, das Zuviel in zu kurzer Zeit vermuten ließe, daß in der Verlangsamung Weniger wäre, sondern es ist viel Mehr. Dafür spricht schon allein, daß die Langsamkeit lange vor ihrer individuellen Entdeckung schon von Industriebetrieben zu Profit und Steigerung eingesetzt wurde. Langsamer arbeiten heißt dann: konzentrierter, so daß weniger übersehen, weniger Ausschuß produziert und die Produktion so gesteigert werden kann. Sicher jedenfalls nicht um alter menschlicher Werte willen, um Gemütlichkeit und individuelle Entfaltung zu fördern (oder wenn dieses, dann wiederum, um die Produktion zu steigern). Aber auch individuell ist solche ausdrückliche Verlangsamung meist keine Milderung, kein Ausbrechen aus dem technischen Takt, sondern eben eine Steigerung: Man lernt langsamer, weil man in konzentriertem – langsamem, genauem – Lernen *mehr* verstehen, mehr und besser merken kann; man fährt ausdrücklich langsamer, weil man dann mehr und alles intensiver sieht – auch bei unfreiwilliger Verlangsamung (die Intensität von Gefahrenerlebnissen wie auch des alltäglichen Ampelstresses belegen dies). Man spielt langsame Musik für traurige Anlässe, weil sie eine stärkere Emotion bewirkt, man spürt sich in der Langsamkeit des Urlaubes weit deutlicher und stärker als sonst.

Die eigentümliche Dichte, in der beim Fahren Landschaft, Straße und andere Autos gegeben sind, die wohl die Faszination und zugleich den Streß des Autofahrens ausmacht, wird bei langsamem Fahren nicht aufgegeben, man kehrt keineswegs zu Postkutschenzeiten zurück und bewegt sich etwa außerhalb technischer Zeit. Vielmehr – so paradox es klingt, da man ja bei langsamem Fahren weniger Kilometer zurücklegt – sieht, erlebt, erfährt man in derselben Zeit viel mehr. Ebenso zeigt im Fernsehen und in manchen Filmen die deswegen so genannte Zeit-Lupe nicht etwa weniger oder milder und menschlicher, sondern bietet eine Überfülle, viel mehr, dichter und ist auch weit anstrengender anzusehen als eine Darbietung im gewohnten Tempo. Ein in diesem Sinne verlangsamtes, ausdrücklich langsam gelebtes Leben wäre – soweit solche über die allgemeine Beschleunigung hinaus nochmalige und vielleicht qualitativ andere Steigerung menschenmöglich ist – ein noch intensiver, noch mehr gelebtes Leben.

In einem solchen Gedankengang ist Zeit jedenfalls als vorgegeben gedacht: wie ein leeres Gefäß, das mehr oder weniger gefüllt werden kann – wie etwa die eigene Lebenszeit erfüllt, oder die Zeit, die für eine Aufgabe zur Verfügung steht genutzt werden kann. Das Jetzt, der Augenblick will gefüllt werden.

Will man diesen Gedanken weiter ausdenken, kommt man wohl ins Dickicht von Sein und Zeit und dessen, was Martin Heidegger als das Wesen der modernen Technik vorausgedacht hat.

2. Menschliche Langsamkeit

Ganz anders aber tritt einem der Gedanke Zeit entgegen und führt auch gedanklich anderswohin, wenn man statt an technischer Verlangsamung an der Langsamkeit alter oder kranker Menschen hängenbleibt. Dächte man solche Langsamkeit in der oben geschilderten Weise und beurteilte danach die Menschen, wären sie wohl pauschal und negativ bewertet zu langsam, für dieses und jenes, für alles. Solche Langsamkeit ist sicher nicht gemeint, wenn Langsamkeit heute entdeckt wird. Im Gegenteil: Mit oft großer Anstregung versuchen die Menschen ihr auszukommen – vorzubeugen, gegen sie anzugehen, um eben nicht langsam, zu langsam zu sein.
Wie ist dabei Langsamkeit, wie Zeit gedacht? Offensichtlich nicht als Steigerung, nicht als mehr und immer mehr. Das erste, was zu denken gibt ist, daß ein langsamer Mensch nicht nur selber nicht *mehr* sieht, sondern daß er, obwohl er langsam ist, gar nicht auffällt, daß an ihm nicht *mehr* zu sehen ist, ja daß er aus dem Sehen eigentlich herausfällt. Ein alter Mensch, wenn er sich quält, erweckt Mitleid (also Gefühle oder Gedanken), provoziert eher ein Helfen als ein Hinschauen, macht vielleicht auch ärgerlich oder ungeduldig. Zumeist jedoch bemerkt man, keineswegs aus Desinteresse, solche Menschen gar nicht. Menschliche Langsamkeit ist fast unsichtbar, man weiß sie eher, spürt, ahnt sie, als daß sie sich im Anschauen bekundete und vollzöge. So sagt man: "Das kann man gar nicht mit ansehen" und beschreibt den Sachverhalt genau, auch wenn man mit diesem Satz nur seine Ungeduld bekunden will. Diese Langsamkeit ist nur ohne Faszination denkbar, undeutlich, ohne Standpunkt. Es ist gedanklich unsinnig zu sagen, ein langsamer alter Mensch, ein vom Technischen her für eine Aufgabe zu langsamer Mensch, lasse sich Zeit, nehme sich die Zeit. Um den Gedanken Zeit in diesem Sinne zu denken, sind die technische Zeit charakterisierenden Worte Vorgang, Geschwindigkeit, Tempo, ist das Messen von Zeit, das Vergleichen und gar Steigern oder Reduzieren verfehlt. Menschliche Langsamkeit, menschliche Lebens-Zeit ist nicht als machbar zu denken. Dies erläutert vielleicht am besten die angebliche Gemütlichkeit früherer Zeiten. Diese Gemütlichkeit gab es damals bestimmt nicht, sie ist erst heute möglich geworden. Die Menschen früherer Zeiten waren vielleicht, technisch gesehen, langsamer, hatten aber deswegen bestimmt nicht mehr Zeit, erlebten nicht intensiver. Ihr Leben war nicht erfüllter, weil sie langsamer lernten, fuhren, lebten... Vermutlich muß die Lebens-Zeit früherer Generationen anders gedacht werden, als wir das von unserer tun. Hierzu gibt es freilich wenige Anhaltspunkte, einer sei genannt. Gemeint ist die seltsame Tatsache, daß das Wort "langsam" heute an die Stelle vieler anderer, vieler ganz anderes nennender getreten ist; daß wir immer das gleiche Wort "langsam" sagen, wo man früher etwa "gemach", "träge", "bedächtig", "zögerlich", "zaudernd", "säumig", "gemessen", "geduldig", "gelassen" und wohl noch andere gebrauchte. Diese Worte sprechen vielfältig, tief und reich von der menschlichen Lebens-

Zeit. Sie sprechen, ohne daß es da für uns Neues und Unbekanntes anzuschauen oder zu denken gibt.
Was hier als Zeit zu denken gibt, fordert vom Denken gerade umgekehrt den Respekt vor menschlichem Leben, menschlicher Welt, menschlicher Zeit (und Langsamkeit), die im Sprechen und Leben da sein, im Nachdenken aber verschwinden und sogar zerstört werden kann.

3. Langsamkeit vor dem Ende

Noch einmal anders beansprucht und bereichert Langsamkeit das Denken in der Erfahrung einer Verlangsamung besonderer Art: Wenn nämlich die Zeit sich so dehnt, so lang – langsam – wird, daß man von "ewig" spricht. "Das dauert ewig" ist zwar auch zu einer Redensart verkommen, verweist aber doch auf die seltenen Augenblicke, in denen die Zeit gleichsam aussetzt, stehenbleibt oder eben in der Weise der "Ewigkeit" da ist. Aber wie soll man Ewigkeit denken?
Berichtet wird dies von so verschiedenen Momenten wie es die Starre eines Erschreckens, die Lähmung der Angst, aber auch die religiöse Ekstase, die Liebe oder die Geburt eines Kindes sind. Beschrieben wird es so, daß die Zeit überhaupt aufgehört habe – nicht daß sie nur besonders lange dauert, besonders viel enthält (ganz anders also als bei der technischen Zeit). Immanuel Kant hat sich, halb spöttisch, halb ratlos über solches "Ende aller Dinge", also auch der Zeit, Gedanken gemacht, und auch Nietzsches "ewige Wiederkehr" versucht denkerisch davon auszugehen. Vor allem aber wurde Sterben, Tod und "ewiges Leben" jahrhundertelang daraus zu denken versucht.
Solche Momente, in denen die Zeit so langsam wird, daß sie als zuende erfahren wird, werden auch als außer-zeitlich, über-zeitlich, als ohne Zeit benannt. Das Wesentliche daran kann also nichts Zeitliches sein, es kann dabei nicht auf Vorgänge, Veränderungen, auf Werden und Vergehen ankommen und es können deswegen auch die auf Zeit angewiesenen Tätigkeiten – Wahrnehmen, Empfinden, Erleben, aber auch Sehen und Denken – nicht ausschlaggebend sein.
Augustinus hat Ewigkeit als "ewiges Heute", als reine Gegenwart ohne Zukunft und ohne Vergangenheit bestimmt. Gemeint ist damit, daß in ihr nichts fehlt, nichts als zukünftig aussteht – gehofft, gewünscht, erstrebt – und nichts als vergangen entschwunden ist und in dieser Weise fehlt. Eine solche paradoxe Bestimmung – Gegenwart ohne Zukunft und Vergangenheit? – könnte man als Beschreibung außergewöhnlicher Augenblicke gedanklich auf sich beruhen lassen. Gewicht bekommt sie aber dadurch, daß der Gedanke eines gleichförmigen, selbstverständlichen und so beschränkten Alltags, wie überhaupt der der Endlichkeit daran hängt.

Kann man das, was hier Zeit heißt, ohne Rückgriff auf Theologie denken? Denn wenn Ewigkeit außer-zeitlich oder über-zeitlich gedacht ist, darin die Zeit stillsteht, Gegenwart herrscht, so gehört sie doch in den Gedanken Zeit. Man kann versuchen, die Zeit selbst als endlich zu denken: Daß einmal keine Zeit war und einmal keine mehr sein wird, daß es Zeit nicht immer schon gab und immer geben wird. Man kann wie Hannah Arendt denken, daß mit der Geburt jedes Menschen Zeit möglich wird, daß sie mit dem Handeln der Menschen gleichsam entsteht und in der menschlichen Welt aufgehen kann. Man kann aber auch, wie Nietzsche (gegen die theologische Deutung der Ewigkeit) und viele Denker seither, die Beschränktheit des Alltags neu zu denken versuchen.

Wenn man sich zum Schluß die drei mehr skizzierten als ausgeführten Denkrichtungen noch einmal vergegenwärtigt, wird deutlich, daß sie nicht vereinbar sind. Es scheint keinen Begriff der Zeit zu geben, der alle drei umfaßt, Zeit scheint kein Ganzes zu sein. Statt im Kreis zurückzuführen, Fragen zu beantworten, die Dinge einfach und klar zu machen, führt das Denken hinaus in Unklarheiten, in eigentümlich *denkerische* Gegenden und eher immer weiter hinaus.

Matthias Gaertner

Thinking Slowness

It is a real achievement, but sometimes also a burden and a curse, that thinking can deal only in thoughts, that it can start with thoughts and stay with thoughts and need explain or resolve nothing. In this essay I shall take up some *thoughts* that might occur in the context of the 'slow' art presented here and *think* them through, regardless of whether or not the artists themselves thought in these terms or of whether or not the thoughts help explain any aspect of their work. Indeed, I shall trust in the fact that looking is something absolutely *sui generis*, different from thinking, that in each of the works on display, however much thought went into their creation and however many thoughts arise from looking at them, there is something inaccessible to thought – something available to the eyes alone in the course of long, slow viewing.
The classic question involved in thinking is 'What is...?' What, then, is slowness? Where does it occur, what happens in it, why and how can it become a subject, of thought or of art? 'She entered the room slowly', 'He drove very slowly at this point', 'Slow down!', 'Isn't he slow!', 'The leaf fell slowly to the ground': the common denominator of slowness is that someone or something takes longer than someone or something else. If one tries to think slowness, one thinks time. I shall attempt here to think the thought 'time'. This is not the time that each of us has or does not have enough of, that we need, that someone wastes for us or that we simply make. Neither is it the 'times' in which we live. It is the *thought* 'time', which I wish to think with reference to three different types of slowness. The first I shall call technological because it can be made use of; the second is human slowness of the kind familiar from, say, elderly people; and the third is the type that appears 'endlessly' slow, the slowness before the end.

1. Technological Slowness

Characteristically, all things technological are conceived, are *thought* of, as changeable and therefore capable of being put to use (even if we still cannot do many things and will certainly never be able to do some). Something can be thought of as changeable in the sense that it may or may not exist: it can be made and destroyed. It can also be thought of as changeable in the way it does exist: it can be enlarged or reduced in size, painted, shaped, decorated and packaged in any number of ways. Or again, it can be thought of as changeable in terms of number: it can be completely different according to whether it exists only once or a million times. Finally, it can be thought of as changeable in terms of place: it can be moved from one location to another. Each of these changes is thought of as a process and each of these processes can be measured in terms of speed, of how quickly or slowly it takes place. The speed of such changes is not thought of as fixed: it may vary and, if the material in question permits and the necessary energy is available, it can be increased or decreased. 'Slow' is here a general, usually imprecise indication of time, often carrying a hint of 'too slow', as in 'We're slowly making progress with this project'. Certainly, 'slow' in this context means that something is taking 'longer' and that it could also be done 'quickly', that is, in a shorter time.

Viewed in these terms, it appears incomprehensible that slowness could ever be sought for its own sake and valued positively, that anyone could speak of the 'discovery' of slowness, evidently judging it a desirable alternative to quickness and speed, to a hectic, fast-moving life, to all things technological. It seems to be expected of this slowness that it will enable life to be lived once again according to time-honoured human values or even permit wholly new values to be created. It is my contention that this is an illusion, that this kind of slowness, too, belongs to the technological realm, that it even entails an increase in speed.

I shall start by adducing a few technological instances of processes being deliberately retarded, cases of a reduction in the required, customary or desired speed. In a car one slows down deliberately when traffic lights are red, before changing direction and at places in the road that are dangerous because, say, visibility is bad. Little choice is involved here and the change in speed is not usually welcomed. Yet one also slows down deliberately in order to see countryside that would otherwise flit past. Similarly, strolling increases the walker's enjoyment; a window shopper deliberately walks slowly so as not to miss anything; and the holiday-maker lives at a generally slower pace. In music one thinks of slow movements or of ritardandi, those deliberate slowings of the tempo. Teachers, too, slow down when they wish to make something absolutely clear. In each of these instances the usual, or the requisite, speed is deliberately disregarded and this does indeed make many things feasible that would otherwise be impossible. Frequent complaints about the quick pace of things and about having too much to do in too short a time imply that slowing down means less, but in fact it means far more. This is borne out by industry having made use of slowness to increase productivity and profits long before individuals 'discovered' it. In this context working more slowly means working with a higher degree of concentration so that fewer things will be overlooked and less waste produced. It certainly does not signify a devotion to time-honoured human values or a wish to foster general well-being and individual fulfilment (or, if it does, then only in order to increase productivity). At an individual level, too, such deliberate deceleration rarely brings relaxation, a release from the regular pulse of technology, but rather an intensification. One learns more slowly because

by learning with greater concentration – slowly, precisely – one actually understands more, can remember a greater number of things better. One drives more slowly so as to see more – everything – with greater intensity, even when not welcoming the slower speed (the intensity with which danger and stress at traffic lights are experienced is proof of this). Slow music is played on sad occasions because it is more touching than fast music. And the slow pace of a holiday allows one to experience oneself far more acutely than at other times.
The remarkable intensity with which countryside, streets and other vehicles are perceived from a moving car – the source at once of the fascination and the stress of driving – is not relinquished if one drives slowly: One does not then return to the days of the horse and carriage, is not suddenly moving outside the technological era. Rather, slow driving, however paradoxical this may sound (because one travels fewer kilometres), causes one to see, experience and learn far more in an identical length of time. Similarly, slow motion on television or in films does not make things appear more reduced, gentler or more humane, but proffers far more, and in more concentrated form, and is much more tiring to watch than something presented at normal speed. Assuming that human beings would be capable of bearing a further intensification of experience, perhaps qualitatively different, over and above the general acceleration to which they are subject, life lived slowly in the way described would be an even more intense experience.
Such a train of thought presupposes the existence of time, like an empty vessel that can be more or less filled, just as one can live a 'full' or 'empty' life in the same amount of time or can 'use' the time available for solving a problem. Seeking to think this thought through, one enters the jungle of *being* and *time*, and what Martin Heidegger thought of farsightedly as the nature of modern technology.

2. Human Slowness

The thought 'time' appears completely different, and leads one's thinking in other directions, when it is encountered not as a technological reduction of speed but as the slowness of elderly or sick people. Thought of in the terms described above, and used as the basis of judgements, this kind of slowness would receive a generally pejorative assessment, as too slow, for this, for that, for everything. This is certainly not the type of slowness people mean today when they talk of 'discovering' slowness. Indeed, a great deal of effort is often expended in coming to terms with this kind of slowness, in preventing or combating it so as not to be slow, too slow.
How is slowness – how is time – *thought* of in this context? Obviously not as an intensification, as one increase after another. The first thing to think about is the fact that slow

people do not actually see more and that, in spite of being slow, they themselves are barely noticed, that processes are not readily apparent in them, that they are really outside vision. An elderly person in difficulty may awaken pity (that is, feelings and/or thoughts), inciting assistance rather than observation, or may provoke anger or impatience. Often, however, one does not even notice such people, though certainly not through lack of interest. Human slowness is almost invisible: one knows about it, feels it, senses it, rather than registering and following it through observation. 'I can't bear to watch that': these words, although intended to signify only aversion, describe this phenomenon precisely. This type of slowness can be thought of only in unfascinated terms, vaguely, without adopting a standpoint. It is nonsensical to state that a slow, elderly person, too slow to accomplish technological tasks, can 'take' or 'make' time. Here one cannot think the thought 'time' in ways characteristic of technological time: words such as 'process' and 'speed' are unsuitable; measuring time, comparing times and registering increases or decreases in speed are all out of place. Human slowness, the human life-time, cannot be thought of as capable of being put to use. This may be the best explanation for the notion that life in earlier times was more easy-going than in our own. At the time life was undoubtedly not easy-going; only now is it possible to think that it was. In technological terms, people in earlier times may have lived more slowly, but they certainly did not have 'more' time or experience things with greater intensity. Their life was not more 'fulfilled' because they learned, travelled, lived at a slower pace. We should presumably think of the life-time of earlier generations differently from that of our own. Little concrete support exists for this claim, but I shall mention one piece of evidence – the strange fact that today, particularly in German-speaking countries, 'slow' has ousted many other words, some of which actually mean quite different things. In some contexts 'slow' and 'slowly' have taken the place of 'deliberate', 'hesitant', 'tardy', 'measured', 'patient', 'gently', and no doubt many other words often used in earlier times. Such words bear eloquent witness, varied and profound, to human life-time. They speak without pointing to anything that will appear new or unknown. The notion of time that they give expression to focuses on human life, the human world and human time (which includes slowness). This human life-time requires of thought that it respects these qualities, which might be destroyed by attempts to see it in any other terms than its own.

3. Slowness before the End

Slowness demands and enriches thought in yet another way when we experience a particular type of retardation, namely when time becomes so protracted – so slow – that one talks of 'an eternity'. Although the phrase is generally used unthinkingly, 'This is lasting an eternity' refers to those rare instants when time seems to cease, to stand still, to exist 'eternally'. But how is one to think of eternity?

Such moments are reportedly as various as being crippled by fear or freezing with shock, as religious ecstasy, love and childbirth. Time is here described as having stopped altogether, not as having lasted especially long or as having been especially full (it is therefore quite different from technological time). Half mockingly, half helplessly, Immanuel Kant addressed this 'end of all things', including time, and Friedrich Nietzsche's doctrine of 'eternal recurrence' also attempts to use it as the starting point of thought processes. It forms the basis of centuries of thinking about dying, death and 'eternal life'. Such instants in which time becomes so slow that it is perceived as having ended are also held to be 'outside', 'beyond' or 'without' time. Temporality is thus not of central importance to such moments: processes (genesis, change, decline) are just as little a decisive factor as are activities dependent on time (perception, feeling, experience, as well as looking and thinking).

For Saint Augustine, eternity is an 'everlasting today', pure present time, without future and without past. This present is completely self-sufficient, lacking things neither from the future, things hoped for, desired or striven for, nor things from the past, things that had disappeared, leaving a gap. One could accept this paradoxical definition – a present that knows neither future nor past – as an adequate description of exceptional moments and leave it at that. Yet it is a definition that is inextricably bound up with the notion of a uniform, self-contained and thus limited everyday existence, and with the notion of finitude in general.

Can one, then, 'think' time in this context without recourse to theology? Certainly, if eternity is thought of as outside or beyond time, as where time stands still, where the present reigns, it is none the less a part of the thought 'time'. One can attempt to think of time as finite, to conceive of it as once not having existed and as one day not going to exist, as not having always existed and as not always going to exist. Like Hannah Arendt, one can think that time becomes possible with the birth of each human being, that it comes into being through human actions and that it can be unfold in the human world. Yet one can also, like Nietzsche (who opposed the theological interpretation of eternity) and many other thinkers ever since, attempt to rethink the limitations of everyday existence.

Reviewing the three lines of thought sketched rather than elucidated above, one recognizes that they are incompatible. No notion of time would seem to exist that encompasses all three; time appears not to be a totality. Rather than guiding one round in a circle, answering questions and clarifying matters simply, thinking leads to uncertainties, into strange regions of thought and ever further afield.

Susanne Gaensheimer

Geschichten des Augenblicks

Über Narration und Langsamkeit in Werken von James Coleman, Tacita Dean, Stan Douglas, Douglas Gordon, Steve McQueen, Bruce Nauman, Rosemarie Trockel und Bill Viola

"Wie entsteht die Erinnerung nur in dem Augenblick, wenn alles vorüber ist?" (Henri Bergson)

1978 entwickelte James Coleman die erste Version der Diaprojektion *La Tache Aveugle* (Blinder Fleck), in der er die dreizehn Bilder einer etwa halbsekündigen Sequenz aus dem 1933 entstandenen Film *The Invisible Man* von James Whale über einen Zeitraum von über acht Stunden auf eine Wand projiziert. Die Geschichte von *The Invisible Man* beruht auf der gleichnamigen Novelle von H.G. Wells, die erstmals 1897 veröffentlicht worden ist. Die kurze Szene, die Coleman in *La Tache Aveugle* aufgreift, zeigt jenen schicksalshaften Augenblick der Verwandlung, in dem sich der Protagonist auf der Schwelle zwischen Unsichtbarkeit und Sichtbarkeit befindet. Gefangen in einer Scheune, gerät er in die Hände seiner Verfolger und wird erschossen. In diesem Moment verliert er den Schutz der Unsichtbarkeit und damit sein Leben, denn es ist der Augenblick des Todes, in dem seine Sichtbarkeit wiederkehrt.
Durch die extreme Ausdehnung dieser kurzen Sequenz von etwa einer halben Sekunde auf über acht Stunden werden die Intervalle zwischen den einzelnen Bildern auf über sechsunddreißig Minuten ausgedehnt. Die Folge von Einzelbildern, die im Film durch ihren Transport in einer bestimmten Geschwindigkeit, nämlich der von vierundzwanzig Bildern pro Sekunde, eine Illusion von Kontinuität erzeugt, wird in *La Tache Aveugle* durch das Verharren bei dem einzelnen Bild derart verlangsamt, daß die Wahrnehmung eines kontinuierlich ablaufenden Geschehens aufgehoben wird. Das einzelne Bild, dessen Funktion im Film darin besteht, eine Handlung zu konstituieren, verselbständigt sich von dieser und wird von einem bewegten in ein statisches, stilles Bild übersetzt. In Bezug auf Henri Bergson, der 1907 in *L'évolution créatrice* die Wahrnehmung als einen kinematografischen Prozess beschreibt, in dem wir von der "vorübergleitenden" Realität "Momentbilder" aufnehmen und diese "längs eines abstrakten, gleichförmigen, unsichtbaren, auf dem Grunde des Erkenntnisapparates liegenden Werdens aufreihen",[1] nennt Gilles Deleuze in *Cinéma I. L'image-mouvement* das einzelne Bild im Film einen "Momentschnitt".[2] Es ist ein "unbewegter Schnitt der Bewegung"[3] und hält eine Handlung in einem von unzähligen Momenten fest. Neben den Bildern oder Momentschnitten ist daher die zweite Bedingung des Films, diese in Bewegung zu versetzen. In geradezu wörtlicher

Anlehnung an Bergson beschreibt Deleuze die Bewegung im Film als "eine unpersönliche, einheitliche, abstrakte, unsichtbare oder nicht wahrnehmbare Zeit, die 'im' Apparat ist und 'mit' der man die Bilder vorbeiziehen läßt".[4] Technisch betrachtet definiert Deleuze das Medium Film als eine Anzahl von Momentaufnahmen (im Unterschied zur inszenierten Fotografie), die im gleichen Abstand auf einen Träger, eben den Film, übertragen werden und von einem Antriebsmechansimus transportiert werden. "In diesem Sinn ist der Film das System, das die Bewegung *als Funktion eines beliebigen Moments* reproduziert, das heißt in Abhängigkeit von Momenten in gleichem Abstand, die so ausgewählt werden, daß ein Eindruck von Kontinuität entsteht".[5] Deleuze nennt den einzelnen Moment beliebig, da er sich in gleicher Entfernung von einem anderen befindet. Nicht das Motiv und die Komposition des Einzelbildes oder seine Position innerhalb des Ganzen verleihen ihm seine Bedeutung, sondern seine Funktion als Bruchteil eines umfassenden Bewegungsablaufs.
Im Unterschied zum klassischen Tafelbild ist das einzelne Bild im Film nicht die illusionistische Synthese eines narrativen Zusammenhangs, sondern ein einzelner und, nach Deleuze beliebiger, Moment einer übergreifenden Erzählstruktur. Es ist ein momenthafter Schnitt einer Bewegung, der nicht als autonomes Bild konzipiert ist. Während der konventionellen Projektion eines Films, etwa im Kino, ist das Einzelbild nicht wahrnehmbar. In der Diaprojektion von *La Tache Aveugle*, hingegen, wird es sichtbar gemacht. Es wird nicht nur sichtbar gemacht, sondern durch die ungewöhnlich lange Dauer und die Größe der Projektion auch monumentalisiert. Ein Bild, dessen Funktion darin besteht, die Darstellung eines übergreifenden Geschehens zu konstituieren, wird selbst zum Bedeutungsträger. Da die von Coleman aufgegriffene Bildsequenz aus *The Invisible Man* jedoch selbst nur der Bruchteil eines umfassenderen Geschehens ist, das als solches noch dazu nur zum Teil sichtbar ist – nämlich die Transformation von Unsichtbarkeit zu Sichtbarkeit – wird das, was man wahrzunehmen erwartet, auf ein Minimum reduziert. Was das Momentbild in *La Tache Aveugle* für den Gesamtzusammenhang der Szene an Bedeutung transportiert, ist für das Auge nicht wahrnehmbar. Die fiktive Nicht-Sichtbarkeit des Protagonisten im Augenblick seiner Transformation – der blinde Fleck – in *The Invisible Man* findet eine konzeptionelle Parallele im realen Nicht-Sehen des Betrachters. Doch obwohl in *La Tache Aveugle* kein Geschehen wahrnehmbar und die Erzählstruktur aufgehoben ist, bleibt in der Installation faktisch eine – wenn auch beinahe bis zum Stillstand und damit bis zur Unkenntlichkeit verlangsamte – Bewegung erhalten.

In *24 Hour Psycho* (1993) verwendet Douglas Gordon ein Video von Alfred Hitchcocks *Psycho* und projiziert es ohne Ton über einen industriellen Videorekorder in extremer Verlangsamung auf eine drei mal vier Meter große, frei im Raum hängende Leinwand. Das an sich unveränderte Band wird über den Rekorder in einer stark reduzierten Geschwindigkeit von etwa zwei Bildern pro Sekunde ohne Ton abgespielt, so daß die Projektion des gesamten Films vierundzwanzig Stunden dauert. Die Leinwand ist von vorne und hinten sichtbar.

Durch die Ausdehnung der Bildintervalle von vierundzwanzig auf zwei Bilder pro Sekunde wird ähnlich wie in Colemans *La Tache Aveugle* die Bewegung des Geschehens extrem verlangsamt. Obwohl die Intervalle zwischen den einzelnen Bildern nicht wie in *La Tache Aveugle* derart ausgedehnt sind, daß diese autonom wahrgenommen werden, so sind sie lang genug, um die Kontinuität des Geschehens aufzuheben. In *24 Hour Psycho* werden nicht die einzelnen Bilder – die Momentschnitte der Bewegung – verselbstständigt, sondern die individuellen Handlungsabschnitte, zu denen sich die Einzelbilder jeweils verdichten. Der für unsere Wahrnehmungskonventionen ungewöhnlich langsame Rhythmus des Films macht das Lesen eines geschlossenen Geschehens unmöglich und zergliedert dieses in seine einzelnen Bestandteile. Eine Umarmung, ein Schrei, ein Blick der Angst – wie Ikonen des Horrors stehen die Gesten und Gesichtsausdrücke lautlos auf der großen Leinwand im dunklen Raum.
Im Unterschied zu *La Tache Aveugle* können wir in *24 Hour Psycho* zwar einzelne Handlungen oder Handlungsabschnitte wahrnehmen, doch die Verlangsamung der Bewegung löst die Beziehungen der einzelnen Handlungen untereinander auf. Auf welches Ereignis folgt der angstvolle Blick, wen sehen die aufgerissenen Augen, ist noch jemand im Raum? Selbst wenn wir mehrere Stunden vor der Installation ausharren würden und das Geschehen zu verfolgen versuchten, so könnten wir die Dramaturgie und Psychologie der Beziehungen aufgrund der Verlangsamung nicht erfassen. In Deleuzes Analyse des Mediums gehören Bewegung und Beziehung unmittelbar zusammen. So wie das Einzelbild ein statischer Schnitt der Bewegung ist, so ist die Bewegung selbst ein beweglicher Schnitt der Dauer.[6] Die Dauer, oder auch das Ganze, wiederum definiert er über die Relationen. Die Reduktion von Bewegung bedeutet daher, im Deleuzschen Kontext, eine Auflösung der Relationen. Der sinnstiftende Zusammenhang zwischen den Handlungen zerfällt. Bemerkenswerter Weise wählt Gordon mit Hitchcocks *Psycho* einen Klassiker des narrativen Film, um ihn sogleich unlesbar zu machen. Gerade bei Hitchcock sind es weniger die Motive selbst als ihre Beziehungen zueinander, die den Gegenstand des Films bilden. Es geht weniger um die Tat und den Täter, sondern um die Gesamtheit der Beziehungen, in die Tat und Täter verflochten sind. Deleuze weist darauf hin, daß in dieses Geflecht auch die psychische und emotionale Reaktion des Betrachters, der Affekt, als dritte Instanz miteingewoben wird. Auf diese Weise bildet sich eine Dreiheit von Darstellung, Dargestelltem und Publikum, die der ternären Struktur der Peirceschen Semiotik entspricht. Nach Charles Sanders Peirce besteht das Zeichen nicht nur aus Signifikat und Signifant, sondern auch aus einer dritten Instanz, dem Interpretant. Wenn die Lesbarkeit der Geschichte im Film jedoch aufgehoben wird und Interpretation im herkömmlichen Sinne unmöglich wird, verändert sich deren semiotische Strukur, und eine neue, andere Bedeutung wird konstruiert.

Die Verlangsamung des Bildrhythmus durch die technische Ausdehnung der Bildintervalle ist auch das stilistische Mittel, auf dem die Wirkung der Installation *The Greeting* von Bill Viola beruht. Die 1995 entstandene Videoinstallation besteht aus der großformatigen Videoprojektion einer ursprünglich auf Film gedrehten Begrüßungsszene zwischen drei Frauen, die mit einem sphärischen, windähnlichen Rauschen unterlegt ist. Im Unterschied zu Colemans *La Tache Aveugle* und Gordons *24 Hour Psycho* verwendet Viola in *The Greeting* – wie auch in allen seinen anderen Videoinstallationen – kein vorhandenes Filmmaterial, das mit den üblichen vierundzwanzig Bildern pro Sekunde gedreht wurde, sondern dreht selbst eine inszenierte Szene, und zwar mit dreihundert Bildern pro Sekunde. Auf diese Weise ist es möglich, die Bildintervalle zwar so auszudehnen, daß der Effekt einer extremen Zeitlupe entsteht und dennoch die makellose Bildqualität eines mit normaler Geschwindigkeit gedrehten Films erhalten bleibt. Die Realzeit der Szene von etwa fünfundvierzig Sekunden wird im Film auf zehn Minuten ausgedehnt.

The Greeting zeigt zunächst zwei Frauen vor der Kulisse eines städtischen Gewerbegeländes. Während sie sich unterhalten, erscheint eine jüngere Frau, die eine der beiden Älteren zu kennen scheint. Sie umarmen sich zur Begrüßung und beginnen ein vertrauliches Gespräch, während die dritte Frau mehr und mehr ins Abseits gerät. Wie Irene Netta in ihrer Abhandlung *Zeit als gestalterisches Element bei Jan Vermeer van Delft und Bill Viola* in dieser Publikation ausführlich erläutert, bezieht sich Viola mit *The Greeting* auf die manieristische Darstellung einer Heimsuchung von Jacopo Pontormo aus den Jahren 1528/29. Ohne auf diesen Bezug hinzuweisen, betitelt Viola seine Arbeit mit dem neutralen Begriff "Die Begrüßung" und läßt die christliche Ikonographie der Szene zunächst im Dunkeln.

Ähnlich wie in *24 Hour Psycho* wird das Geschehen in *The Greeting* in einem solchen Maß in die Länge gezogen, daß zwar nicht wie in *La Tache Aveugle* das einzelne Momentbild sichtbar wird, daß sich jedoch die Geschlossenheit und Kontinuität der Handlung auflöst. Durch die starke Verlangsamung der Bewegung scheint sich die Begrüßung der beiden Frauen in eine Vielzahl von Einzelelementen zu zergliedern. Jeder Blick, jede einzelne Bewegung, jeder Bruchteil eines Gesichtsausdrucks stehen bedeutungsvoll im Raum. Anfang und Ende der Szene gehen über in eine ununterbrochene Aneinanderreihung einzelner Momente, die sich – losgelöst von dem übergreifenden Zusammenhang der Narration – verselbstständigen. Nicht deren Bedeutung innerhalb der Geschichte, sondern sie selbst werden zum beherrschenden Motiv und Thema. So bewegt sich der Betrachter zwischen dem Versuch, in jedem Moment der Bewegung die Bedeutung der Szene zu erfassen, und der Versuchung, sich der verführerischen Kraft des Augenblicks hinzugeben. Verstärkt durch die hypnotische Wirkung des windähnlichen Rauschens, wird in *The Greeting* eine Präsenz des Moments erzeugt, die an die kontemplative Wirkung spiritueller Praktiken erinnert. Obwohl die narrative Organisation der Szene durch die extreme Verlangsamung aufgelöst und damit ihr konkreter Bezug zu einem Thema der christlichen Ikonographie verschleiert wird, läßt die kontemplative Wirkung der Arbeit eine transzendente Dimension erahnen. So wird durch die Auflösung der narrativen Struktur in der extremen Zeitlupe neben dem vordergründigen Motiv der Begrüßung eine zweite, unkonkrete und weniger les- als erfahrbare Bedeutung geschaffen.

Durch die Manipulation des klassischen erzähltechnischen Mittel des Films, nämlich Bedeutung durch die Organisation von Bewegung, Zeit und Raum herzustellen, führt auch Steve McQueen in seinem etwa zehn-minütigen Film *Bear* von 1993 eine Metaebene ein. Der schwarz-weiße, auf 16-mm-Film gedrehte und auf Laserdisk übertragene Film zeigt eine Szene, die formal an klassische Boxkampfszenen des populären Films erinnert: von einer meist niedrigen Kameraeinstellung, die die Perspektive eines fiktiven Betrachters "nahe am Ring" simuliert, werden zwei nackte Männer in einer kampfähnlichen Situation gefilmt. Das, was man zunächst als Anfangsstadium eines Box- oder Ringkampfs versteht, geht bald über in ein vieldeutiges Spiel aus erotischer Anziehung, kameradschaftlicher Nähe und kämpferischer Aggression. Die Männer umkreisen sich, nähern sich gegenseitig an und fallen schließlich in eine innige Umarmung, die plötzlich in einen Ringkampf übergeht. Die harte Ausleuchtung der Szene hebt Details hervor – die schwitzende Haut der ringenden Körper, ihre Muskeln und Rundungen, das subtile Mienenspiel auf den Gesichten –, um sie abrupt in grellen Lichtbrechungen auszublenden. Neben der überwiegend niedrigen Kameraperspektive sieht man frontale Großaufnahmen der Gesichter oder ungewöhnliche Einstellungen, die die Szene von unten zeigen. Die Bewegungen der Körper im Raum werden meist in Zeitlupe dargestellt, die Großaufnahmen der Gesichter und Körper in fast statischen Einstellungen. An einigen Stellen, etwa während eines Schlagabtauschs, werden die langen Einstellungen mit einer Reihe von kurzen Schnitten unterbrochen.

McQueen greift in *Bear* die immanenten narrativen Eigenschaften des Films einerseits auf, um eine Geschichte zu erzählen, und andererseits, um durch einen unkonventionellen Umgang mit diesen Eigenschaften deren traditionelle Funktionsweise aufzuheben. Ähnlich wie in den Projektionen von Coleman, Gordon und Viola, löst die Verlangsamung der Bewegung in *Bear* durch die Zeitlupe den einzelnen Moment aus seinem übergreifenden Zusammenhang. Dieser Prozess wird durch die ausschnitthaften Kamereinstellungen unterstützt, die sich auf einzelne Details des Geschehens richten und auf diese Weise die Szene als Ganzes, als geschlossene Form aufbrechen. Darüber hinaus gibt es keinen einführenden Anfang und kein sinnstiftendes Ende. Die Szene beginnt und endet mitten im Geschehen, so daß sie selbst wie ein Bruchstück aus einem größeren, umfassenderen Zusammenhang erscheint. Auch inhaltlich nimmt McQueen jegliche Eindeutigkeit, die zunächst in der narrativen Struktur der Szene angelegt zu sein scheint, wieder zurück. Die Beziehung zwischen den beiden Männern und ihren Handlungen bleibt opak, deren Nacktheit hebt die Szene aus dem Bereich des Konkreten, die Kamera markiert keine eindeutig nachvollziehbare Perspektive. Jeder Ansatz einer Interpretation löst sich im Ungewissen auf. Nicht die Handlung selbst, sondern ihre einzelnen Elemente und der Blickwinkel, aus dem sie beobachtet werden, scheinen den Gegenstand der Geschichte zu bilden. In seinem aufschlußreichen Essay *'It's the Way You Tell'em'. Narrative Cliché in the Films of Steve McQueen* betont Jon Thompson die Bedeutung des "Aktes des Machens" in *Bear*:
"The issue as far as he is concerned is always one of narrative intelligibility. Not (...) packaged

Hollywood-style as a form of story-telling, but narrative which is pursued in and through the act of making, almost as a form of tactile, psycho-visual enquiry. Every decision is made as a part of a process, and the process is itself evidence of the presence of narrative".[7] Der Prozeß des filmischen Beobachtens, also die subjektive Perspektive auf das Geschehen und ihre psychologische Dimension werden durch die spezifische Manipulation der stilistischen Mittel repräsentiert. Durch diese Verknüpfung von Darstellung und Dargestelltem, von Beobachter und Beobachtetem, findet eine Identifikation von Subjekt und Objekt innerhalb der Erzählung statt – eine Identifikation, die durch die Tatsache, daß Steve McQueen selbst einen der beiden Ringer darstellt, unterstützt wird. Die Subjektivität in *Bear* kommt jedoch nur "zwischen den Zeilen" zum Ausdruck. Das, was man sieht, ist nicht das, was repräsentiert wird.

"This 'linguistic' problem is the starting point of all my work – not only in the sense of spoken or written language but also in terms of different media and idioms of knowledge".[8] In einer komplexen Verflechtung unterschiedlicher narrativer Ebenen sowie sprachlicher und visueller Codes, entwirft Stan Douglas in seiner Videoinstallation *Nu·tka·* von 1996 ein historisch-literarisches Panorama, das sich in einer ständigen Bewegung zwischen Geschichte und Fiktion, zwischen Lesbarkeit und Verschleierung befindet. *Nu·tka·* besteht aus zwei Komponenten: der Videoprojektion von ursprünglich auf 35-mm-Film gedrehten Landschaftsaufnahmen einer nordwestamerikanischen Küstenlandschaft und der quadrophonischen Wiedergabe zweier Monologe, die simultan unterschiedliche Texte sprechen. Die Landschaftsaufnahmen zeigen jenen historisch signifikanten Ort der Meerenge von Nootka bei der Westküste von Vancouver Island, der im 18. Jahrhundert von konkurrierenden europäischen Kolonialmächten entdeckt und besetzt worden ist. Die Monologe bestehen aus historischen Dokumenten und autobiografischen Texten des Kommandanten der ersten spanischen Besetzung, José Estéban Martínez, und seinem Gefangenen, dem englischen Kapitän James Colnett. Während sich die Fantasien des bereits diliriösen Engländers zwischen der traumatischen Erinnerung an seine Gefangennahme und der wahnhaften Hoffnung auf Flucht bewegen, zeigt der spanische Eroberer zunehmend Anzeichen einer paranoiden Furcht, der Gewaltigkeit des Unbekannten nicht mehr Herr zu werden (zum historischen Hintergrund von *Nu·tka·* siehe S. 66 ff.). Die Landschaftsaufnahmen – gleitende Kamerafahrten entlang des Küstenpanoramas – werden in entgegengesetzter Bewegung langsam übereinanderprojiziert, wobei die überlagernden Bilder aufgerastert werden und entweder auf den "geraden" oder den "ungeraden" Rasterlinien der Videoprojektion gezeigt werden. Auf diese Weise scheinen sich die Aufnahmen aufzulösen und ineinander überzugehen. Nur an sechs Stellen fügen sich zwei identische Aufnahmen so ineinander, daß sich die Rasterlinien ergänzen und ein klares Bild erzeugen. In diesen Momenten wird das unverständliche Textgemenge der beiden Monologe von identischen Textstellen unterbrochen, die synchron gesprochen werden und daher klar verständlich sind. Diese Textstellen hat der Künstler der Literatur von Edgar Allan Poe, Miguel de Cervantes, Jonathan Swift, Captain James

Cook und des Marquis de Sade entnommen – romantische und kolonialistische Texte des 19. Jahrhunderts, deren Thematisierung des Erhabenen, Unbewußten und Unheimlichen gewissermaßen als Metapher für die bedrohliche Macht des Anderen steht.
Mit der codierten Sprache der Landschaftsaufnahmen sowie der historischen und fiktiven Texte erzählt *Nu·tka·* die Geschichte eines Ortes, einer Kultur und einer imperialistichen Politik, sowie damit verbundener individueller psycholgischer und emotionaler Grenzerfahrungen. Diese Geschichte ist jedoch nur in geringen Teilen lesbar. Bilder und Texte überlagern sich, gehen ineinander über, scheinen sich im Raster der langsam ineinanderfließenden Videoprojektion aufzulösen. Nur in wenigen Augenblicken fügen sich Bild und Text zu klaren Partien zusammen, die wie Halluzinationen im Fluß des Ungewissen erscheinen. In diesen Momenten ist es für manchen Betrachter möglich, Information zu erkennen und Bedeutung zu entziffern – ein idealer Betrachter, der die spezifischen Codes erkennen und interpretieren kann. "... photographs always have a constellation of reference that hangs over them – a place, a period, a cultural setting – which someone familiar with the material can recognize. In a similar way, I hope my work will provoke certain associations in people familiar with the quoted cultural forms".[9] Doch kaum ist man imstande, Landschaften zu definieren, Bruchteile von Texten zu verstehen und vielleicht sogar in ihrer literarischen Bedeutung zu erkennen, driftet die langsame Bewegung der Kamera auseinander, gehen die Texte ineinander über. Doch es sind gerade diese unverständlichen Bereiche zwischen den Geschichten, die verschwommenen Bereiche zwischen den Bildern, in denen das zum Ausdruck kommt, was in der konkreten Sprache des Mediums nicht repräsentierbar ist. Das bedrohlich Ungewisse, das mit aller Macht Unterdrückte, verbirgt sich hinter der vordergründigen Erzählung und ist in Form von Abwesenheit präsent. "An absence is often the focus of my work. Even if I am resurrecting these obsolete forms of representation, I'm always indicating their inability to represent the real subject of the work. It's always something that is outside the system".[10]

Die Ausstellung *Geschichten des Augenblicks* thematisiert das Verhältnis von Narration und Langsamkeit aus zwei Perspektiven. Zum einen geht es in den Arbeiten von James Coleman, Douglas Gordon oder Bill Viola um eine Form der Langsamkeit, die durch bestimmte technische Mittel im Werk selbst erzeugt wird. In diesen Fällen könnte man im weitesten Sinn von einer Darstellung von Langsamkeit sprechen. In diesen Werken wird durch die Ausdehnung des einzelnen Moments eine gegebene oder inszenierte narrative Struktur verändert und teilweise bis zur Unlesbarkeit aufgelöst. Bei der zweiten Gruppe von Arbeiten, zu denen insbesondere die Projektionen von Bruce Nauman und Tacita Dean gehören, findet Langsamkeit weniger im Werk selbst als vielmehr im Wahrnehmungsprozess des Betrachters statt. Die Filme *Art Make-Up, No. 1–4* (1967/68) und *Gellért* (1998) wurden in Realzeit gedreht. Die Dauer des Geschehens auf der Leinwand entspricht der Dauer der Wahrnehmung. Die Zeit im Film wird nicht manipuliert, sondern der Film gibt die Zeit der gefilmten Handlung unmittelbar wieder.

Auf diese Weise ist es für den Betrachter möglich, sich während des Wahrnehmungsprozesses über das Auge sukzessiv in das Geschehen hineinzubegeben. Doch es bedeutet auch, daß er die Handlung gewissermaßen abwarten muß, um ihren Verlauf zu erfahren und möglicherweise ihren Sinn zu verstehen. Es ist die Dauer dieses sukzessiven Wahrnehmens, auf die sich in der zweiten Gruppe von Werken der Begriff Langsamkeit bezieht.

In den vier zehnminütigen, unvertonten und in Farbe gedrehten Filmen *Art Make-Up, No. 1–4: White, Pink, Green, Black* richtet Nauman die Kamera frontal auf seinen nackten Oberkörper, während er mit der rechten Hand nacheinander weiße, pinke, grüne und schwarze Farbe sorgfältig auf Gesicht und Körper aufträgt. Er beginnt am Arm, geht über zu Schulter und Achselhöhle, fährt am Brustkorb fort und bemalt schließlich sein Gesicht, bis der gesamte Oberkörper gleichmäßig mit Farbe bedeckt ist. Selbstversunken und konzentriert, richtet Nauman seinen Blick dabei auf einen unbestimmten Punkt außerhalb des Bildfeldes. Obwohl der Betrachter der Hand des Künstlers in jedem Moment ihrer Bewegung folgen und sich dabei in seiner Vorstellung in die psychische und emotionale Befindlichkeit des Künstlers hineinversetzen kann, bleibt die Handlung selbst rätselhaft. Sie läßt sich zwar interpretieren – etwa im Sinne des Lacanschen Konzepts des Narzißmus, in dem die selbstzerstörerische Komponente der Selbstliebe hervorgehoben wird und sich das Ich in einem existentiellen Konflikt zwischen Hingabe zum und Aggression gegen das Ideal-Ich befindet –, doch sie kann nicht im Sinne einer "logischen", oder eindeutig lesbaren Narration entschlüsselt werden.
Während man also in Realzeit der Hand des Künstlers folgt und über den einzelnen Moment die Gesamtheit der Handlung zu erfassen versucht, findet eine sukzessive Organisation der einzelnen Wahrnehmungsmomente statt. In *Zeit und Freiheit* beschreibt Bergson zwei Versionen dieses Prozesses: "...wenn die Verschiebung meines Fingers auf einer Fläche oder Linie mir eine Reihe von Empfindungen verschiedener Qualität verschafft, so wird von zwei Dingen eins eintreten: entweder ich werde mir diese Empfindungen nur in der Dauer vorstellen, und sie werden dann so aufeinander folgen, daß ich mir in einem gegebenen Augenblick nicht mehrere von ihnen als simultan und dennoch wohlunterschieden vorzustellen vermag; – oder aber ich werde eine Sukzessionsordnung herauserkennen, und dann habe ich nicht nur die Fähigkeit, eine Sukzession von Termini wahrzunehmen, sondern obendrein diese nebeneinander aufzureihen, nachdem ich sie unterschieden habe...".[11] Beide der beschriebenen Wahrnehmungsformen gehen von einer sukzessiven Aneinanderreihung einzelner Momente aus; einer Wahrnehmung also, die weniger im Augenblick als vielmehr in der "Dauer"[12] stattfindet. Ähnlich wie die einzelnen Bilder im Film, werden in der sukzessiven Wahrnehmung die Bewußtseinsmomente kettenhaft aneinandergereiht. In einer "intimen Organisation" durchdringen sie sich gegenseitig und formen sich zu dem Bewußtsein einer "reinen Dauer", in der "unser Ich sich (...) dessen enthält, zwischen den gegenwärtigen und den vorhergehenden Zuständen eine Scheidung zu vollziehen".[13] Nur wenn sich die Momente gegenseitig durchdringen, wenn das Bewußtsein

von Gegenwart und Vergangenheit nicht voneinander abgetrennt wird, dann stellen sich Kontinuität und Geschichte ein.

Dieses Bewußtsein der reinen Dauer durch das Ineinanderfließen von Gegenwart und Vergangenheit scheint in Tacita Deans 16-mm-Film *Gellért* von 1998 erfahrbar zu sein. Auch dieser Film ist, jedoch in anderer Weise als Bruce Naumans *Art Make-Up, No. 1–4*, gewissermaßen in Realzeit gedreht. Der etwa sechsminütige und als Loop gezeigte Farbfilm ist eine Montage mehrerer statischer Einstellungen, die im Zeitraum von einer Stunde aufgenommen wurden. Sie beobachten die ruhige Bewegung einer Gruppe von Frauen, die mußevoll und scheinbar losgelöst von der der Zeitlichkeit der Außenwelt in den Bädern und Ruheplätzen des Budapester Gellérthotels wandeln. Die Bilder des Films sind mit dem Hintergrundgeräusch der Badenden vertont: Bruchstücke von Gelächter, verhallende Stimmen, das Plätschern des Wassers stellen parallel zu den Bildern auf einer akkustischen Ebene eine Atmosphäre der Ruhe und der Losgelöstheit her. Es ist die Losgelöstheit jener, die sich dem allgemeinen Strom der Zeit zu entziehen vermögen, und die in sich selbst ein eigenes und autonomes Verhältnis von Raum und Zeit schaffen. Die Bewegung der Badenden in *Gellért* ist so reduziert, ihr Tun so auf sich selbst konzentriert, daß die Differenz zwischen Gegenwart und Vergangenheit aufgehoben zu sein scheint. In einer kontinuierlichen Bewegung gehen das was war, das was ist und das was sein wird schwellenlos ineinander über, so daß auch die Differenz zwischen den sechs Minuten des Films und den sechzig Minuten der Realität zu verschwinden scheint.
Obwohl *Gellért* formal sowohl auf den Möglichkeiten der Einstellung als auch auf denen der Montage aufgebaut ist, so ist das Wesen dieses Films durch die Einstellung bestimmt. In seiner Analyse der Funktion dieser beiden formalen Elemente in Bezug auf die Zeit im Film, unterscheidet Deleuze die Montage als das Element, das "die Beziehungen der Zeit oder der Kräfte in der Sukzession der Bilder bestimmt" und die Einstellung als das Element, das "die Form oder vielmehr die Kraft der Zeit im Bild bestimmt".[14] Während der Ablauf von Zeit in der Montage konstruiert und manipulierbar ist und daher immer nur indirekt repräsentiert werden kann, ist er in der Einstellung – insbesondere in der statischen – unmittelbar und direkt. Die Montage besitzt zwar die Möglichkeit, Momente zu selektieren und damit "die Zeit zur Vollendung zu bringen",[15] doch es ist die Einstellung, in der die Zeit ihre ureigene Poesie entfalten kann. In Bezug auf die seiner Meinung nach herausragende Bedeutung der Einstellung für die Darstellung von Zeit äußert Andrej Tarkovskij in *De la figure cinématographique* den Wunsch, "dem Kinematographen möge es gelingen, die Zeit in ihren sinnlich wahrnehmbaren Indizes zu fixieren".[16] Dieser Wunsch scheint ihm in den langen und unbewegten Einstellungen von *Gellért* gewährt zu werden.
In einem Raum, in dem künstliches Licht über das Verstreichen der Tageszeiten hinwegtäuscht, sind es neben den Bewegungen der Badenden insbesondere die akkustischen Elemente, über die Zeit sinnlich wahrnehmbar wird. So sind es in *Gellért* die Melodie der Geräusche des

Wassers oder das leichte Echo eines Lachens in den weiten Hallen des Bades, über die die Bewegung der Personen im Raum und damit ein zeitlicher Ablauf wahrnehmbar wird. Doch es ist auch die spezifische Atmosphäre dieses Ortes, die von seiner Architektur ebenso geprägt ist wie von seiner Zeitlichkeit, die im diffusen Hintergrundgeräusch von *Gellért* zum Ausdruck kommt. Die Vertonung ihrer Filme nimmt eine besondere Rolle in der Arbeit von Tacita Dean ein. Die Tonspuren entstehen meist unabhängig von den Filmen und werden mit großer Sorgfalt in der Endphase der Produktion auf den Film montiert. Um die starke evokative Kraft von Geräuschen, Stimmen und anderen akkustischen Elementen zu entfalten, legt die Künstlerin häufig die Tonspur bereits einige Minuten vor und manchmal auch nach dem Erscheinen der Bilder auf den Film. In einem Loop ergibt sich auf diese Weise eine Phase, in der der soundtrack zu hören ist noch bevor die Bilder zu sehen oder wenn sie bereits vorüber sind. Das assoziative Potential der Geräusche in *Gellért* wird also insbesondere dann deutlich, wenn sie zeitgleich mit jenen "schwarzen" Minuten des Filmloops auftritt, in denen noch keine Bilder erscheinen. Noch bevor die ersten Aufnahmen des Bades zu sehen sind, haben sich durch die Inspiration der Geräusche bereits in der Vorstellung die ersten virtuellen Bilder gebildet. So überlagern sich die virtuellen Bilder der Vorstellung mit den Bildern des Films, daß im Moment der Betrachtung die Erinnerung des Vorstellungsbildes mit dem Bild der aktuellen Wahrnehmung zusammenfällt.

In *L'énergie spirituelle* beschäftigt sich Bergson mit der Frage nach dem Verhältnis von Erinnerung und Wahrnehmung, bzw. von Vergangenheit und Gegenwart. Ausgehend von der bereits bei Augustinus in den *Bekenntnissen*[17] thematisierten grundsätzlichen Eigenschaft der Gegenwart, sich immer an der Schwelle zwischen Vergangenheit und Zukunft zu befinden, d.h. in jedem neuen Augenblick ihrer Existenz bereits sich in Vergangenheit zu verwandeln, erörtert Bergson die Notwendigkeit dieser Eigenschaft. Nur wenn die Gegenwart im Augenblick ihrer Präsenz auch schon wieder vergeht, kann sich eine neue Gegenwart einstellen. Deleuze formuliert dieses Prinzip auf das Bild bezogen: "Wenn das gegenwärtige Bild nicht gleichzeitig schon vergangen wäre, dann würde die Gegenwart niemals vergehen".[18] Nach Deleuze ist die Gegenwart das aktuelle Bild, und die in der Gegenwart angelegte Vergangenheit ist dessen virtuelles Spiegelbild. Hier bezieht er sich auf Bergsons Ausführungen zum Déjà-Vu, das auf die Existenz einer Erinnerung in der Gegenwart hinweist, die zeitgleich mit der Gegenwart stattfindet: "Unsere aktuelle Existenz je nachdem, wie sie sich in der Zeit entwickelt, verdoppelt also ihre virtuelle Existenz durch ein Spiegelbild. Jeder Augenblick unseres Lebens bietet demnach diese beiden Aspekte: er ist aktuell und virtuell, einerseits Wahrnehmung und andererseits Erinnerung...".[19] Da sich die Vergangenheit also nicht *nach* der Gegenwart, sondern *zeitgleich* zu ihr bildet, muß sich die Zeit in jedem ihrer einzelnen Momente in Gegenwart und Vergangenheit aufteilen. Diese Spaltung impliziert gewissermaßen eine Schizophrenie des Augenblicks, von der Deleuze die Metapher des Kristallbilds ableitet: die Synthese zwischen dem vorübergleitenden aktuellen Bild der Gegenwart und dem sich bewahrenden virtuellen Bild der Vergangenheit. Beide sind verschieden und dennoch ununterscheidbar: "Der Kristall existiert ständig an der Grenze, er ist selbst die zurückweichende Grenze zwischen der unmittelbaren Vergangenheit, die schon nicht mehr ist, und der unmittelbaren Zukunft, die noch nicht ist, ein beweglicher Spiegel, der unablässig die Wahrnehmung in der Erinnerung reflektiert".[20] So ist jedes Bild und jeder Moment, ähnlich einer Fotografie – wie Roland Barthes in *La chambre claire*[21] ausführt –, der Index seiner eigenen Vergänglichkeit, ein Bote des Todes.

Mit der Kombination der zwei einminütigen Videos *Mutter, Mutter* (1992) und *Ei-Dorado* (1993), die in einer Endlosschleife hintereinander projiziert werden, stellt Rosemarie Trockel die beiden Formen der Langsamkeit, die die Pole der Ausstellung bilden, gegenüber: die darstellerische Form der Langsamkeit durch die technische Ausdehung des Moments einerseits, und die Entstehung eines Bewußtseins von Dauer im Wahrnehmungsprozess selbst andererseits. Dabei hebt sie die wörtliche Form der Narration, in der durch eine klassische Erzählstruktur eine Geschichte formuliert wird, von der codierten Form ab, in der das Dargestellte dazu dient, eine andere, durch das tatsächlich Sichtbare nicht repräsentierbare Bedeutung zu vermitteln. Beide Videos sind schwarz-weiß und vertont. *Mutter, Mutter* ist die kurze Geschichte einer Frau, die langsam eine Treppe in einen keller- oder waschküchenartigen Raum hinabsteigt, dort einen Teppichklopfer greift und mit diesem auf zwei große Plastikspinnen einschlägt. Die Bildqualität ist so grob gerastert, daß man die Objekte im Raum und die Handlung der Frau nicht klar erkennen kann. Begleitet wird diese Handlung von einer mediterranen Gitarrenmusik, die auch an Schlagermelodien erinnert. *Ei-Dorado* wirkt im Gegensatz zu *Mutter, Mutter* abstrakt. Auf einer weißen, bewegten Fläche befindet sich eine Gruppe von Eiern, die mit deutschen Namen versehen sind: Otto, Ulf, Gitta, Rosi, Doro, Moni... Die Eier bewegen sich mit der Bewegung der Unterlage auf der sie sich befinden. Das Video ist mit einer Geräuschkulisse unterlegt, die aus einem maschinenartigen Rauschen und der leisen Wiedergabe eines Janis Joplin-songs besteht. Die Unterlage bewegt sich immer heftiger, bis die Eier schließlich eines nach dem anderen hinunterrollen. Die nächste Einstellung zeigt eine Anhäufung der zerplatzten Eier, und die Geräuschcollage geht in einen Schrei von Janis Joplin über.

Während *Mutter, Mutter* eine kurze Geschichte erzählt, die als ein in sich selbst geschlossener Handlungsablauf konstruiert ist und darüber hinaus in assoziativer Form auf einen umfassenderen narrativen Kontext verweist, funktioniert *Ei-Dorado* eher wie ein Code, dessen verschlüsselte Zeichen für etwas anderes stehen als das, was sie darstellen, und erst entziffert werden müssen, um ihre Bedeutung zu entfalten. Beide Videos, einschließlich ihrer Soundtracks, evozieren eine Kette von zunächst unterschiedlichen Assoziationen, die jedoch an einem nicht allzu fernen Punkt ein übergeordnetes Bedeutungsgefüge bilden: Fruchtbarkeit, Weiblichkeit, Bewegung, Zeit, Tod etc. Nicht nur die narrativen, sondern auch die zeitlichen Strukturen der

Videos sind grundsätzlich verschieden. *Mutter, Mutter* geht ähnlich wie *Bear* zunächst von einem klassisch filmischen Raum-Zeit-Gefüge aus, in dem Zeit und ihre stilistische Manipulation – ähnlich wie in den Werken von Viola und McQueen – eine inhaltliche Funktion erfüllt. *Ei-Dorado*, hingegen, bewegt sich außerhalb jeglichen Erzählschemas und der Ablauf von Zeit spielt hier eher im kognitiven Prozess des sukzessiven Wahrnehmens von Ereignissen eine Rolle.

Durch das kontinuierliche Nacheinander der beiden Videos, wechselt die Wahrnehmung permanent von der einen Erzähl- und Zeitform in die andere. Narration und Abstraktion, Repräsentation und Codierung, Langsamkeit der Bewegung und Dauer der Wahrnehmung – die Komplexität unseres kognitiven Apparates einerseits und die der unterschiedlichen Formen von Repräsentation andererseits werden auf diese Weise ins Bewußtsein gerückt. Dabei ist es in den Videos von Rosemarie Trockel wie in den anderen Werken der Ausstellung insbesondere die Veränderung von herkömmlichen Erzähl- und Zeitstrukturen, die den Fluß unserer gewohnten Wahrnehmungsmechanismen unterbricht und einen Freiraum entstehen läßt. Was geschieht, wenn unsere kognitiven Erwartungshaltungen nicht erfüllt werden? Wenn sich die einzelnen Momente aus dem Zusammenhang der Bewegung lösen, wenn Bedeutung transformiert und Information codiert wird? Es ist dieser neue, durch die Unterbrechung des gewohnten Wahrnehmungsflusses hervorgerufene Raum, der die acht Werke der Ausstellung wie ein gemeinsamer Nenner miteinander verbindet – und vielleicht auch die Aufforderung an den Betrachter, sich seiner Vielfältigkeit bewußt zu werden.

1 Henri Bergson, *Schöpferische Entwicklung*, Jena 1921, S. 309

2 Gilles Deleuze, *Das Bewegungsbild. Kino 1*, Frankfurt a. M. 1989, S. 14
Gilles Deleuzes zweibändiges filmtheoretisches Werk *Cinéma I. L'image-mouvement* und *Cinéma II. L'image-temps* werden für diesen Text als theoretisches Bezugskonzept verwendet.

3 Ebd., S. 22

4 Ebd., S. 14

5 Ebd., S. 18

6 Ebd., S. 26

7 Jon Thompson, *'It's the Way You Tell'em'. Narrative Cliché in the Films of Steve McQueen*, in: *Steve McQueen*, Ausst. Kat., Frankfurt a. M., 1997, S. 6

8 *Diana Thater in conversation with Stan Douglas*, in: Phaidon Press (Hrsg.), *Stan Douglas*, London 1998, S. 8

9 Ebd., S. 24

10 Ebd., S. 16

11 Henri Bergson, *Zeit und Freiheit*, Hamburg 1994, S. 79 (Titel der Originalausgabe: *Sur les données immédiates de la conscience*, Paris 1889)

12 Mit dem Begriff der Dauer, "la durée", hat Bergson einen qualitativen Zeitbegriff eingeführt, der von einem individuellen Erleben von Zeit ausgeht. Bereits 1889 unterscheidet er in seinem *Essai sur les données immédiates de la conscience* die "leere Zeit" der klassischen Physik von der "erlebten Zeit" unseres unmittelbaren Bewußtseins. Gabriele Hoffmann weist in ihrem Artikel *Intuition, durée, simultanéité* darauf hin, daß die deutsche Übersetzung von Bergsons "la durée" mit "Dauer" nicht der eigentlichen Bedeutung des Begriffs gerecht wird. Während "Dauer" eine meßbare Zeitspanne von definierbarer Länge impliziert, ist Bergsons "la durée" weder meßbar noch teilbar, sondern das subjektive Erlebnis einer individuellen Zeiteinheit (Gabriele Hoffmann, *Intuition, durée, simultanéité*, in: *Das Phänomen Zeit in Kunst und Wissenschaft*, Hrsg. Hannelore Paflik, Weinheim 1987, S. 44ff

13 Ebd., S. 77

14 Gilles Deleuze, *Das Zeit-Bild. Kino 2*, Frankfurt a. M. 1991. S. 62/63

15 Ebd., S. 53. Deleuze bezieht sich hier auf Paolo Pasolini, der in *Empirismo eretico*, Mailand 1972, die seiner Meinung nach herausragende Bedeutung der Montage im Unterschied zur Einstellung hervorhebt.

16 Andrej Tarkovskij, *De la figure cinématographique*, in: *Positif*, Nr. 249, Dezember 1984

17 Augustinus, *Confessiones. Bekenntnisse*, lateinisch-deutsche Ausgabe, München 1955

18 Gilles Deleuze, *Das Zeit-Bild. Kino 2*, S. 109

19 Henri Bergson, *L'énergie spirituelle*, Paris 1919, S. 136-139

20 Gilles Deleuze, *Das Zeit-Bild. Kino 2*, S. 112

21 Roland Barthes, *La chambre claire*, Paris, 1980

Susanne Gaensheimer

Moments in Time

On Narration and Slowness in works of James Coleman, Tacita Dean, Stan Douglas, Douglas Gordon, Steve McQueen, Bruce Nauman, Rosemarie Trockel and Bill Viola

'How could recollection only arise after everything is over?' (Henri Bergson)

In 1978 James Coleman created the first version of his slide projection *La Tache Aveugle*, in which thirteen frames from a sequence of about half a second from the 1933 film *The Invisible Man* by James Whale are projected onto a large wall for a period of more than eight hours. The plot of *The Invisible Man* is based on the novel of the same name by H. G. Wells, first published in 1897. The short scene which Coleman uses in *La Tache Aveugle* contains that fateful moment of transformation, when the protagonist finds himself on the borderline between invisibility and visibility. Trapped in a barn, he falls into the hands of his pursuers and is shot. At that moment, he loses the protection of invisibility and with it, his life, for his visibility returns at the moment of death.

By extending this brief sequence of about half a second over a duration of more than eight hours, the intervals between the individual frames are stretched to more than thirty-six minutes. The succession of images, which in film creates an illusion of continuity by being transported at a particular speed, namely twenty-four frames per second, is slowed down so much in *La Tache Aveugle* by remaining more than half an hour at one single image, that perception of a continuous event is made impossible. The individual frame, whose function in film is to constitute an overall movement, becomes autonomous and is transformed from a moving into a static, still image. With reference to Henri Bergson, who in *Creative Evolution* of 1907 describes perception as a cinematographic process whereby we take 'snap shots' from the 'passing' reality and 'string them on a becoming, abstract, uniform and invisible, situated at the back of the apparatus of knowledge',[1] Gilles Deleuze calls the single image in film an 'instantaneous section'.[2] It is an 'immobile section of movement'[3] reflecting an action in one of innumerable instants. Thus, alongside the single images, or instantaneous sections, the second precondition of film is to set those in motion. Borrowing almost literally from Bergson, Deleuze describes movement in a film as an 'impersonal, uniform, abstract, invisible or imperceptible' time which 'is "in" the apparatus, and "with" which the images are made to pass consecutively'.[4] Technically speaking, Deleuze defines the medium of film as a number of snap shots (as

opposed to the long-exposure photograph), which are transferred to a framework, that is, the film, at an equal distance from one another and transported by a mechanism for moving the images. 'It is in this sense that the cinema is the system which reproduces movement as a function of any-instant-whatever that is, as a function of equidistant instants, selected so as to create the impression of continuity'.[5] Deleuze defines the frame in film as 'any-instant-whatever', because it is one of innumerable instants of a movement at an equal distance to one another. Not the motif or the particular position grant significance to the individual image, but its function as a constitutive fraction of a comprehensive sequence of movement.
Unlike the classical panel painting, the individual image in film is not the illusionist synthesis of a narrative context, but a single, and, according to Deleuze, incidental moment ('any-instant-whatever') in an overall narrative structure. It is an instantaneous section of movement, not conceived as an autonomous image. When a film is projected in the conventional manner, for example in cinema, the individual image is not perceptible. In the slide projection *La Tache Aveugle*, however, it is made not only visible, but also monumental due to the unusual duration and size of the projection. An image whose conventional function is to constitute the representation of movement itself becomes a carrier of meaning. Given that the sequence Coleman uses from *The Invisible Man* is itself only a fraction of a more comprehensive event which in turn is also only partially visible, namely, the transformation from invisibility to visibility, what one expects to perceive is reduced to a minimum. The meaning that the single image in *La Tache Aveugle* transports in the context of the entire scene is not perceptible. The fictional non-visibility of the protagonist in *The Invisible Man* at the moment of his transformation – the blind spot – has a conceptual parallel in the observer's actual inability to see it. Yet although no event is perceptible in *La Tache Aveugle* and the narrative structure is obliterated, the installation actually does retain movement, even if slowed down almost to a standstill and thus to the point of being unrecognisable.

In *24 Hour Psycho* (1993) Douglas Gordon projects a video copy of Alfred Hitchcock's *Psycho* in extreme slow motion and without sound onto a free-standing three by four meter screen. The otherwise unaltered tape is played at the greatly reduced speed of about two frames per second, so that the projection of the whole film lasts twenty-four hours. The screen is visible from the front and the back. By extending the intervals between the frames to two per second instead of twenty-four, the movement is slowed down in the extreme, similar as in Coleman's *La Tache Aveugle*. Although the intervals between the individual images are not so extended that they can be perceived autonomously, as in the latter, they are nevertheless long enough to abolish the continuity of the action. In *24 Hour Psycho* it is not the single image that becomes independent, but individual elements of the overall action – such as gestures or parts of movements – into which the images condense. The unusually slow, for our cognitive conventions, rhythm of the film makes it impossible to read an integral plot. Instead this is split up into its individual components: An embrace, a scream, a look of fear – gestures and facial expressions free themselves from the narrative structure of the film and linger silently on the large screen in the dark room.

Unlike in *La Tache Aveugle*, we can perceive individual actions or parts of actions in *24 Hour Psycho*, but the slowing down of the movement dissolves the relationships between them. What event gave rise to that anxious look, who are the wide eyes looking at, is there someone else in the room? Even if we were to remain in front of the installation for several hours and try to follow the plot, we could not grasp the dramatic form and psychology of those relations. In Deleuze's analysis of film, movement and relation are directly related. As the frame is an immobile, 'instantaneous' section of movement, so movement is a mobile section of duration.[6] Deleuze defines duration in terms of relations. In his sense therefore, reducing the movement means dissolving the relations; the meaning-giving link between the actions disintegrates. It is remarkable that with Hitchcock's *Psycho* Gordon has selected a classic example of narrative cinema, only to render it unreadable. In Hitchcock's films in particular, it is not so much the motifs themselves as their inter-relations that constitute the subject of the film. Of central importance are not so much the action or the one who carried out the action (the 'whodunit') as the set of relations between them. Deleuze points out that the psychological and emotional reactions of the viewer, his affection, also play a significant role in this set, like a third instance. Thus a trinity is formed of representation, meaning and interpretation, corresponding to the ternary structure in Peirce's semiotics. According to Charles Sanders Peirce, the sign consists not only of a signifier and a signified, but also of a third, mediating instance, the interpretant. However, if the readability of the film's narrative is eliminated, making an interpretation in the traditional sense impossible, then its semiotic structure is altered and a new, different meaning construed.

The slowing down of the rhythm of the images by technically extending the intervals between them is also a stylistic means used in Bill Viola's installation *The Greeting*. This 1995 installation is a large-format projection showing the encounter of three women. The scene was originally shot on 35-mm-film and than transferred to a laser disk. A wind-like sound is added to the scene. Unlike Coleman's *La Tache Aveugle* and Gordon's *24 Hour Psycho*, *The Greeting* is not based on existing film footage. Viola himself has filmed a staged scene at three-hundred frames per second. Thus, it was possible to produce extreme slow-motion and at the same time maintain the pristine pictorial quality of a film made at the normal speed of twenty-four frames per second. The scene's real time of about forty-five seconds is drawn out in the video to last ten minutes.

Initially *The Greeting* shows two women against a vast urban backdrop. As they talk to one another, a third younger woman, who seems to know one of the two older women, appears on the scene. These two greet one another with an embrace and start up an intimate conversation,

during which the third woman seems to retreat more and more into the background. As explained in detail by Irene Netta in her essay *Time in the Work of Jan Vermeer and Bill Viola* in this publication, with his *The Greeting* Bill Viola makes a reference to the mannerist depiction of a Visitation by Jacopo Pontormo from the years 1528/29. Without referring directly to this link, Viola gave his work the neutral title *The Greeting*, leaving the Christian iconography of the scene in the dark, as it were.
Like in *24 Hour Psycho*, the action in *The Greeting* is drawn out to such an extent that its totality and continuity disintegrate. Through the extreme slowing down of the movement, the greeting between the women seems to become divided up into a wealth of individual elements: Each look, each movement, each fraction of a facial expression is released from the overall context of the story and stands out as meaningful. The beginning and end of the scene merge into an uninterrupted string of individual and independent moments. Not their meaning within the story, but they themselves become dominant. The viewer oscillates, therefore, between the attempt to grasp the narrative of the scene at each moment of the movement, and the temptation to abandon himself to the seductive power of the latter. Intensified by the hypnotic effect of the wind-like sound, *The Greeting* conjures up such a strong presence of the moment that an atmosphere of contemplation is created. Thus, although the narrative organisation of the scene is dissolved by the extreme reduction of motion, and its concrete reference to a theme in Christian iconography veiled, the contemplative effect of the work hints at a transcendent dimension. In this way the dissolution of the narrative structure in the slow motion creates a second, less concrete, more intuitable than readable meaning next to the foreground motif of the greeting.

By manipulating the classical narrative techniques of film, that is, creating meaning through the organisation of movement, time and space, Steve McQueen also introduces a meta-level in his ten-minute black-and-white film *Bear* of 1993. This 16-mm-film, transferred to a laser disc and projected onto a large wall, shows a scene that is formally reminiscent of the classical boxing match in popular films: From a mostly low angle, which simulates the perspective of a fictional observer 'close to the ring', the camera focuses on two naked men in a match-like situation. What one initially perceives as the beginning of a fight, soon becomes an ambiguous game of desire, intimacy and aggression. The men circle and approach one another, finally falling into an intimate embrace that suddenly turns into a wrestling match. The harsh lighting of the scene underscores details – the sweat on the skin of the wrestling bodies, the subtle expressions on their faces – only to abruptly fade them out in shrill refractions. In addition to the mainly low camera position, one also sees close-ups of the faces or unusual angles on the scene from below. The movements of the bodies in space are mostly shown in slow-motion, the close-ups of the faces and bodies in almost static shots. At some points, during an exchange of blows, for example, the long shots are interrupted by a series of brief cuts.

On the one hand, McQueen is using the immanent narrative features of film to tell a story, and on the other, to undermine their traditional function by using them in an unconventional manner. Like in the projections by Coleman, Gordon and Viola, the slowing down of the movement in *Bear* removes the individual moment from its overall context. This process is supported by the framing of the camera takes, which focus on individual details in the action and thus break up the scene as a whole, a closed form. Also, there is no introductory beginning and no explanatory end. The scene starts and finishes in the middle of the plot, so that it seems like a section from a larger, all-embracing context. In terms of content too, McQueen revokes any kind of explicitness that might initially appear to be inherent in the narrative structure of the scene. The relationship between the two men and their actions remains opaque, their nakedness removes the scene from any concrete context, the camera does not adopt one coherent perspective. Every attempt at an interpretation wavers in uncertainty. Not so much the action itself as its individual elements and the angle from which these are observed seem to be the subject of the film. In his informative essay *'It's the Way You Tell'em'. Narrative Cliché in the Films of Steve McQueen,*[7] Jon Thompson emphasises the meaning of the 'act of making' in *Bear*: 'This issue as far as he is concerned is always one of narrative intelligibility. Not (...) packaged Hollywood-style as a form of story-telling, but narrative which is pursued in and through the act of making, almost as a form of tactile, psycho-visual enquiry. Every decision is made as a part of a process, and the process is itself evidence of the presence of narrative'.[8] The process of filmic observation, i.e., the subjective perspective on the event and its psychological dimensions, are represented by the specific manipulation of the stylistic means. By linking representation and what is represented, observer and observed, an identification between subject and object comes about within the story – an identification which is supported by the fact that Steve McQueen himself plays one of the two wrestlers. Subjectivity in *Bear*, however, is only expressed 'between the lines'. What you see is not what is represented.

'This "linguistic" problem is the starting point of all my work – not only in the sense of spoken or written language, but also in terms of different media and idioms of knowledge.'[9] In a complex interweaving of different narrative levels and linguistic and visual codes, Stan Douglas outlines a historical-literary panorama in his 1996 video installation *Nu·tka·*, which oscillates constantly between history and fiction, between readability and concealment. *Nu·tka·* consists of two components: the video projection of scenes of a coastal landscape in north western America originally taken on 35-mm-film, and the quadrophonic reproduction of two monologues, in which different texts are spoken simultaneously. The landscape sequence shows Nootka sound on the west coast of Vancouver Island, a historically significant location which was discovered and occupied by competing European colonial powers in the eighteenth century. The monologues consist of historical documents and autobiographical texts by the commander of the first Spanish occupiers, José Estéban Martínez, and his prisoner, the English captain

James Colnett. Whereas the already delirious Englishman hovers between the traumatic recollection of his capture and his hope of escape, the Spanish conqueror exhibits more and more signs of a paranoid fear of not being able to master the sublime power of the unknown (on the historical background to *Nu·tka·* see pp. 66–69). The landscape scenes – smooth camera tracks along the coastal panorama – are projected slowly, in opposite directions, one on top of the other. The images are rastered and shown either on the 'even' or the 'odd' raster lines of the video projection. As a result, the shots seem to dissolve and merge with one another. At only six points do two identical takes coincide, so that the grid lines are completed and a clear image emerges. At these same moments, the incomprehensible text mixture of the two monologues is interrupted by identical texts spoken synchronously and thus clearly intelligible. The artist has taken these particular texts from the literature of Edgar Allan Poe, Miguel de Cervantes, Jonathan Swift, Captain James Cook and the Marquis de Sade, i.e., from nineteenth century romantic and colonialist writings whose references to the sublime, the unconscious, and the uncanny act as a kind of metaphor for the threatening power of the Other.
In the coded language both of the landscape sequences and of the historical and fictional texts, *Nu·tka·* tells the story of a place, a moment in history and an imperialist policy, as well as of individual psychological and emotional experiences related to them. This story, however, is only partially readable. The images and texts are superimposed, blend with one another, and seem to dissolve in the raster of the slow video projection. Only at a few points do image and text come together to form clear parts that appear like hallucinations in the stream of the uncertain. At these moments, it is possible for the one or other observer to recognise information and decipher meaning – the ideal observer, who can distinguish and interpret the specific codes. '... photographs always have a constellation of reference that hangs over them – a place, a period, a cultural setting – which someone familiar with the material can recognise. In a similar way, I hope my work will provoke certain associations in people familiar with the quoted cultural forms.'[10] But as soon as one starts to define landscapes and to understand fragments of texts, perhaps even recognising their literary significance, the slow movement of the camera drifts apart, the images dissolve into one another and the texts become unclear. Expressed in these blurred areas between the lines and images is that which is not representable in the concrete idiom of the medium. Concealed behind the foreground story, present only in the form of absence, is the threatening unknown, that which is repressed. 'An absence is often the focus of my work. Even if I am resurrecting these obsolete forms of representation, I'm always indicating their inability to represent the real subject of the work. It's always something that is outside the system'.[11]

The exhibition *Moments in Time* opens up two perspectives on the relationship between narration and slowness. On the one hand, the works of James Coleman, Douglas Gordon and Bill Viola deal with a form of slowness produced in the work itself by certain technical means. In these cases one could speak of a representation of slowness, in the very broadest sense. By extending a single moment, these works alter a given or staged narrative structure and partially dissolve it until it is unreadable. In the second group of works, in particular in the projections by Bruce Nauman and Tacita Dean, slowness comes about not so much in the work itself, as in the observer's cognitive process of perception. The films *Art Make-Up, No. 1–4* (1967/68) and *Gellért* (1998) were taken in real time. The duration of the event on the screen corresponds to the duration of their perception. Time is not manipulated in the film. Instead the film directly reproduces the time of the filmed action. Thus in the course of perception it is possible for the viewer to immerse himself successively in the action through his eyes. This also means that he must follow the whole sequence in order to experience its passage and possibly understand its meaning. In the second group of works, the term slowness refers to the duration of this successive form of perception.

In the four ten-minute silent colour films *Art Make-Up, No. 1–4: White, Pink, Green, Black* Nauman focuses the camera on the front of his naked torso, while carefully applying white, pink, green and black paint successively to his face and body with his right hand. He begins with his arm, passes to his shoulder and armpit, then to his chest, and finally to his face, until his whole torso is evenly covered in paint. Fully absorbed in this action, Nauman's gaze is directed to an indeterminate point outside the frame. Although the observer can follow the movement of the artist's hand at every moment and can imagine the latter's psychological and emotional state of mind, the meaning of the action itself remains unclear. It could be interpreted – for example, in terms of Lacan's concept of narcissism, which emphasises the self-destructive components of self-love and in which the Ego finds itself in an existential conflict, caught between abandonment to and aggression towards the ideal Ego – but it cannot be deciphered in terms of one 'logical' or clearly readable narrative.
Thus while one follows the artist's hand in real time, trying to grasp the totality of the action through the single moment of the movement, a successive organisation of individual moments of perception takes place. Bergson describes two versions of this process in *Time and Free Will*: '... when pushing my finger along a surface or a line provides me with a series of sensations of varying quality, then one of two things will happen: Either I will imagine these sensations only in a duration and they will then follow one another in such a way that at a given moment I cannot imagine several of them as simultaneous and yet clearly different; or else I will recognise in them a successive order, and then I have not only the capacity to perceive a succession of termini, but also to arrange these in series beside one another, once I have distinguished them...'[12] Both these forms of perception presuppose a successive string of individual moments, that is to say, a perception which takes place not so much in the moment as in 'duration'.[13] Like the individual images in film, in the successive process of perception the moments of consciousness are strung in a row. In an 'intimate organisation' they interpe-

netrate and form the consciousness of 'pure duration' in which 'our Ego (...) abstains from making a distinction between the present and the prior states'.[14] Only when the individual moments interpenetrate, when our consciousness of the present and the past are not separate, do continuity and narration come about.

This consciousness of pure duration through the merging of present and past would seem to be visible in Tacita Dean's 16-mm-film *Gellért* made in 1998. This film too was filmed in real time, as it were, though in a different way to Bruce Nauman's *Art Make-Up, No. 1–4*. The approximately six-minute colour film, shown as a loop, is a montage of several static shots taken over a period of one hour. They observe a group of women, calm and self-contained, moving slowly around the thermal baths of the Gellért Hotel in Budapest, as if detached from the temporality of the outside world. The images in the film are accompanied by the ambient sound of the bath: Snatches of laughter, echoing voices, splashing water, create an atmosphere of calm and detachment. It is the detachment of those who are capable of freeing themselves from the general stream of time, and of creating within themselves an autonomous relationship to space and time. The movement of the bathers in *Gellért* is so reduced, their activity so focused on the here and now, that the difference between present and past seems to be obliterated. What was, what is, and what will be merge smoothly with one another, so that even the difference between the six minutes of the film and the sixty minutes in reality seems to disappear.

Although formally *Gellért* is based on both the shot and the montage, the essence of this film is determined by the shot. In his analysis of the function of both these formal elements with relation to time in film, Deleuze distinguishes between montage as that element which determines 'the relations of time or of forces in the succession of images', and shot as that which determines 'the form or rather force of time in the image'.[15] Whereas the course of time is construed and manipulated in montage, and can, therefore, only be represented indirectly, in the shot – especially in the static shot – it is immediate and direct. Montage may well have the possibility of selecting moments and thus 'of achieving time',[16] yet it is in the shot that time can unfold in its innate poetry. With reference to the, in his opinion, outstanding importance of the shot in the representation of time, Andrej Tarkovsky expressed the wish, in *On the cinematographic figure*, 'that the cinematographer succeeds in fixing time in its indices perceptibleby the senses'.[17] It would seem that this wish has been granted in the long and motionless shots in *Gellért*.

In a space like the Gellért in which artificial light deceives us as to the passing of time, it is the acoustic elements in particular, alongside the movements of the bathers, through which time becomes perceptible to the senses. Thus in *Gellért* the movement of the persons through the space, and with it the passing of time, are discernible in the melody of the sounds of the water and the slight echo of laughter in the wide halls. The special atmosphere of this place, influenced as much by its architecture as its temporality, also finds expression in the diffuse ambient sound in *Gellért*. Tacita Dean attaches a special importance to the sound tracks of her films. These are usually made independently of the films and are mounted with great care in the last phase of production. In order to intensify the strongly evocative power of noises, voices, and other acoustic elements, the artist often positions the sound track some minutes before or even after the appearance of the images. As a result, the loop contains a phase in which the sound track can be heard before the images are seen, or when they have already passed. The associative power of the sounds in *Gellért* is particularly evident at that moment when they occur at the same time as those 'black' moments in the film loop, when no images are yet visible. Even before the first shots of the bath appear, the sounds have already inspired the first virtual images in our imagination. These virtual images are then superimposed on the images of the film, so that the recollection of the imagined image coincides with the image actually being perceived at the moment of observation.

In *L'energie spirituelle*[18] Bergson deals with the question of the relationship between memory and perception, between past and present. On the basis of that fundamental characteristic of the present already described by St. Augustine in his *Confessions*[19] namely, that it is always on the threshold between past and future, i.e., already transformed into the past at each new moment in its existence, Bergson discusses the necessity of this characteristic. Only if the present passes away at the very moment of its presence, can a new present come to be. Deleuze formulates this principle with reference to the image: 'If it was not already past at the same time as present, the present would never pass on'.[20] According to Deleuze, the present is the actual image, and the past inherent in the present is its virtual mirror image. He is referring here to Bergson's remarks on the déja-vu, which points to the existence in the present of a re-collection that takes place at the same time as the present: 'Our actual existence, then, whilst it is unrolled in time, duplicates itself along with a virtual existence, a mirror image. Every moment of our life presents the two aspects, it is actual and virtual, perception on the one side and recollection on the other...'[21] As the past is formed not *after* the present but *simultaneously* with it, therefore time must divide itself up into present and past in each of its individual moments. This division implies a schizophrenia of the moment, from which Deleuze derives the metaphor of the crystal image: a synthesis of the passing actual image of the present and the preserved virtual image of the past. Both are different and yet indistinguishable: 'The crystal always lives at the limit, it is itself the vanishing limit between the immediate past, which is already no longer and the immediate future, which is not yet (...) mobile mirror which endlessly reflects perception in recollection'.[22] Thus like a photograph, as described by Roland Barthes in *La chambre claire*,[23] each image and each moment is the index of its own transience, a sign of death.

By combining two one-minute videos, *Mutter, Mutter* (1992) and *Ei-Dorado* (1993), projected one after the other in an endless loop, Rosemarie Trockel opposes the two forms of slowness which constitute the poles of this exhibition: the representation of slowness by technically extending the moment, and the emergence of a consciousness of duration in the very process of perception. In doing so, she contrasts the literal form of narration, in which a story is told in a classical narrative structure, with the coded form, in which what is represented serves to mediate another meaning not representable by what is actually visible. Both videos were made in black-and-white and with a soundtrack. *Mutter, Mutter* tells the short story of a woman slowly descending a staircase into a kind of cellar or laundry room, picking up a carpet beater and hitting two large plastic spiders with it. The picture quality is so coarse that the objects in the room and the woman's actions are not clearly distinguishable. The action is accompanied by mediterranean guitar music, which is also reminiscent of popular melodies. *Ei-Dorado* seems abstract by comparison with *Mutter, Mutter*. On a moving white surface is a collection of eggs which have all been provided with a German name: Otto, Ulf, Gitta, Rosi, Doro, Moni... The eggs move along with the surface on which they are lying. The sound of the video consists of a machinelike noise which is combined with the silent rendering of a Janis Joplin-song. The surface becomes more and more agitated, until one after the other the eggs roll off. The next shot shows a heap of broken eggs, at which point the sound-collage turns into a scream of Janis Joplin.

Whereas *Mutter, Mutter* tells a short story that is construed as an integral course of events and refers, by way of association, to a wider narrative context, *Ei-Dorado* functions more like a code, whose signs stand for something other than what they represent and have to be decoded before their meaning can unfold. Both videos, and their sound tracks, evoke a chain of initially different associations, which, however, at a none too distant point form a superordinate complex of meaning: fertility, femininity, movement, time, death etc. Not only the video's narratives, their temporal structures too differ fundamentally. Initially *Mutter, Mutter*, departs from a classical filmic space-time-continuum, in which time and its stylistic manipulation fulfil a function related to the content – as in the works of Viola and McQueen. *Ei-Dorado*, by contrast, is beyond all narrative clichés. Here the passing of time plays a role in the cognitive process of the successive perception of events.

As the two videos are shown continuously one after the other, our perception is constantly shifting from the one narrative and temporal form to the other. Narrative and abstraction, representation and coding, slowness of movement and duration of perception — the complexity of our cognitive apparatus on the one hand, and that of the various forms of representation on the other, are thus brought to our attention. In Rosemarie Trockel's videos, as in the other works in the exhibition, it is the change in conventional narrative and temporal structures in particularly which interrupts the flow of our familiar perceptive mechanisms, allowing a free space to emerge. What happens when our cognitive expectations are not fulfilled? When the individual moments liberate themselves from the continuity of the movement? When meaning is transformed and information coded? It is this new space, evoked by the interruption of the familiar set of cognitive patterns, which links the eight works in the exhibition like a common denominator – and perhaps also the invitation to the observer to become aware of its complexity.

1 Henri Bergson, *L'évolution créatrice,* Paris 1907

2 Gilles Deleuze, *Cinema 1. The Movement-Image*, transl. by Hugh Tomlinson and Barbera Habberjam, University of Minnesota Press, Minneapolis, 1986, p. 1. Gilles Deleuze's two-volume theoretical work on film, *Cinema 1. The Movement-Image* and *Cinema 2. The Time-Image*, form the theoretical framework for this essay.

3 Ibid., p. 8

4 Ibid., p. 1

5 Ibid., p. 5

6 Ibid., p. 8

7 Jon Thompson, *'It's the Way You Tell'em'. Narrative Cliché in the Films of Steve McQueen*, in: exh. cat., Portikus, Frankfurt am Main, 1997

8 Ibid., p. 6

9 Diana Thater in conversation with Stan Douglas, in Paidon Press (ed.), *Stan Douglas*, London 1998, p. 8

10 Ibid., p. 24

11 Ibid., p. 16

12 Henri Bergson, *Sur les données immédiates de la conscience*, Paris 1889

13 With the term 'duration' Bergson introduced a qualitative concept of time based on the individual's experience of time. As early as 1889, in his *Essai sur les données immédiates de la conscience*, Bergson distinguishes between the 'empty time' of classical physics and the 'experienced time' of our immediate consciousness. In her article *Intuition, durée, simultanéité*, Gabriele Hoffmann points out that the translation of Bergson's 'la durée' with 'duration' does not do justice to the real meaning of the term. Whereas 'duration' implies a measurable time span of a definable length, Bergson's 'la durée' is neither measurable nor divisible, but the subjective experience of an individual unit of time (Gabriele Hoffmann, *Intuition, durée, simultanéité*, in *Das Phänomen Zeit in Kunst und Wissenschaft*, ed. by Hannelore Paflik, Weinheim 1987, pp. 44f.

14 Gilles Deleuze, *Cinema 2. The Time-Image*, Minneapolis, 1986, p. 77

15 Ibid, p. 42

16 Ibid. Deleuze refers here to Pier Paolo Pasolini who in *Empirismo eretico*, Milan 1972, underlined the, in his view, major importance of montage as opposed to frame.

17 Andrei Tarkovsky, *De la figure cinématographique*, in *Positif*, no. 249, December 1984

18 Henri Bergson, *L'énergie spirituelle*, Paris 1919

19 *The Confessions of St Augustine*, trans. E.B. Pusey, London 1907

20 Gilles Deleuze, *Cinema 2*, p. 79

21 Henri Bergson, *L'énergie spirituelle*, pp. 136-139

22 Gilles Deleuze, *Cinema 2*, p. 81

23 Roland Barthes, *La chambre claire*, Paris 1980

James Coleman

La Tache Aveugle, 1978–90

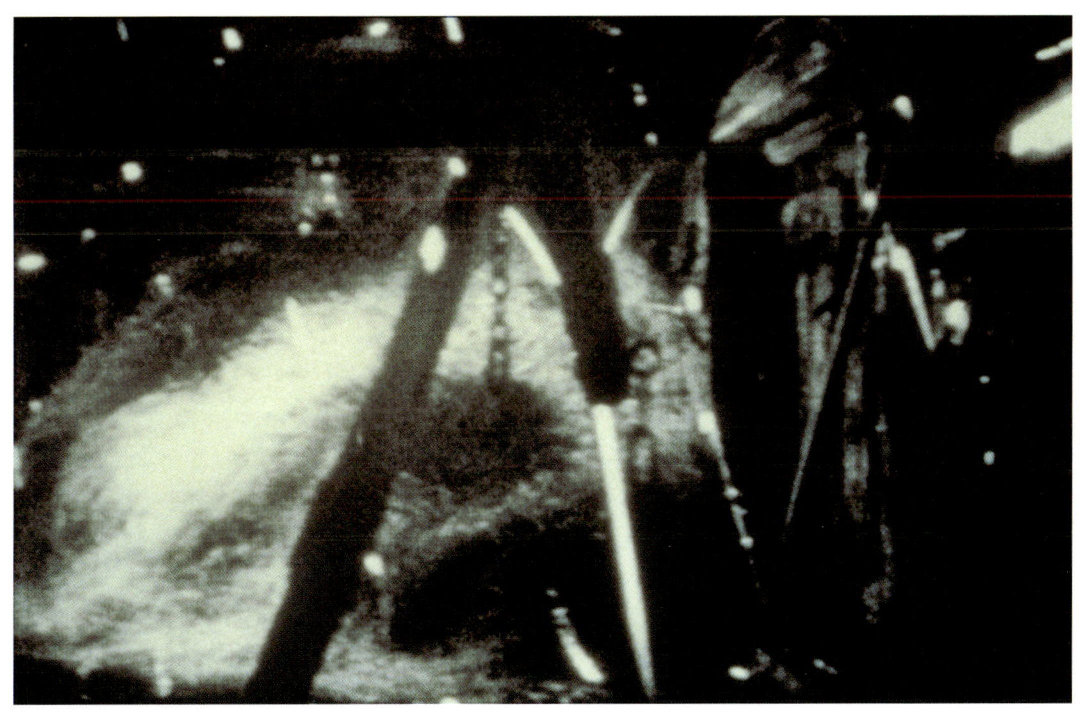

James Coleman. *La Tache Aveugle*, 1978–90

"Meine Arbeit handelt nicht von wahren oder falschen Realitäten; sie handelt vom Bewußtsein sich verändernder Realitäten."[1]
Die Diaprojektion *La Tache Aveugle* wurde von James Coleman 1978 entwickelt. Sie bestand ursprünglich aus einer Folge von dreizehn Einzelbildern, die 1990 bei der technischen Überarbeitung der Überblendfunktion auf neun Bilder reduziert wurde. Zwei computergesteuerte Projektoren werden dabei so aufeinander abgestimmt, daß die geringstfügig sich unterscheidenden Bilder sich in einem äußerst zähen Prozeß allmählich überlagern. Auch wenn dieser Prozeß angesichts der verwischten bildlichen Erscheinung anschaulich nicht nachvollziehbar ist, kann sein tatsächlicher Ablauf nicht geleugnet werden, weil er durch die Anwesenheit der Apparatur belegt wird.
Der Titel *La Tache Aveugle* verweist auf einen Begriff von Georges Bataille. Danach gibt es im menschlichen Verstand einen blinden Fleck, welcher der Struktur des Auges entspricht. Er erklärt damit die Abhängigkeit des theoretischen Verstandes vom Modell der optischen Wahrnehmung. Die Weiterentwicklung dieses Modells führt letztlich zu einem Punkt, an dem dieses sich umkehrt, "zum letzten Punkt der Klarheit, die Blindheit ist, (...) zur letzten Grenze des Tages, die die Nacht ist".[2] Im Sinne seiner Denkweise eines *pars pro toto*, sagt Bataille, daß "es in der Natur des Verstandes liegt, daß der blinde Fleck mehr bedeutet als der Geist selbst."[3]
Die Bildsequenz in *La Tache Aveugle* entstammt dem 1933 gedrehten Film *The Invisible Man* von James Whale. Es handelt sich dabei um eine Verfilmung des gleichnamigen Romans (in deutscher Übersetzung: *Der Unsichtbare*) von H. G. Wells, der 1897 zuerst als Fortsetzungsgeschichte in dem Magazin *Pearson's Weekly* erschien und noch im selben Jahr als Buchausgabe veröffentlicht wurde. Die Erzählung ist ein frühes Beispiel des Genres der phantastisch-utopischen Romane (*scientific romances*), die sich mit der verführerischen Faszination naturwissenschaftlichen Erkenntnisdranges befaßt, dessen Fehlleitung unberechenbare Gefahren in sich birgt. Wells erzählt die Geschichte des genialen Chemikers Griffin, dem es gelungen ist, eine Mixtur herzustellen, die ihn unsichtbar macht. Griffins Machtphantasien steigern sich zur Besessenheit, die ihn zu hemmungsloser Gewalt verleitet und so notwendigerweise zu seinem Untergang führt. Vom Physiker Kemp in die Enge getrieben, wird er schließlich von seinen Verfolgern getötet, und der tote Körper erhält seine sichtbare Gestalt zurück.
Whales Verfilmung hält sich weitgehend an die literarische Vorlage, verlagert allerdings am Ende die Szene, in der Griffin gestellt wird, in eine Scheune, aus deren räumlicher Ausweglosigkeit es kein entkommen mehr geben kann.
Die von Coleman ausgewählte Sequenz zeigt einen Moment der Sichtbarwerdung des toten Körpers. Ihre reale Dauer von kaum einer halben Sekunde wird in der Projektion auf ca. acht Stunden Laufzeit ausgedehnt. Durch die extrem verlangsamte Wiedergabe ist eine Veränderung der Bilder praktisch nicht wahrnehmbar. Nichts geschieht, das Bild des unsichtbaren Mannes materialisiert sich nicht. Die syntaktische Funktion der Einzelbilder für die übergreifende Erzählstruktur wird zum Bedeutungsträger erhoben.
Die Diaprojektion übernimmt die monumentalen Bilddimensionen der Kinoleinwand, verweigert jedoch die anderen situativen Gegebenheiten des Filmtheaters, die zur Illusionierung des Publikums wesentlich beitragen. Im Gegensatz dazu findet sich der Betrachter der auf das künstlerisch untergeordnete Bildmedium des projizierten 35-mm-Dias reduzierten "Standbilder" in der weniger adäquaten Situation des Ausstellungsraumes, der die hybride Gestalt der Fotografien zwischen malerischer Statik (Simultaneität) und filmischer Bewegung (Sukzession) offenbart.
Das Bild vermittelt die Suggestion zeit-räumlicher Veränderung.
Die Apparatur liefert den Beweis eines tatsächlichen zeitlichen Prozesses.
Die Projektoren sind als integraler Bestandteil des Werks ein wesentlicher Gegenstand seiner Betrachtung.
Die Projektionstechnik entfaltet das Bild räumlich, wobei der Betrachter Gefahr läuft, zwischen Lichtquelle und Abbild zu geraten. Er wird vom Bild umfangen und ist aufgefordert, seinen Standort zu suchen. Die Vervielfältigung der Blickpunkte entzieht das Bild der totalen Vereinnahmung und beschwört die Grenzen des Erkennbaren. Indem Coleman die Auffassungsgabe und Anschauungsmechanismen extrem überfordert, appelliert er an das Vertrauen des Betrachters in die eigenen Erfahrungen, deren Summe die Bedeutung des Bildes ausmacht.

1 Richard Kearney, Interview mit James Coleman, in: *The Crane Bag 6*, Nr. 2, 1982, S. 128

2 Denis Hollier, *Against Architecture: The Writings of Georges Bataille*, Cambridge, MA, 1995, S. 95

3 Ebd., S. 96

James Coleman. *La Tache Aveugle,* 1978–90

'My work is not about true or false realities, it's about consciousness of shifting realities.' [1]

James Coleman created his slide projection *La Tache Aveugle* in 1978. Originally, it consisted of a series of thirteen individual frames which were then reduced to nine while the dissolution was being technically overhauled in 1990. Two computer-controlled projectors are aligned so that in the course of an extremely long drawn out process the slightly different frames are gradually superimposed. Even though this process is not clearly visible to the eye because of the blurred appearance of the frame, the process itself cannot be denied, as it is proven by the presence of the technical equipment.

The term *La Tache Aveugle* in the title is borrowed from Georges Bataille. According to Bataille, there is 'a blind spot' in human understanding corresponding to the structure of the eye, which explains why our theoretical understanding is dependent on visible models. By further developing this model we arrive at a point where it turns into its reverse, 'this final point of lucidity that is blindness, (...) the final limit of day, which is night.'[2] In keeping with this *pars pro toto* approach, Bataille also claims that 'the nature of the mind means the blind spot will make more sense than the mind itself.'[3]

The sequence of frames in *La Tache Aveugle* is taken from the film *The Invisible Man*, directed by James Whale in 1933. The film is based on the novel of the same name by H. G. Wells, first serialised in the magazine *Pearson's Weekly* in 1897, then published in book form that same year.

The novel is an early example of the genre of the fantastic-utopian scientific romance, which focused on the seductive fascination of man's drive for scientific knowledge, which, if misdirected, harbours unpredictable dangers. Wells tells the story of the ingenious chemist Griffin, who succeeds in producing a mixture that makes him invisible. Griffin's pretensions to power gradually become obsessive, leading him to unbridled violence and, necessarily, to his death. Cornered by the physicist Kemp, he is finally hunted down and killed, and his dead body reassumes its visible form.

Whale's screenplay remains largely faithful to the literary model, except that at the end, the scene in which Griffin is caught, the location is a huge barn from which there is no hope of escape. The sequence selected by Coleman contains the moment when Griffin's dead body becomes visible. The scene's real duration of scarcely half a second is extended in the slide projection to almost eight hours. Due to this reproduction in extreme slow motion, the change of frame is practically imperceptible. Nothing happens; the image of the invisible man does not materialise, and the syntactic function of the individual frames within the overall narrative structure assumes the task of bestowing meaning.

The slide projection has the same monumental dimensions as the cinema screen, but by contrast it evades those other physical features of the picture palace which contribute so significantly to the audience's succumbing to the illusion. Instead, the observer of these 'stills' – reduced to the artistically inferior medium of the projected 35-mm-slide – finds himself in a much less conducive ambience of an exhibition room which exposes the hybrid nature of the shots, between painterly simultaneity and filmic succession.

The frames suggest spatio-temporal change.

The technical equipment provides proof of an actual temporal process.

The projectors are an integral component of the work and essential to any observation of it.

The conventional projection technique allows the image to unfold in space, whereby the observer runs the risk of walking between the light source and the image; enveloped by the image he is then challenged to take up a position. The multiple views save the image from being completely monopolised and evoke the limits of the recognisable. By greatly overtaxing the observers' powers of comprehension and visual mechanisms, Coleman appeals to their trust in their own experience, the sum of which constitutes the meaning of the image.

1 Richard Kearney, Interview with James Coleman, in: *The Crane Bag 6*, no. 2, 1982, p. 128

2 Denis Hollier, *Against Architecture: The Writings of Georges Bataille*, Cambridge, MA, 1995, p. 95

3 Ibid., p. 96

Ulrich Wilmes

Tacita Dean

Gellért, 1998

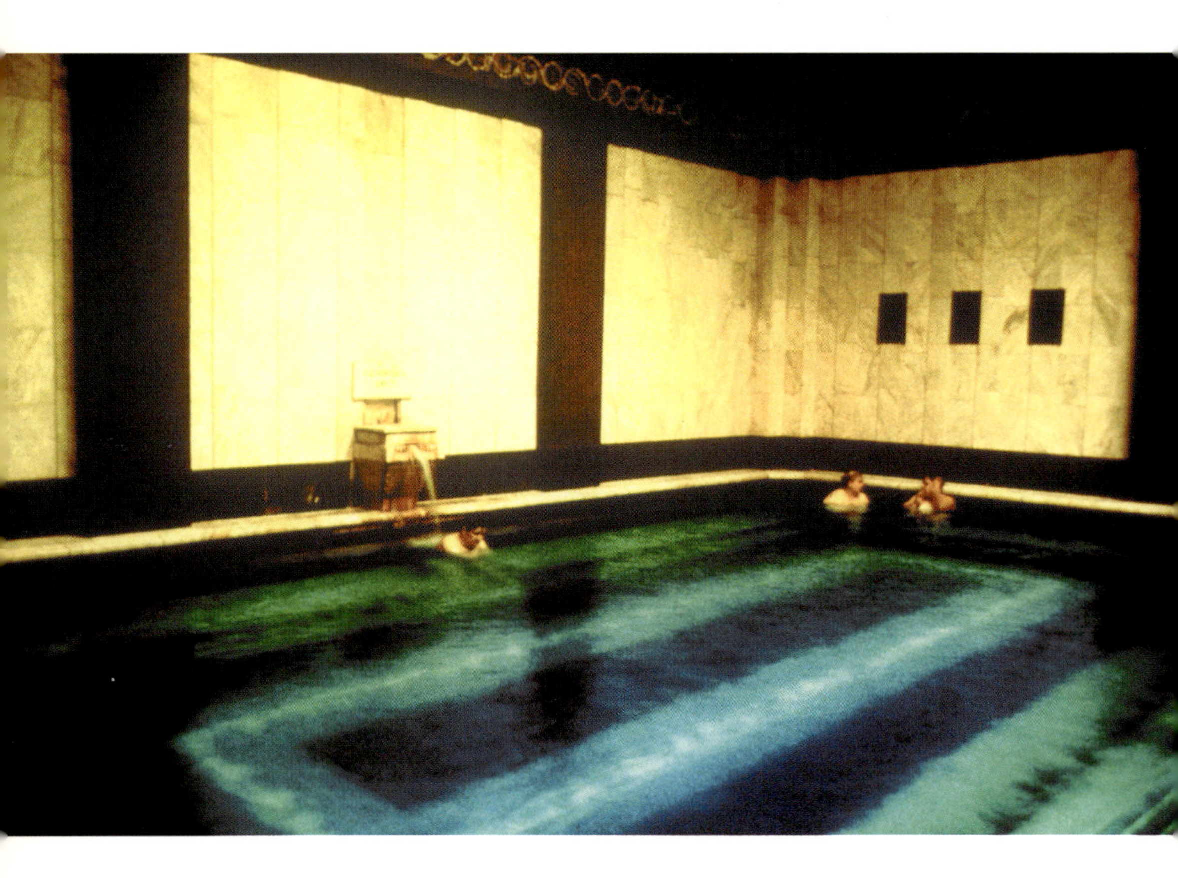

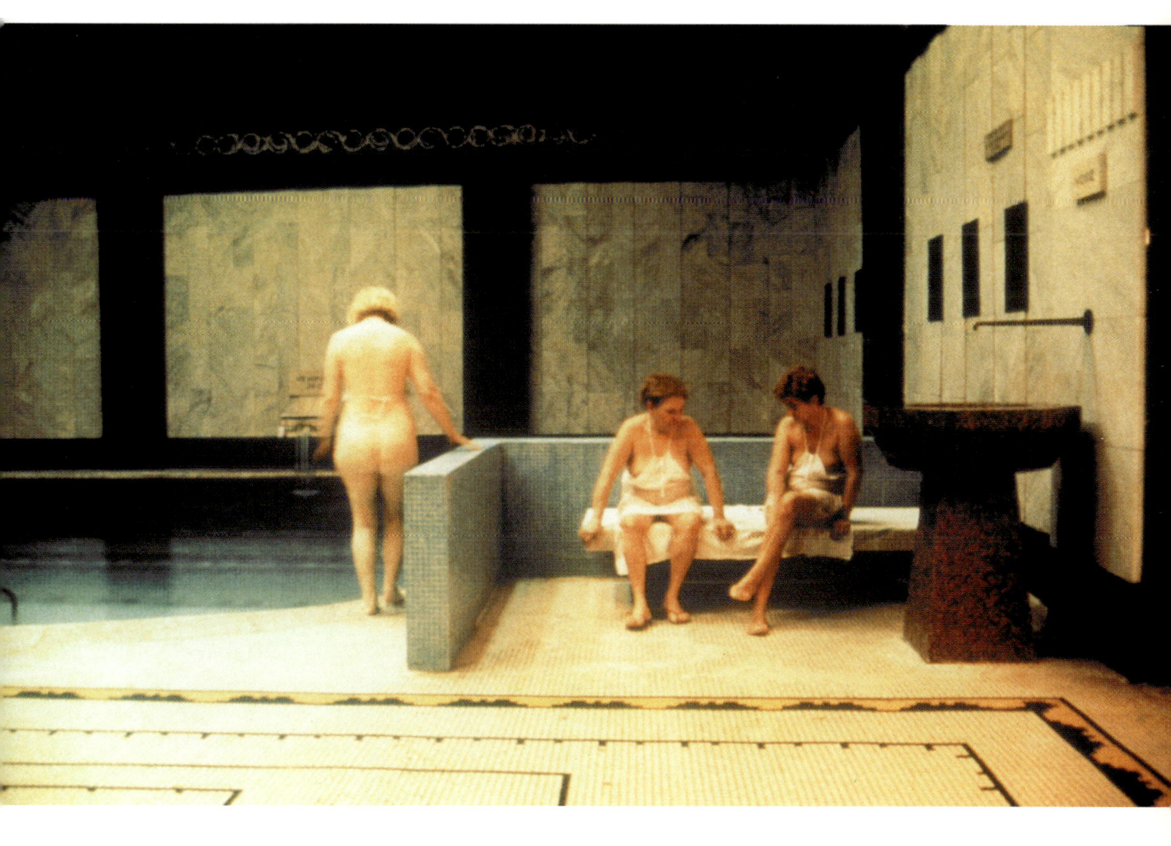

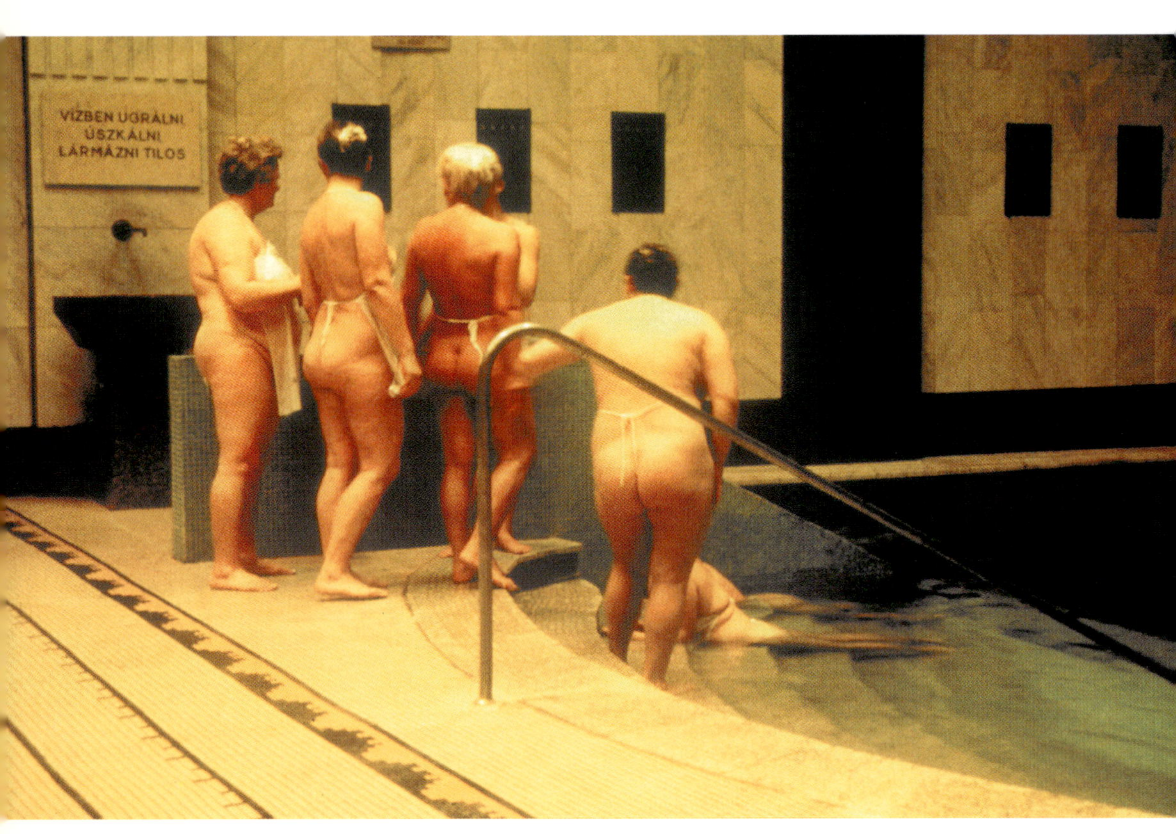
VÍZBEN UGRÁLNI
ÚSZKÁLNI
LÁRMÁZNI TILOS

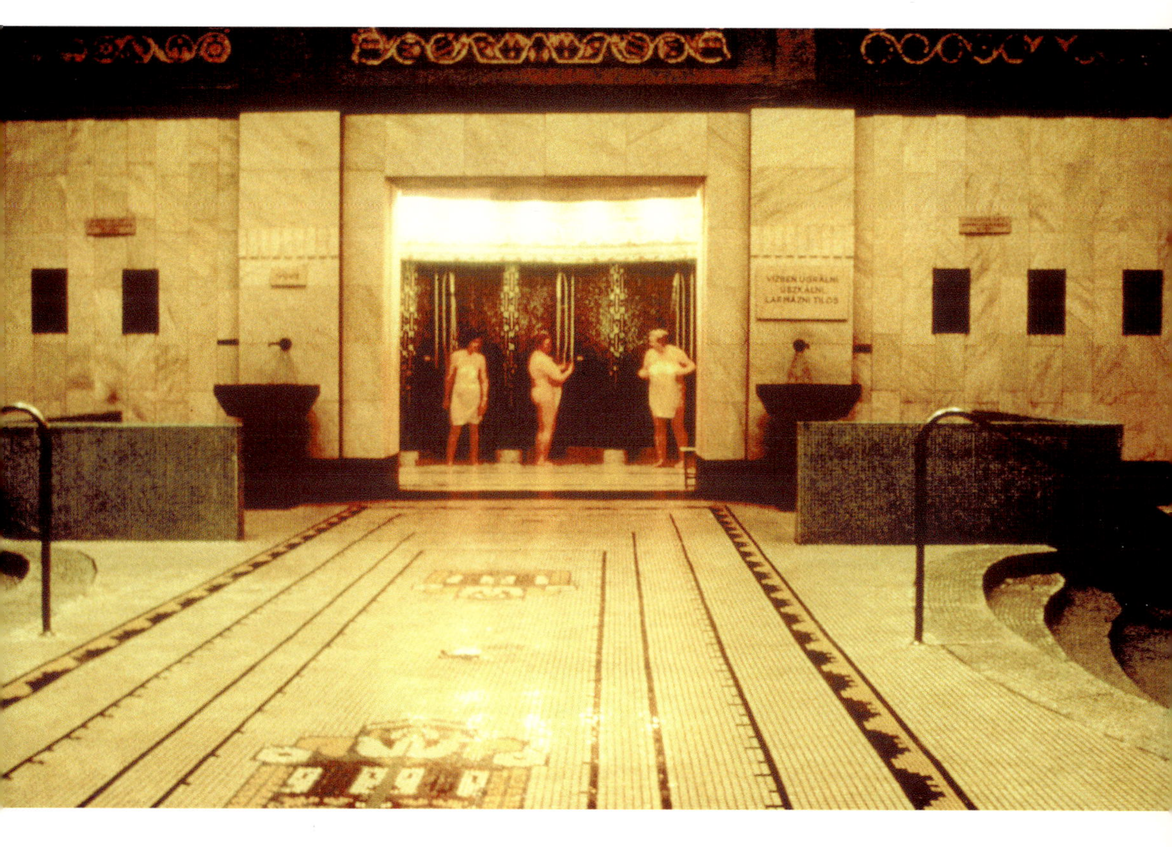

Stan Douglas

Nu•tka•, 1996

Historical Background

The Gothic romance was typically characterized by a return of the repressed: some past transgression haunts, then destroys the culpable person, family or social order. It is no surprise that these narratives flourished during the era of high imperialism — when remote and exotic areas of the world were being drawn into the European orbit and providing, if not the *mise en scene*, then at least the sublimated object of Gothic anxiety. What would contact and mingling with radically foreign cultures bring? Gothic tales answer: a decrepit clan wallows in decadence awaiting its final annihilation (*Fall of the House of Usher*); a monster appears, threatening to infect the whole of the social and natural order (*Frankenstein*); the bourgeois individual himself might become infected, and begin to display mortally morbid symptoms (*Dracula*). *Nu•tka•* is a Canadian Gothic.

The project is set in one of the most sublime moments of the romantic period — that of first contact between natives and Europeans on the West Coast of Vancouver Island at Nootka Sound. The Spanish explorer Juan Pérez was the first there, in 1774, but it wasn't until four years later that James Cook, thanks to an abiding misunderstanding, gave the area its name. When asked by the captain the name of his home and of his people, chief Maquinna replied to the Englishman's unfamiliar sign language and words, 'Nu•tka•!' — meaning 'go–' or 'turn-around' — suggesting that the visitor anchored at Resolution Cove could find safe harbour nearby at Yuquot or, perhaps, that he should go back to where he came from.*

For a few years, the 'Nootkans' (Nuu-chah-nulth) and Europeans were great trading partners; once the latter discovered what kind of prices sea otter pelts could fetch in China, and the former found that by re-routing existing trade patterns novel items such as iron work and guns could be acquired. Ships owned by US and English companies became frequent visitors to Maquinna's summer village of Yuquot at the northern entrance to the Sound but, when rumour that the Russians had begun to move south from the Aleutian Islands reached New Spain, the Spanish would be compelled to return. On 17 February 1789, Estéban José Martínez was dispatched from San Blas with two hastily outfitted ships and instructions to establish a colony at Nootka Sound, and the ultimate goal of claiming the entire north-west coast of North America for the Spanish Crown — thus preventing England or Russia from doing the same.

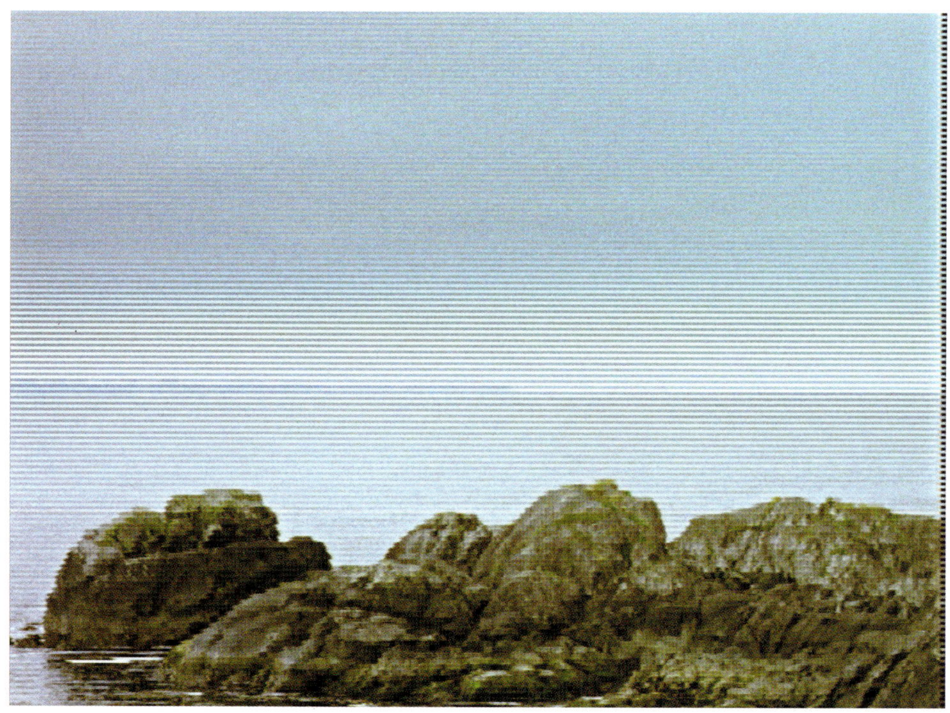

As Martínez's *Princessa* approached Yuquot on May 4 its captain found, to his dismay, three vessels already anchored in the vicinity of the bay Cook named 'Friendly Cove': US trading vessels the *Columbia* and the *Lady Washington* and a ship with a Scottish captain and English crew, although flying Portuguese colours, the *Ifigenia Nubiana*. Martínez spent the next few days reacquainting himself with Maquinna (whom he had met during Pérez' 1774 voyage) and introducing himself to his cagey harboured colleagues; but once the *Princessa's* Companion vessel, the *San Carlos*, arrived on the 12th, Martínez felt confident enough to react to a disturbing passage he had read in the *Ifigenia*'s papers: licence to attack and capture Spanish vessels. As the *Ifigenia*'s Portuguese flag was being replaced by that of Spain, the Mowachaht people of Yuquot became aware of the growing, and potentially violent, tensions between their European guests and moved the village a few miles up the outside coast.

Since he did not yet have the means to incarcerate prisoners, Martínez instructed his prize to sail to Macao under its own recognizance and to pay the ship's value to the Spanish crown — an order which was disobeyed as soon as the *Ifigenia* was out of sight. Instead of heading south, it sailed immediately north, continued trading furs as before, then crossed the Pacific for China. When the ship arrived in Canton, its employer, John Mears, was informed of the *Ifigenia*'s adventure; and because he believed he had already claimed the Sound for England when he built a packet there the previous autumn, began a process of petition that would later bring Spain and England to the brink of war.

On June 24, Martínez conducted the formal possession ceremony — an address to the land, the moving of stones and cutting of trees — but only a week later, on July 2, his claim would be challenged by the arrival of another of Mears' vessels, the *Argonaut* captained by James Colnett. Negotiation began with civility but soon devolved into a violent argument over authority and status with Martínez, the highest ranking representative of his Catholic majesty on the north-west coast, refusing the challenge of a man he regarded as an employee of a trading company. When Colnett declared that the Sound was British territory, and that he had come to build fortifications, Martínez informed him that he had no alternative but to detain him as a prisoner of war.

Around July 9, the English captain entered into a paranoid delirium. He was agonized by his failure to complete his enterprise and, under the conviction that he was about to be hung, twice tried to commit suicide by drowning. Chief Callicum of Clayoquot Sound, who knew the English as reasonable trading partners, did not enjoy seeing his economic options limited. He decided to let Martínez know what he though of him and, egged on by Colnett, began a tirade against the commandant, calling him a thief and a liar. Irritated that the chief could not be assuaged by the promise of gifts, Martínez fired a 'warning shot', but one of the *Princessa*'s crew, assuming that the commander had missed his mark, took aim and shot Callicum dead. Disgusted by this assassination, Maquinna lead his people further away from Yuquot and vowed to never again have commerce with Martínez and the Spanish garrison. On July 12, when the refitted *Argonaut* and its prisoner-crew were ready for transport, its companion vessel, the *Princess Royal* hove into sight. After some subterfuge, it too was arrested and on 14 July 1789, as Parisian crowds were challenging the very foundation of aristocracy by putting the Enlightenment's principle of democracy into action, the two English ships embarked for the Department of San Blas, possessions of the Spanish crown.

Even though he had received orders to abandon the fort at Yuquot Martínez had by late summer devised a grandiose scheme in which San Miguel would be the first of four presidios and sixteen missions — a huge monopoly trading company that would dominate commerce all along the west coast of North America. The commandant had hoped that the incoming viceroy would rescind his predecessor's orders. But as the October rains began to set in Martínez, who was still shunned by the natives and had still received no support from San Blas, decided to abandon his settlement and head south. When he arrived in New Spain, Martínez was informed of explicit imperial instructions to maintain the outpost at Nootka — but since news of Callicum's assassination had reached, and scandalized, the Spanish public, it was clear that he would not return.

On 3 April 1790, Francisco Eliza arrived with three ships that would re-establish the Spanish presence at Nootka. After much negotiation, and assurances that Martínez was no longer in charge, Eliza was able to develop amicable trading relationship with Maquinna and other Nuu-chah-nulth leaders. But an ocean away, John Mears had journeyed to London where he presented an embellished narrative of his stay at Yuquot and the capture of his (recently released) trading vessels to the Houses of Parliament. Mears' tale

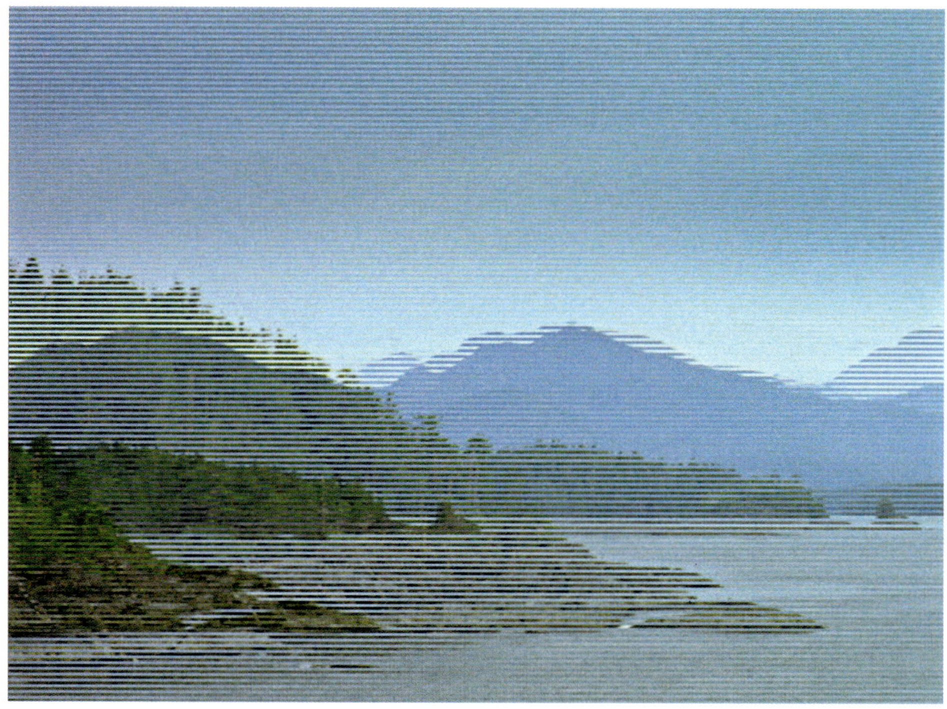

precipitated the so-called, 'Nootka Controversy' which lead the Spanish and English empires to threaten each with militarily reprisal over the next four years. However, by 1795, in consideration of the remoteness of Nootka Sound and the growing US presence in the area, both powers signed the 3rd Nootka Convention agreeing that neither would occupy the north-west coast. In March, English representative Thomas Pearce, and his Spanish correspondent, José Manuel de Álava witnessed each other ceremonially raising and lowering his nation's flag — and the Spanish presence came to and end.

With the absence of Europeans on the west coast of Vancouver Island, trade there was dominated by the ships from the US, but after 1803 that too came to an abrupt halt once news spread about the massacre of the *Boston* at the hands of Maquinna's warriors. The chief of the Mowachaht Confederacy had endured many insults from Europeans, but when the US ship's captain, John Salter, swore at and insulted Maquinna to his face (expecting that he couldn't speak English), this was the final blow which lead to an attack which killed all but two of the ship's crew; one of whom, John R. Jewitt, would eventually escape to publish a captivity narrative recounting the 28 months this blacksmith endured as Maquinna's slave.

Jewitt proposes that the massacre of his colleagues was retribution for 14 years of European transgression — lies, theft, murder — but a recent oral history suggests that an additional injury was the cause of the wrath of a chief noted for his diplomacy. While the Spanish were still at Yuquot, they began regularly raping Nuu-chah-nulth women and torturing, with red-hot iron rods, those who resisted. It was for this (as well as a way to reassert the autonomy of his people) that Maquinna wanted revenge and awaited a pretext. The same speaker also has an alternative account of why San Miguel was abandoned: the Spanish found tiny sailing vessels and occupied by living, homuncular sailors at the bottom of the well they used for drinking water. They immediately filled the well with stones and quit Yuquot.

* What Maquinna actually said to Cook is uncertain because 'Nu•tka•' is not a complete word; however, Mowachaht words beginning with these two syllables tend to refer to circular motion.

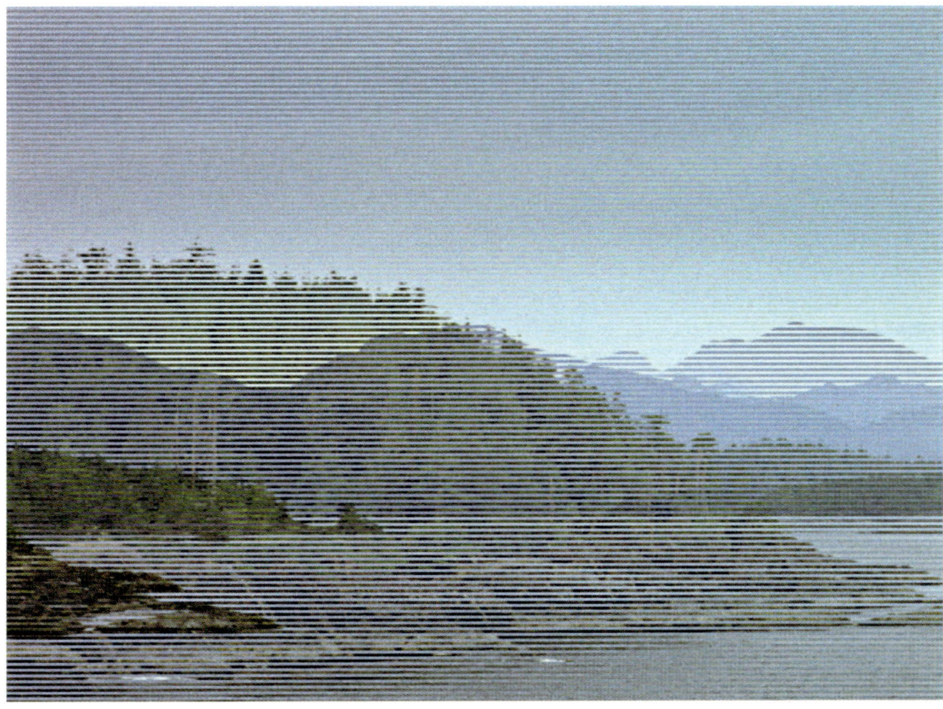

Douglas Gordon

24 Hour Psycho, 1993

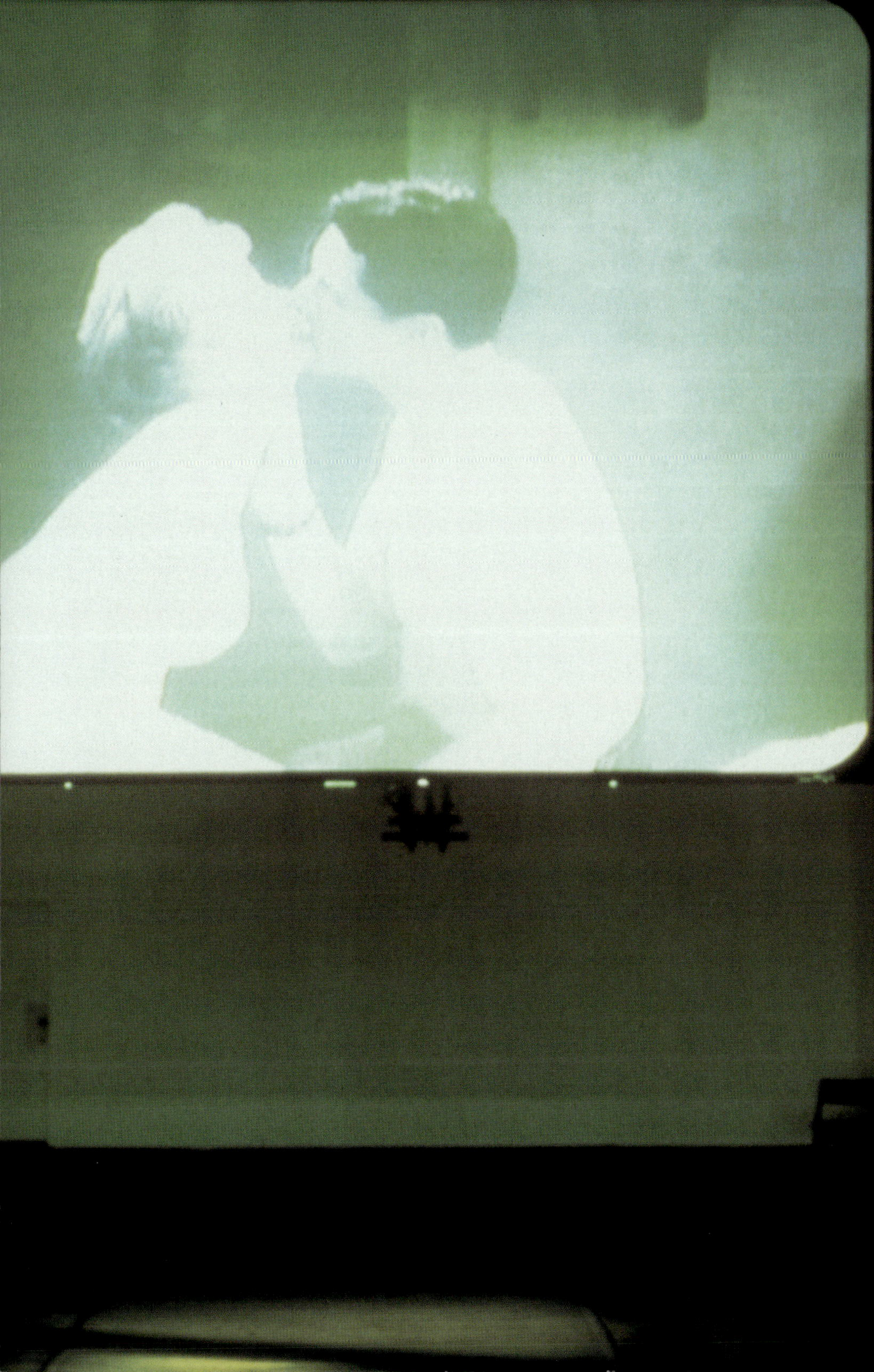

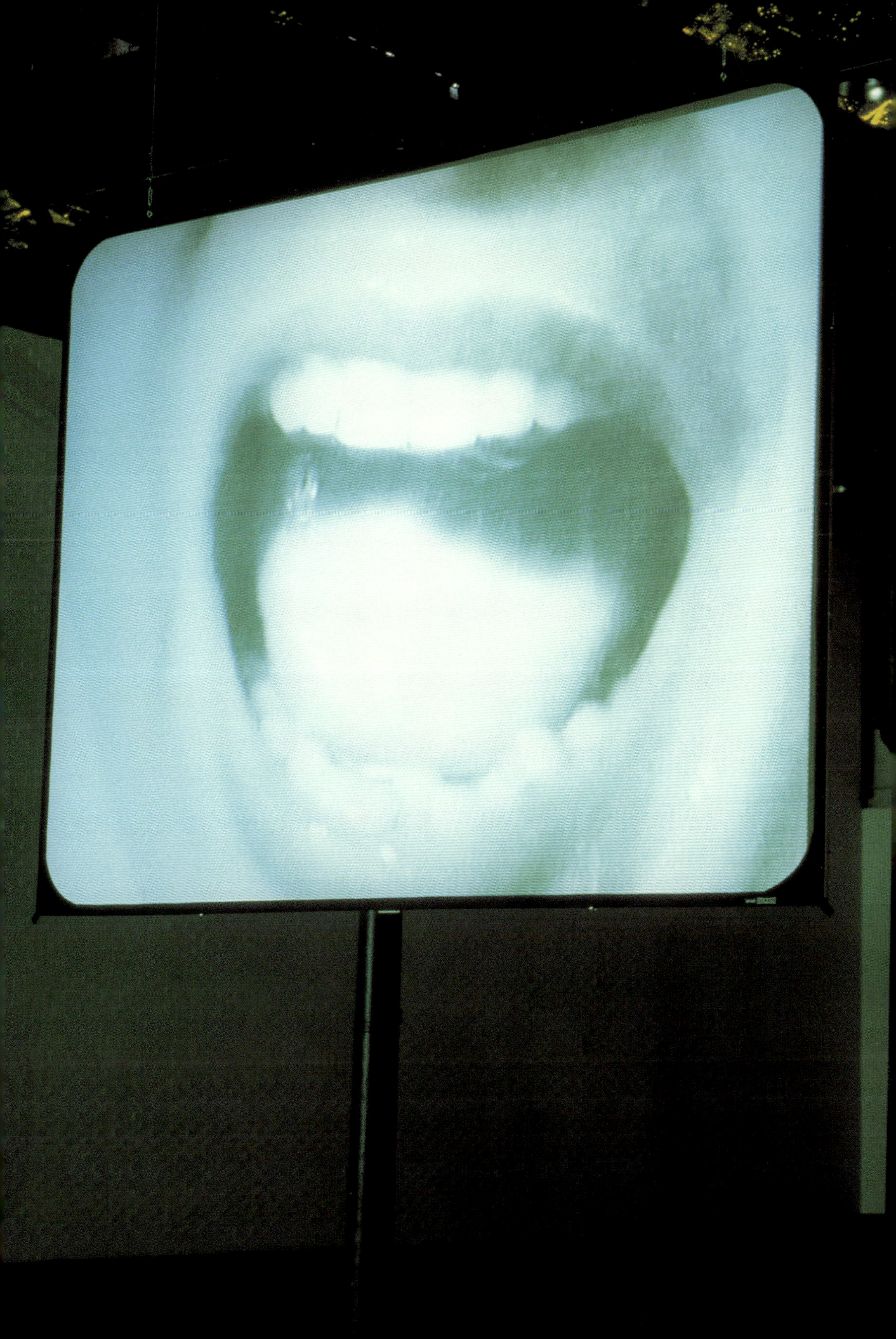

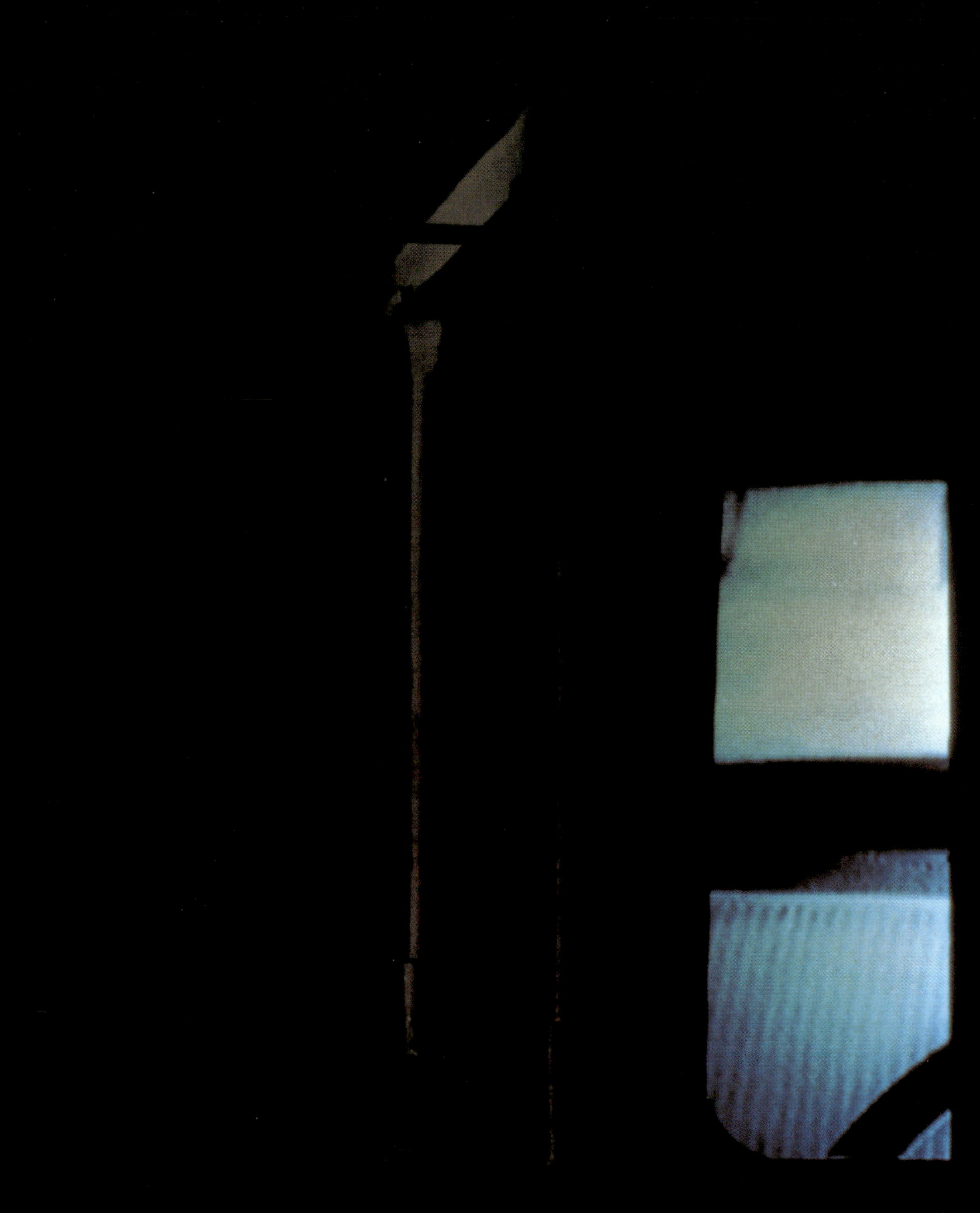

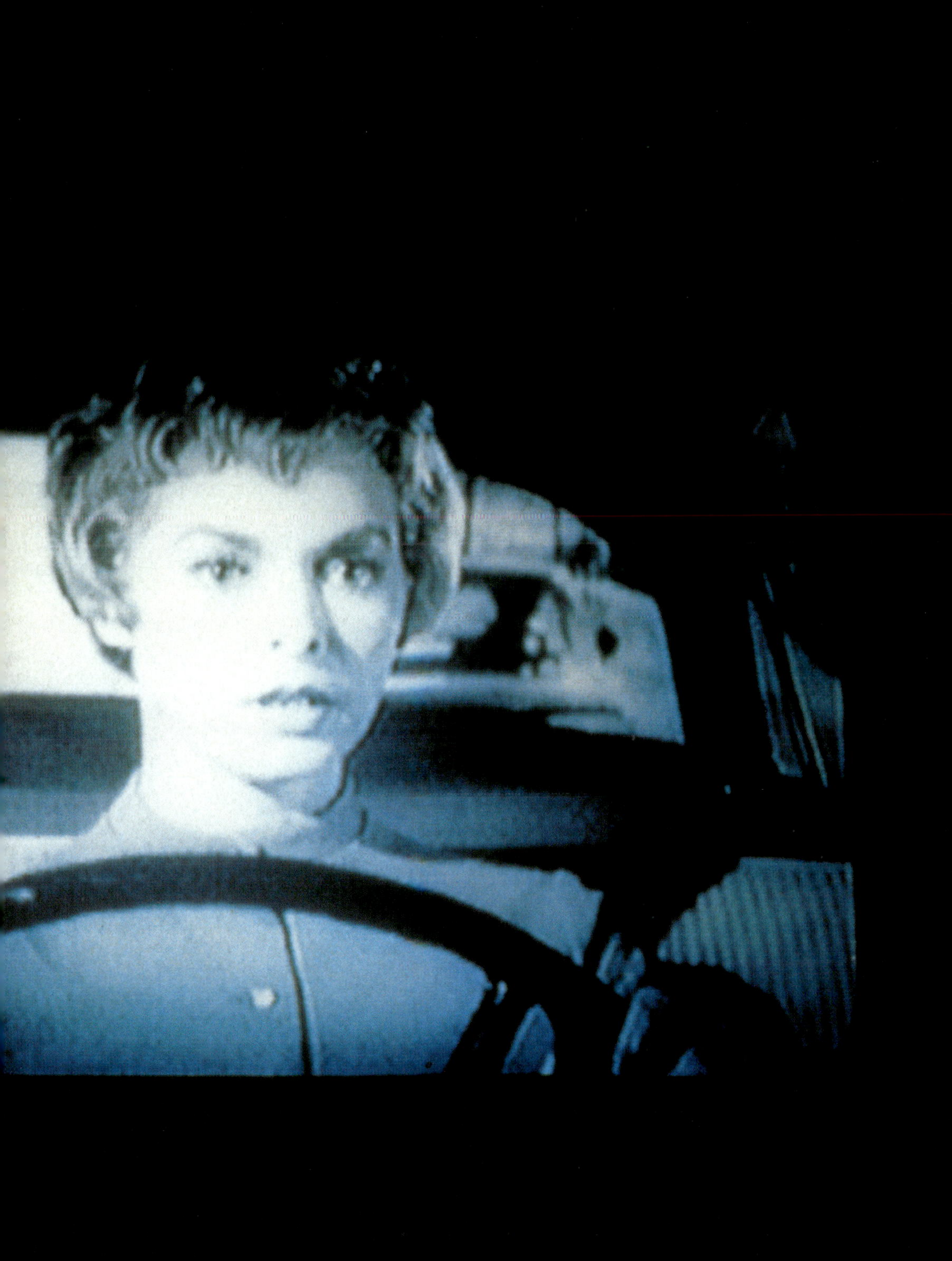

Steve McQueen

Bear, 1993

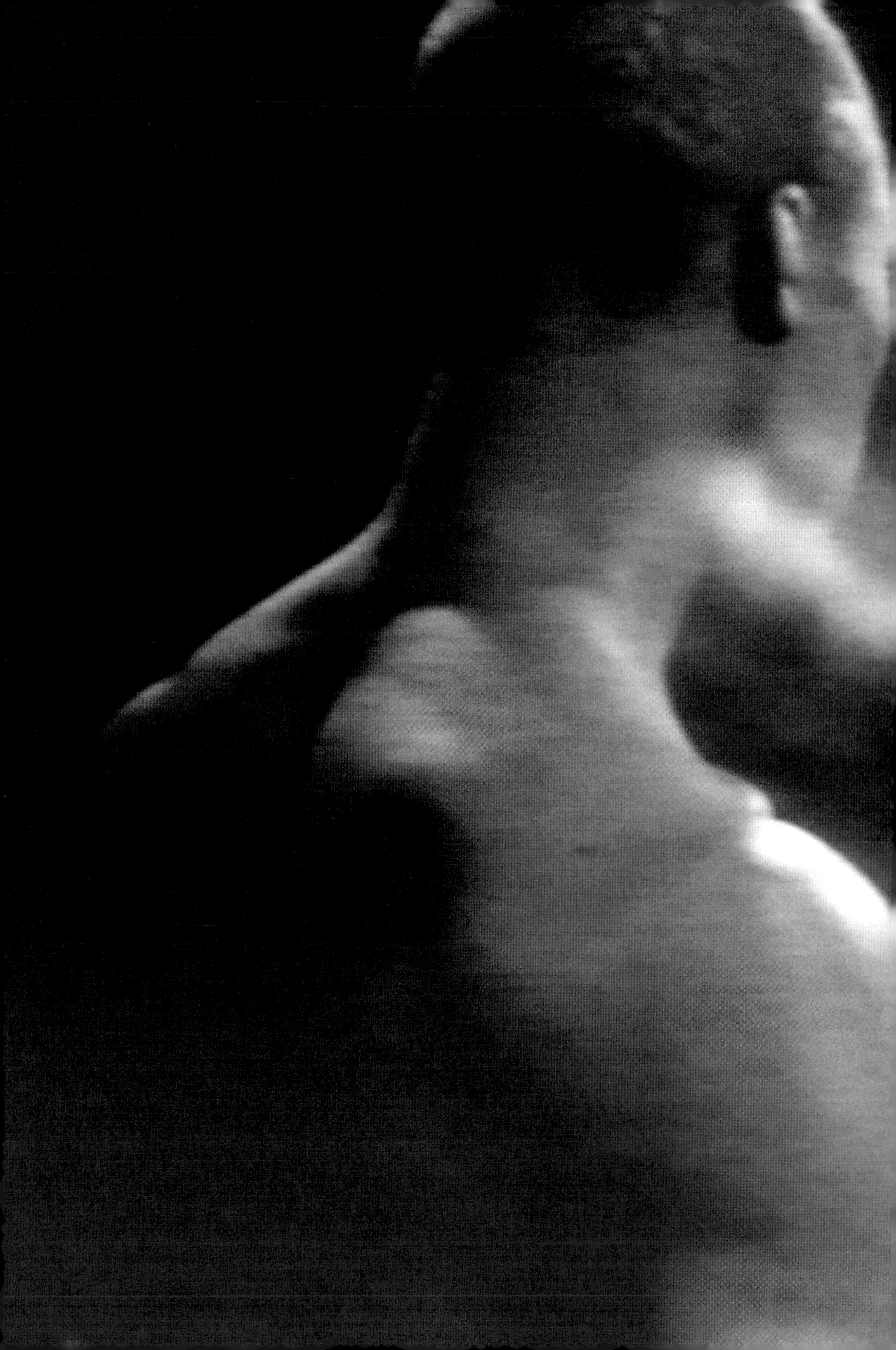

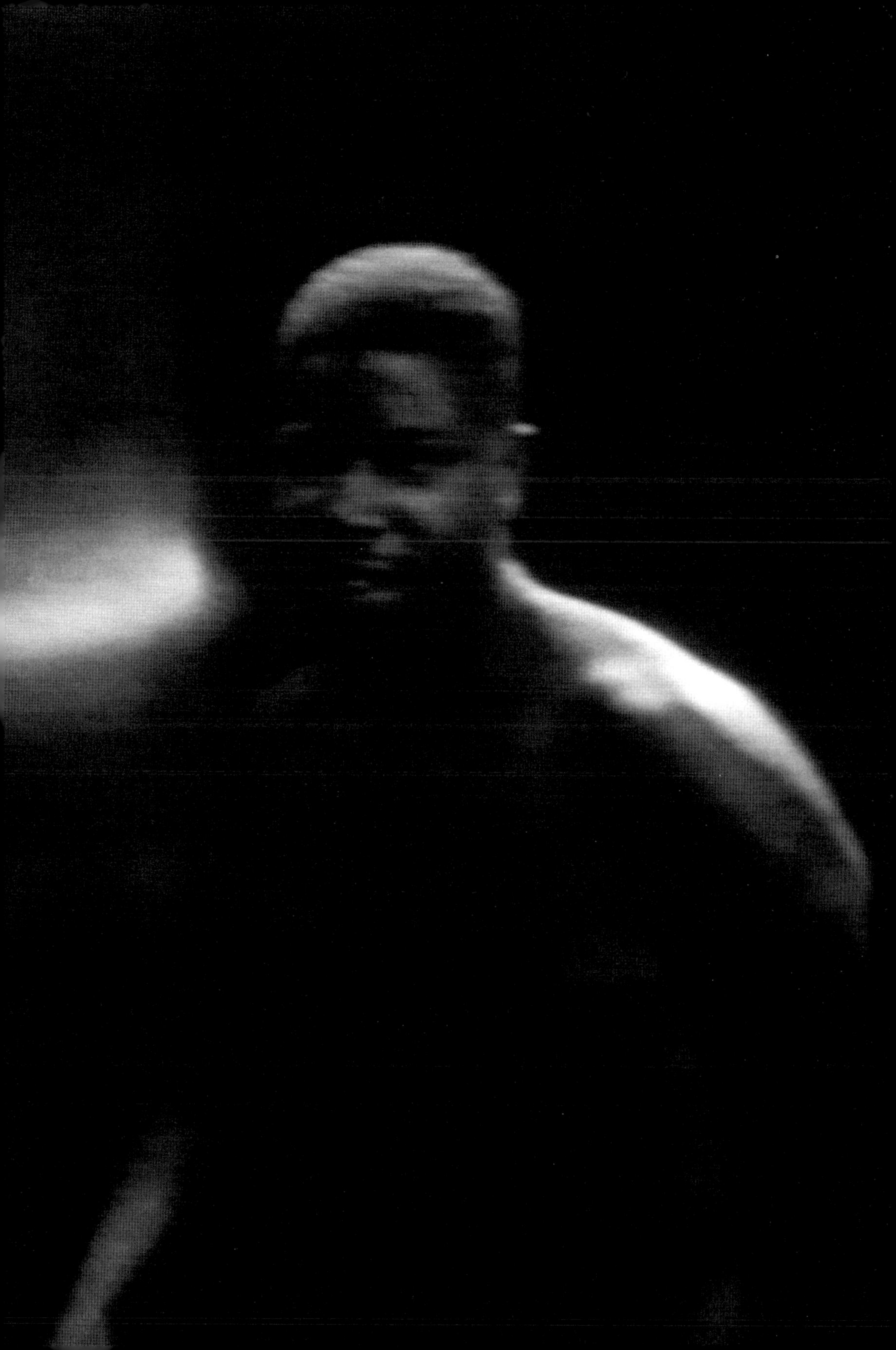

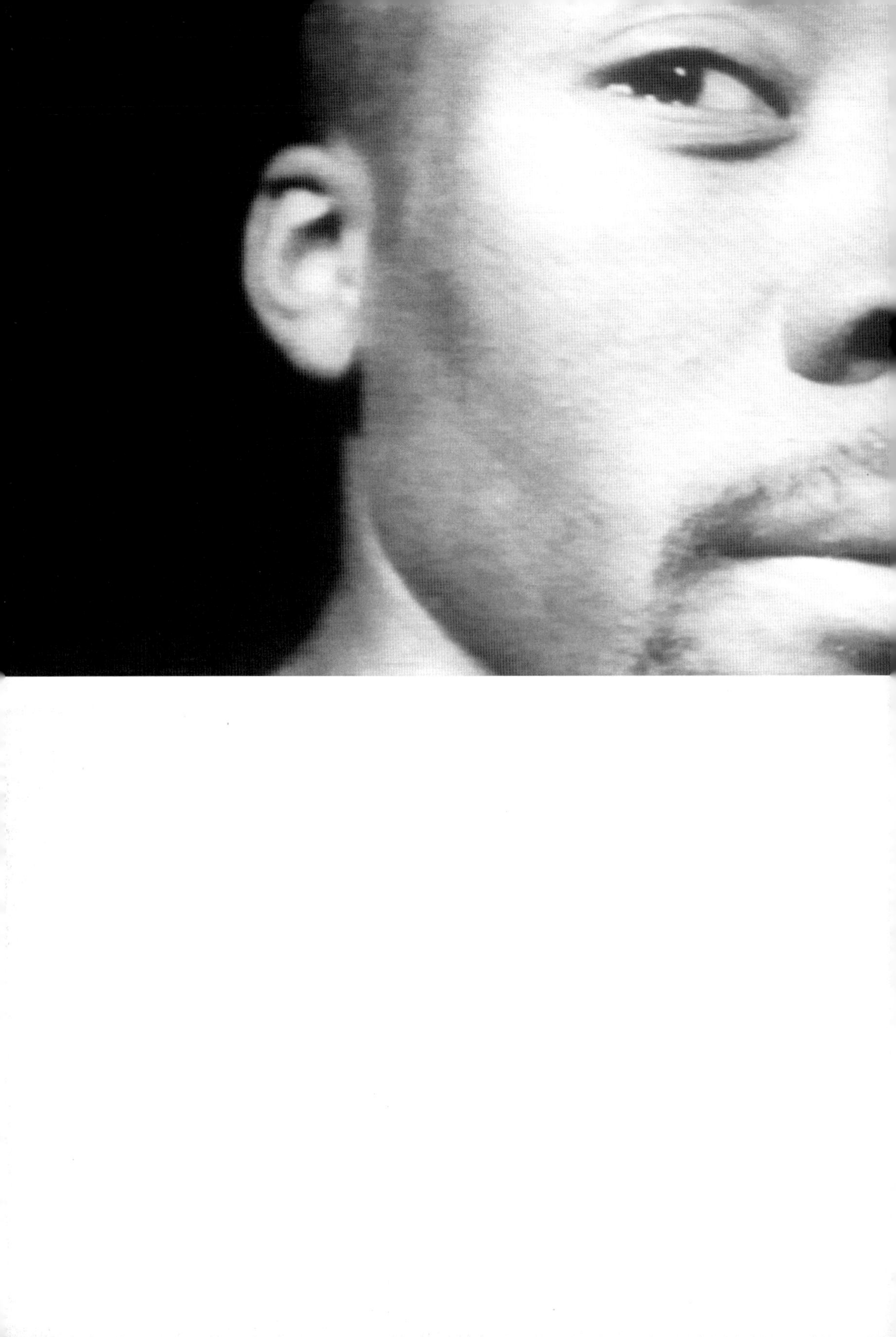

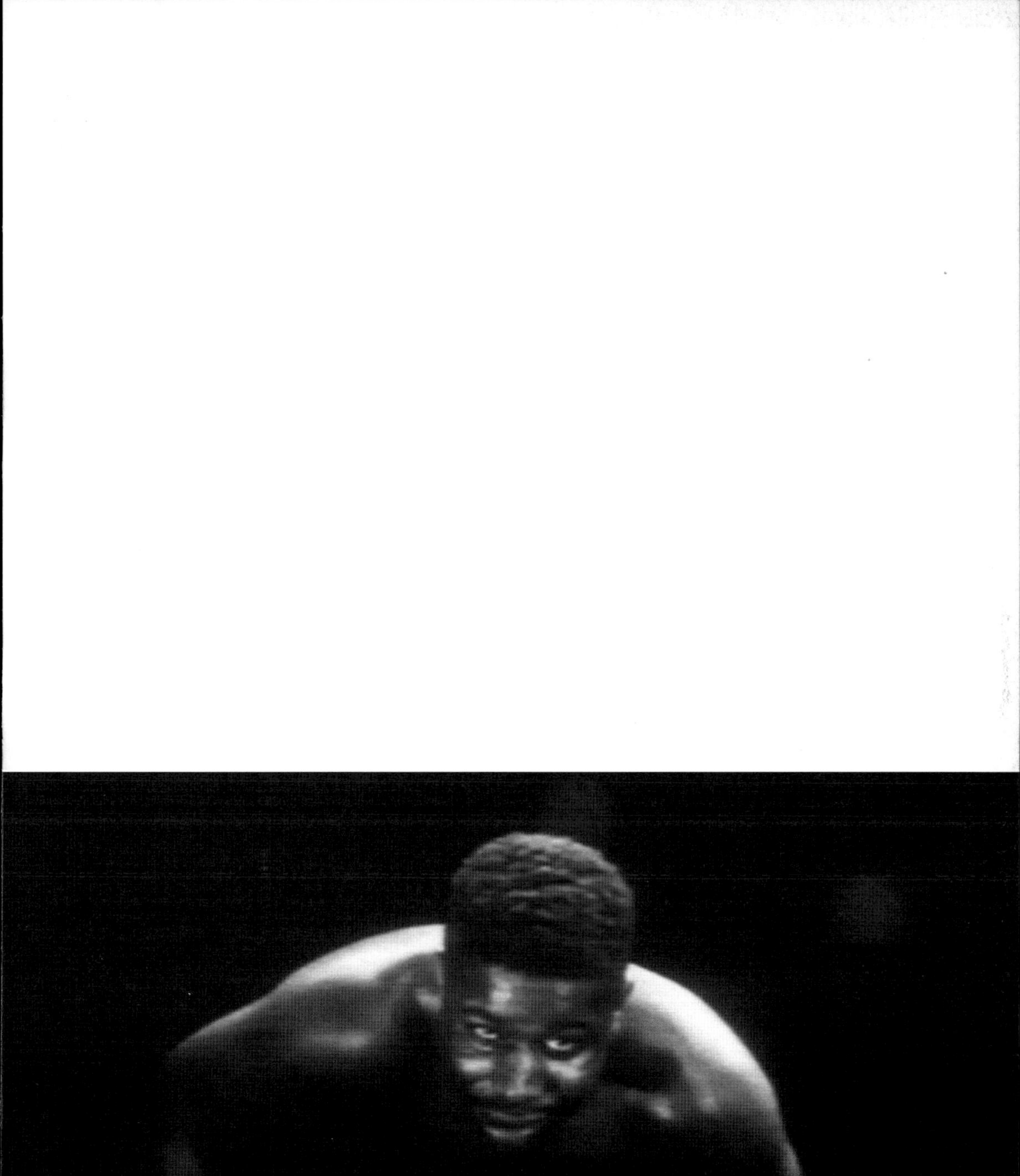

Bruce Nauman

Art Make-Up, No. 1–4: White, Pink, Green, Black, 1967/68

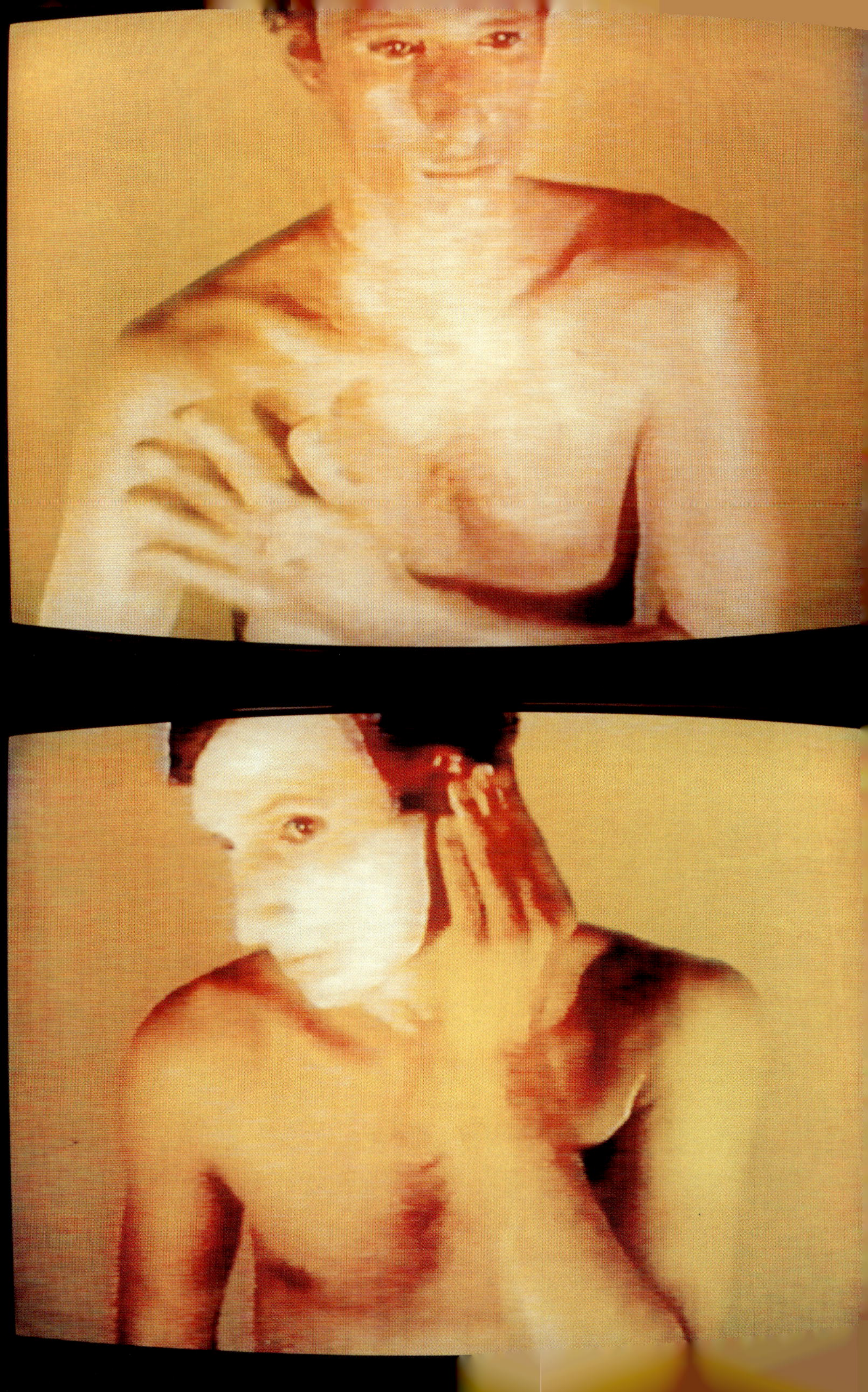

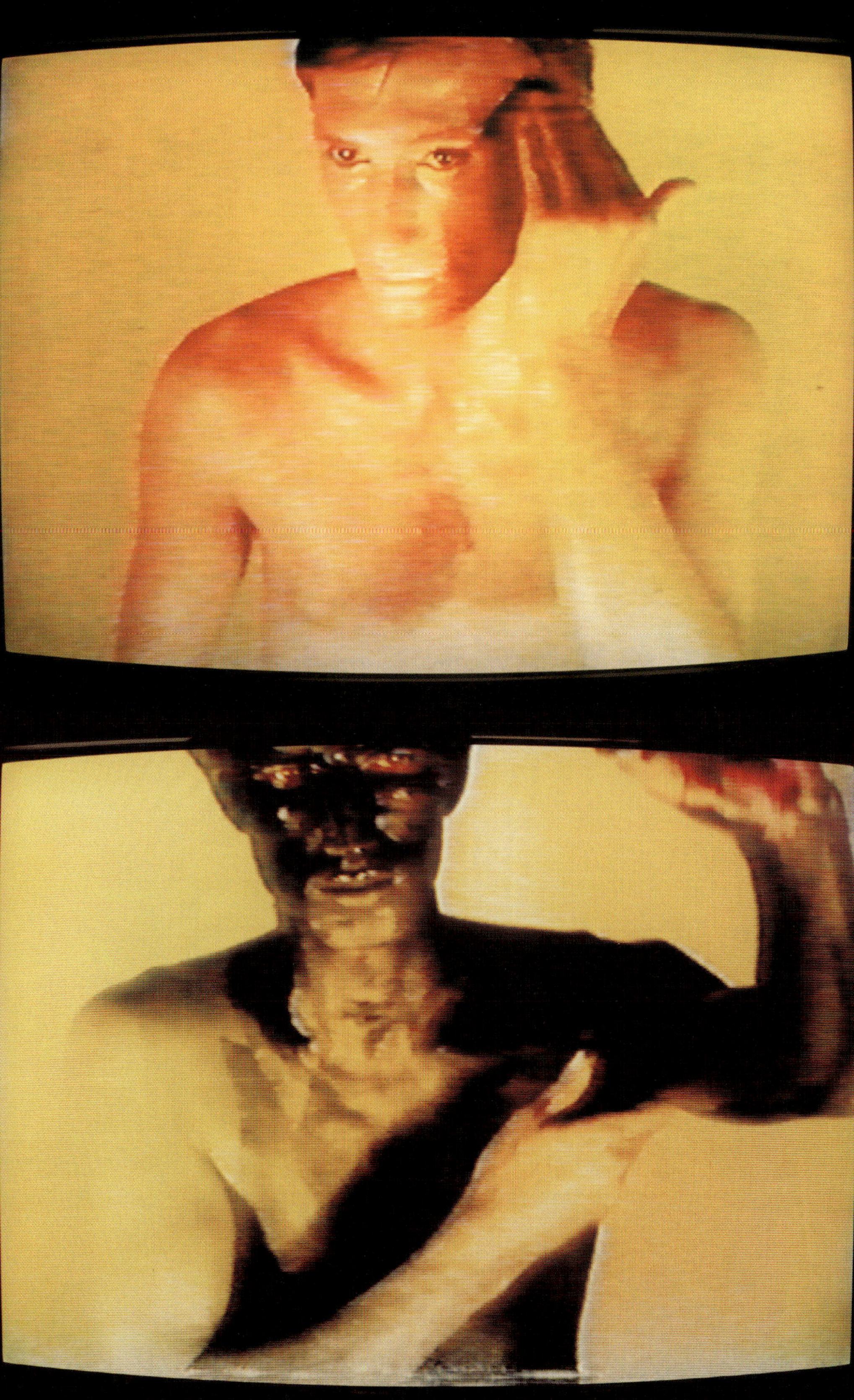

Rosemarie Trockel

Mutter, Mutter, 1992   *Ei-Dorado, 1993*

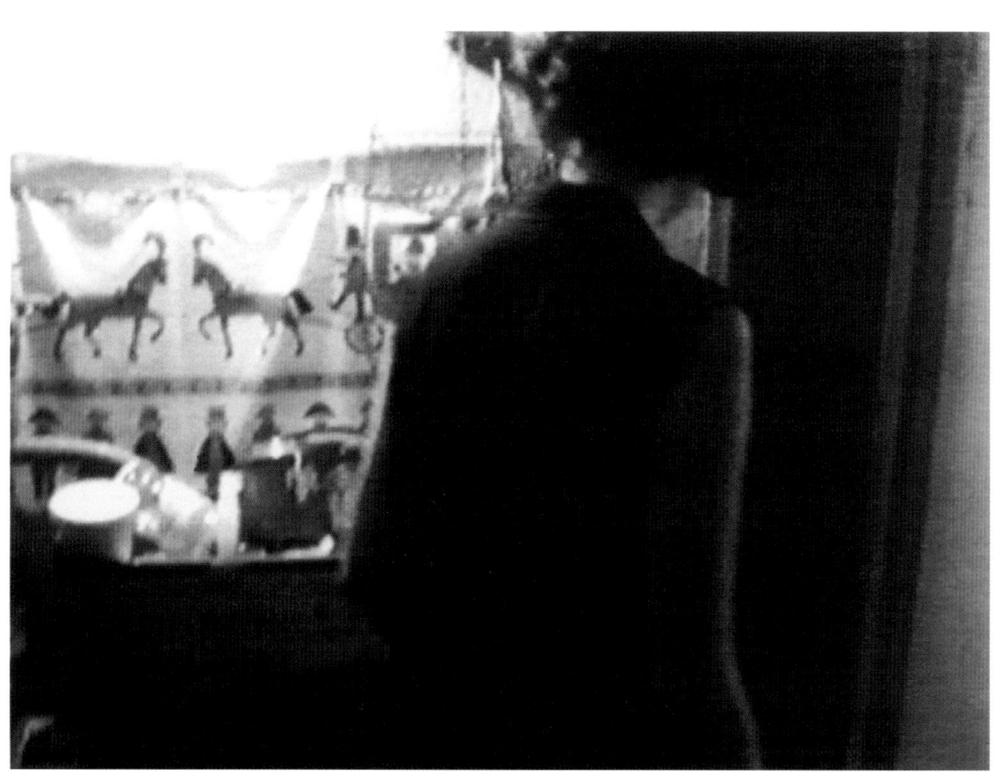

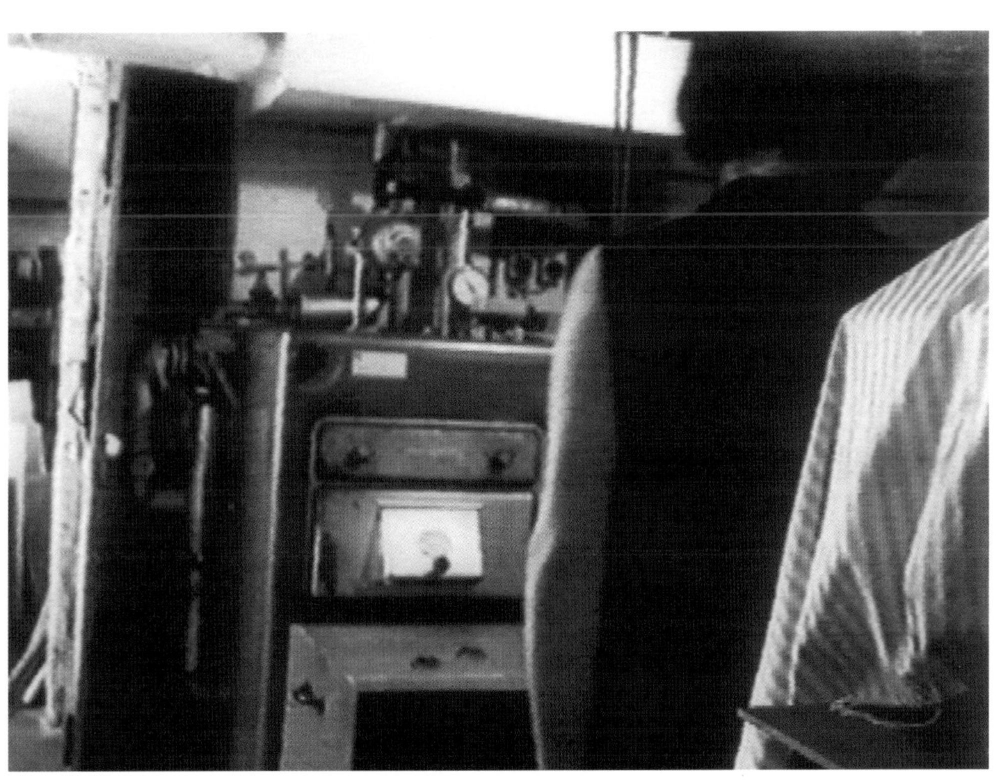

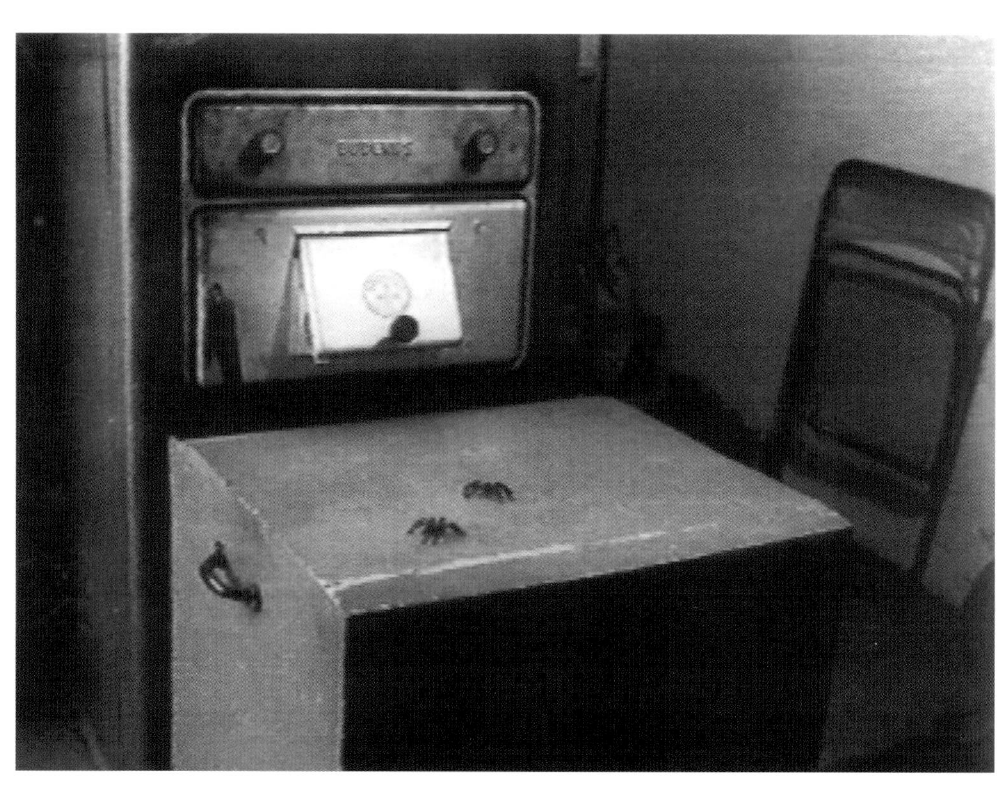

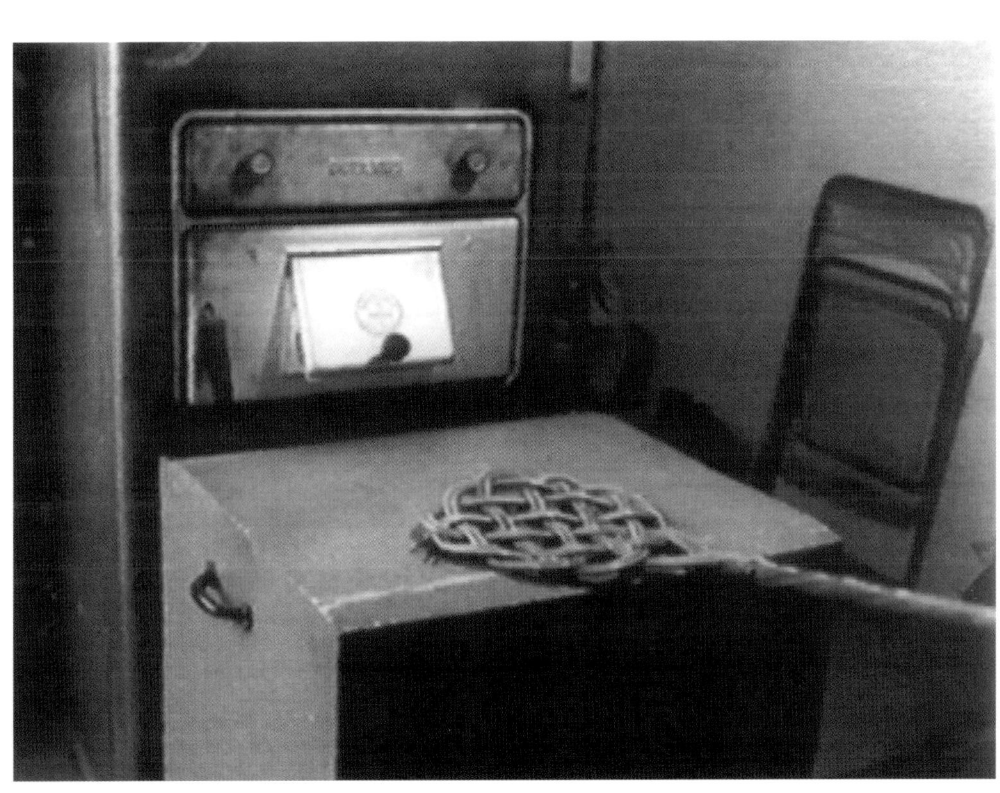

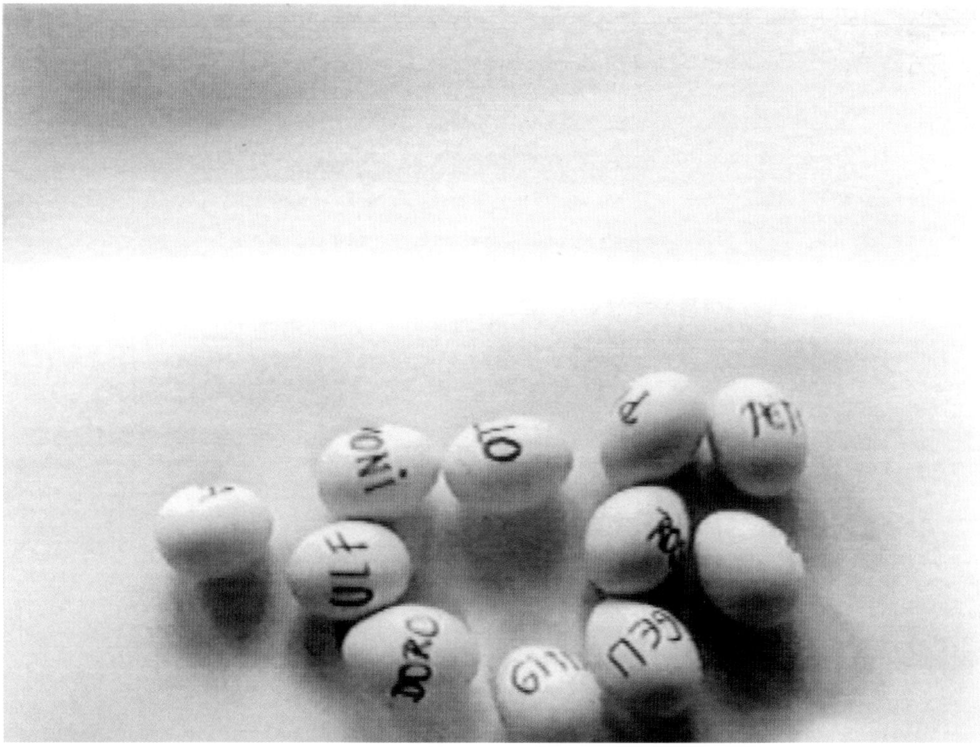

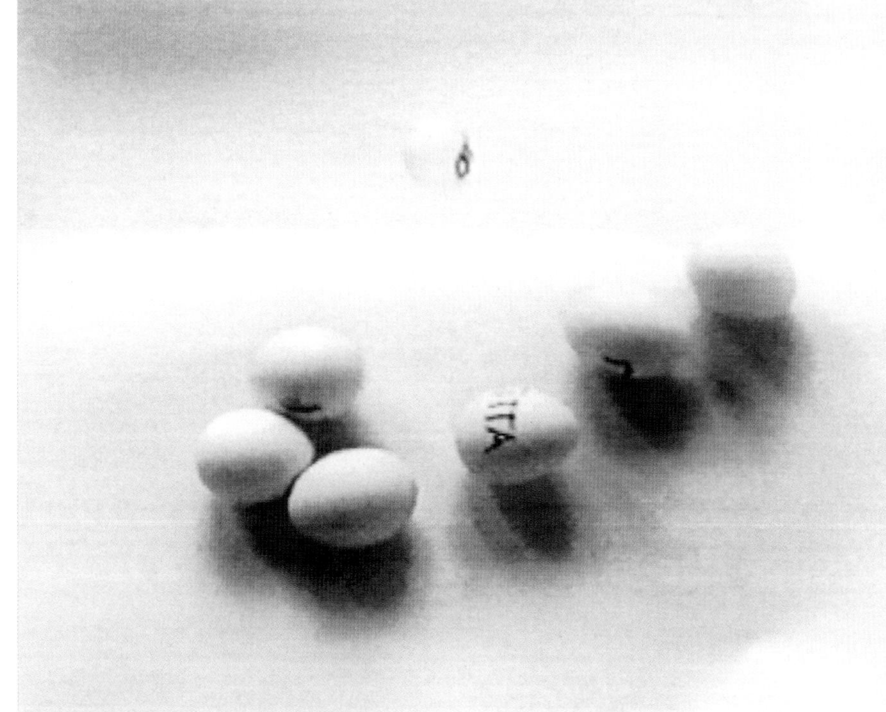

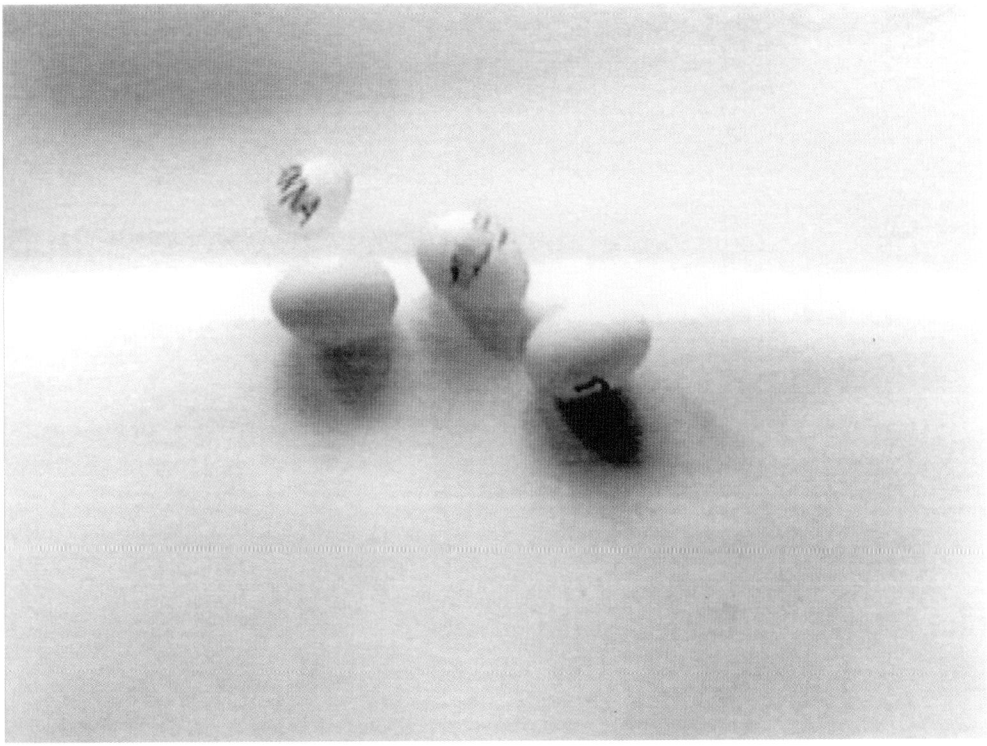

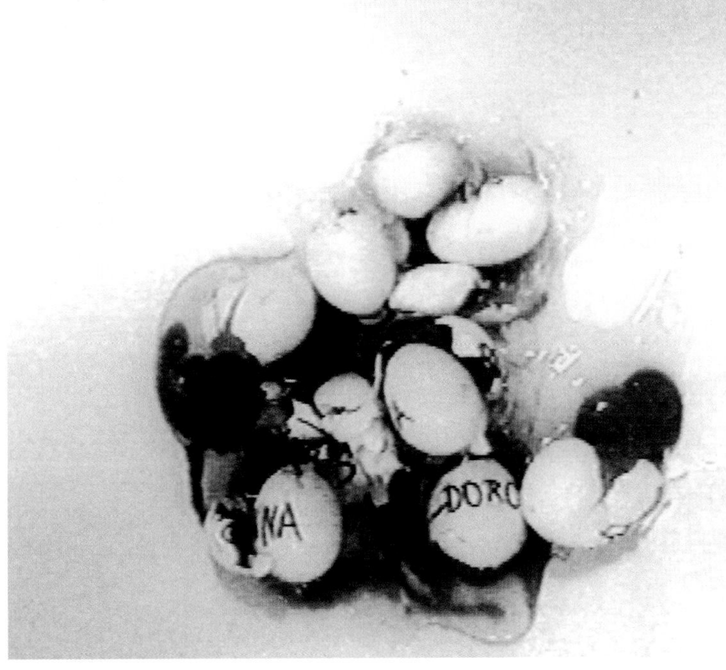
DORO

Bill Viola

The Greeting, 1995

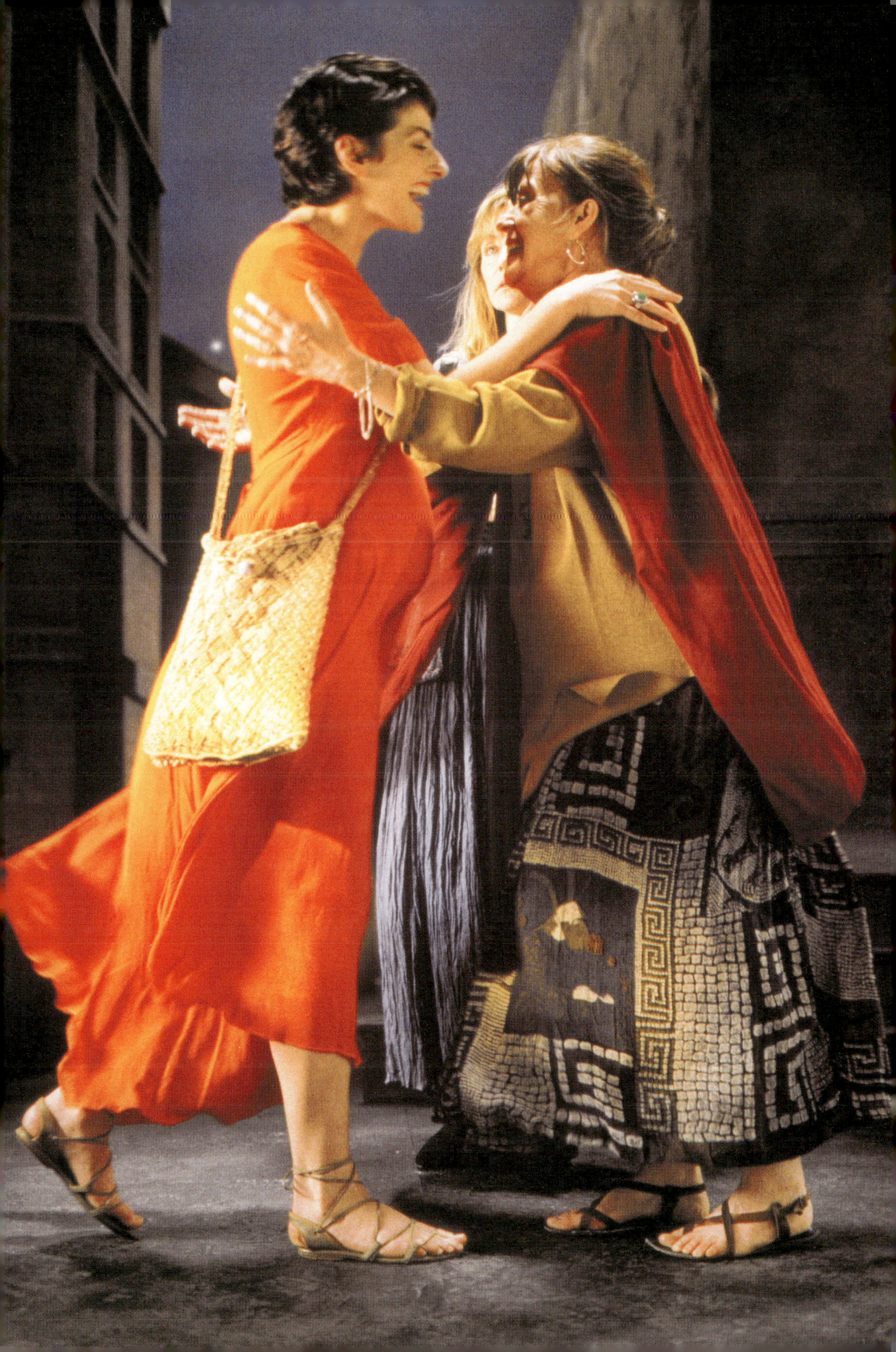

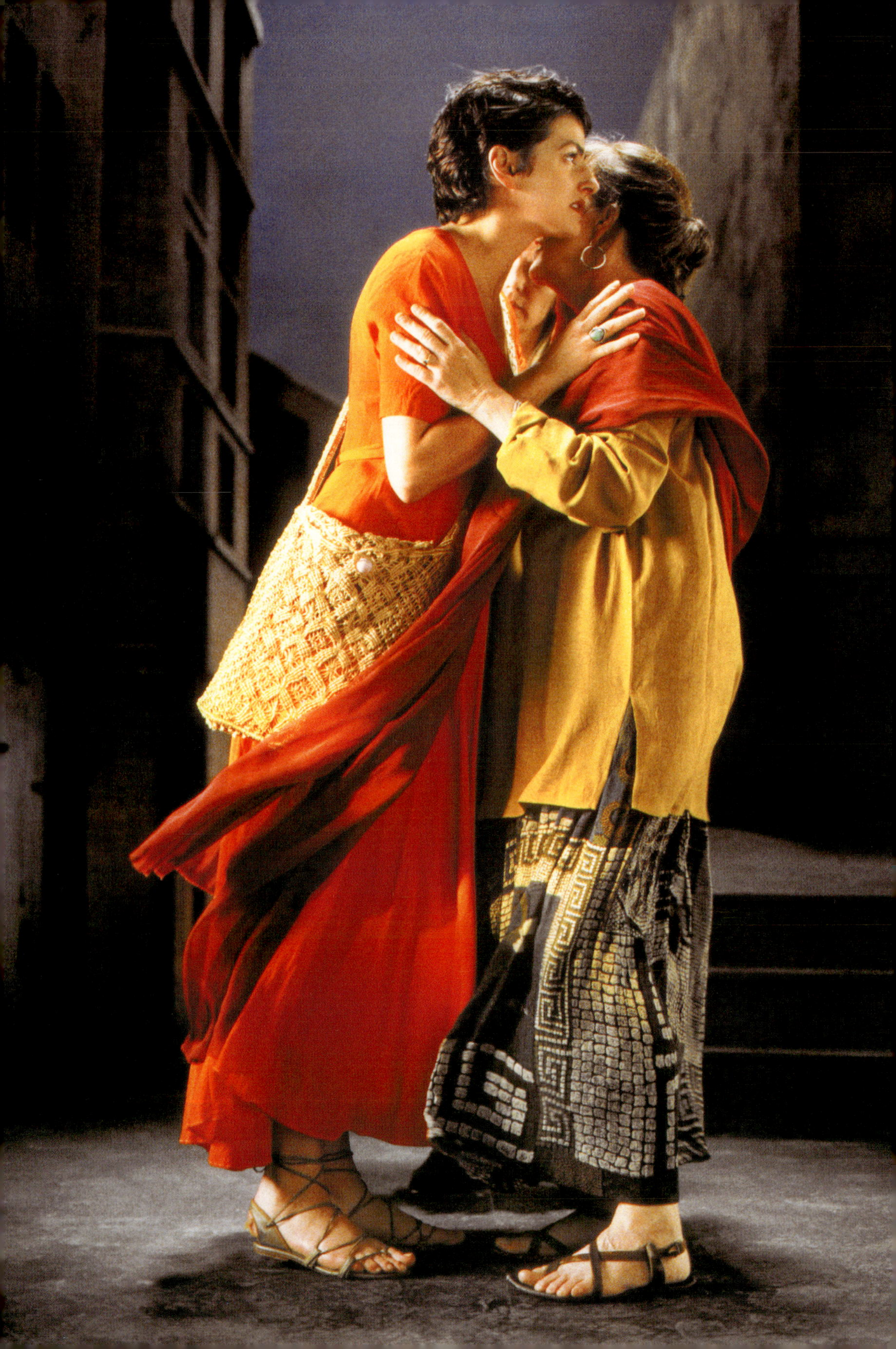

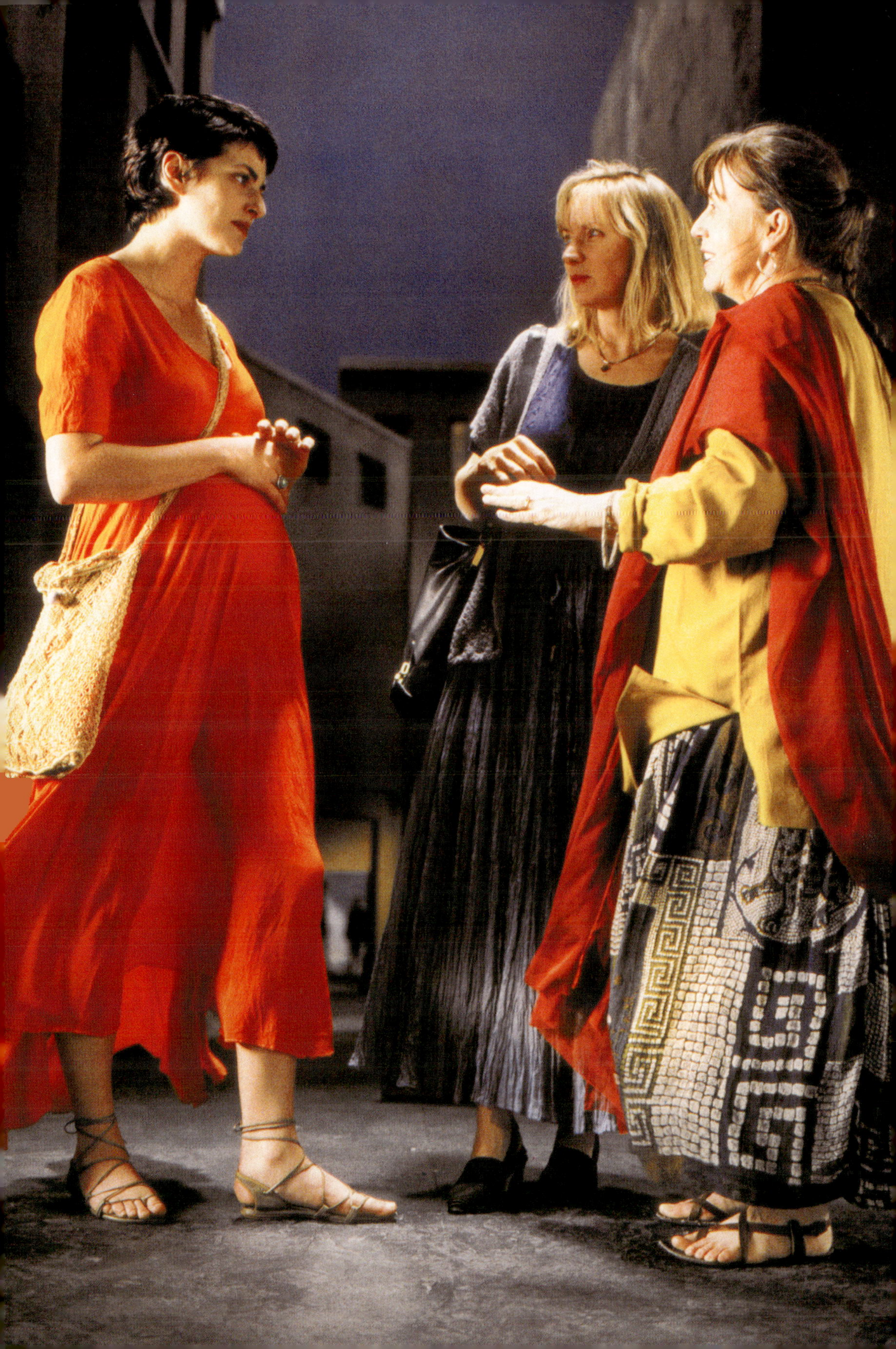

Ulrich Wilmes

Die Erinnerung an das Morgen

Die Phänomene der Zeit und des Raums sind die grundlegenden Bedingungen unserer Existenz. Wir erleben unser Dasein in der Welt im Bewußtsein seiner Endlichkeit. Wir haben einen begrenzten Zeitraum zur Verfügung. Anfang und Ende sowie seine Dauer sind unbestimmt. Wir können sie weder beschleunigen noch verzögern. In seiner Darstellung der Philosophie Henri Bergsons hat Gilles Deleuze auf unser Mißverständnis im Umgang mit Vergangenheit und Gegenwart verwiesen. Danach sind wir zu sehr in unserem Glauben verhaftet, daß "eine Gegenwart erst zu Ende ist, wenn sie durch eine andere Gegenwart ersetzt wird". Und er schließt daran die Frage an. "Wie würde eine neue Gegenwart zustande kommen, wenn die alte Gegenwart nicht zur gleichen Zeit, da sie gegenwärtig *ist*, vergeht?" Dieses elementare Wesen der Zeit bestimmt gleichzeitig das "grundlegende Paradox der Erinnerung: Die Vergangenheit ist 'gegenwärtig' in der Gegenwart, die sie *gewesen ist*".[1]

Am 4. Oktober 1951 schrieb der Sportjournalist Red Smith in der New York Times: "Jetzt ist es vollbracht. Die Geschichte findet ihr Ende. Und es gibt keine Möglichkeit, sie zu erzählen. Die Kunst der Fiktion ist tot. Die Wirklichkeit hat jede Erfindung erstickt. Fortan kann nur noch das ausgesprochen Unmögliche, das unaussprechlich Phantastische, jemals wieder plausibel wirken." Nur den uneingeweihten Leser dieser Zeilen kann verwundern, daß es sich beim Auslöser dieses pathetisch-euphorischen Kommentars um ein Sportereignis handelte. Tags zuvor hatten die New York Giants gegen die Brooklyn Dodgers das Endspiel um die Baseball-Meisterschaft mit dem letzten Schlag für sich entschieden. Dieses zur Legende gewordene Spiel ist der historische Fluchtpunkt für Don DeLillos Roman *Unterwelt*, mit dem der Schriftsteller den Reporter widerlegt. Er erschließt darin die zweite Hälfte unseres Jahrhunderts unter den Vorzeichen der Veränderung unserer Weltsicht, die mit der Koinzidenz zweier Ereignisse ihren Anfang nahm, denn der "Schlag, den man rund um den Erdball hören konnte" wird überschattet von der Nachricht über den ersten sowjetischen Atombombentest. Ein zweiter Auslöser für die Wahl des homeruns als Ausgangs- und Zielpunkt der Erzählung war die Tatsache, daß keine Fernsehbilder von ihm existieren. Nur Fotos, eine Radioaufnahme und Augenzeugenberichte halten die Erinnerung wach, deren Vergangenheit der Roman nach seinem Prolog von den frühen neunziger Jahren aus zurückverfolgt. *Unterwelt* hat nur an der Oberfläche mit Sport zu tun, gleichwohl benutzt DeLillo das Ballspiel als Daseinsmetapher, der eine offene Zeitstruktur unterliegt. Baseball wird nicht in einem vorgegebenen Zeitraum gespielt, sondern die Spielzeit ist von seinem Verlauf abhängig, insofern eine Mannschaft solange am

Schlag bleibt bis drei Spieler vom gegnerischen Werfer ausgeschaltet sind. Das Spiel bezieht seine Spannung aus der monotonen Wiederholung der Abläufe in der Erwartung des einen entscheidenden Schlages. Der Flug des Balles dauert nur wenige Sekunden, deren Geschichte DeLillo für seine Protagonisten aufschreibt. "Pafko an der Wand. Dann sieht er nach oben. Die Leute denken, wo ist denn der Ball. Die kurze Verzögerung, das Anhalten der Zeit, ein Wimpernschlag. Und Cotter, der in Block 35 steht, sieht den Ball auf sich zukommen. Fühlt, wie sein Körper sich in Rauch auflöst...".[2]

I.

Bewegung und Geschwindigkeit als Funktionen der Zeit machen diese als Veränderung im Raum wahrnehmbar. Kunstwerke in ihren traditionellen Darstellungsformen sind physikalische Objekte, die im Raum-Zeit-Kontinuum, das die Wirklichkeit umfaßt, bestehen. Unter diesen Bedingungen sind sie Gegenstände unserer Betrachtung, deren äußere Erscheinung sich uns als simultaner Ausdruck vermittelt. Darin äußert das Kunstwerk eine Inhaltlichkeit, die als sukzessive Erzählung lesbar ist. Als anschauliche Funktionen der Raum-Zeit-Beziehung, die sich im Kunstwerk verbinden, können somit *Simultaneität* und *Sukzession* der bildnerischen Gestalt aufgerufen werden.

An der Schwelle zum Industriezeitalter schuf William Turner 1844 mit seinem Gemälde *Regen, Dampf und Geschwindigkeit* (Abb. 1) eine Ikone des Glaubens an den technischen Fortschritt. Dieser basierte auf der Vorstellung einer gesteigerten Mobilität und der damit verbundenen Erweiterung des eigenen Erfahrungsraumes, die eine grundlegende Voraussetzung seines zukünftigen Verständnisses der Zeit als ein Raum-Zeit-Kontinuum bildet. Das Bild zeigt die Darstellung eines Dampfzuges auf der Strecke, die den Westen Englands erschloß und deren Erweiterung von Bristol nach Exeter ebenfalls 1844 eröffnet worden war. Die Aktualität des Bildes wird zusätzlich verstärkt durch die Darstellung des damals modernsten Lokomotivtyps, der sogenannten *Firefly Class*, sowie die Wahl der von Isambard Kingdom Brunel erbauten Brücke bei Maidenhead als Ort des Geschehens, die als bedeutendes Beispiel zeitgenössischer Ingenieurkunst galt. Der Literat William Thackarey schrieb in seiner Rezension für *Frazer's Magazine*: "Was Mr. Turner betrifft, so hat er alle früheren Wunderwerke in den Schatten gestellt... Die Welt hat noch nie so etwas wie dieses Bild gesehen".[3]

Turner zeigt die Landschaft in der für ihn zu dieser Zeit charakteristischen Malweise als gleißenden Farbwirbel aus Wolken, Nebel und Regenschwaden, der den Ausblick in das Flußtal mit einer zweiten Brücke am linken Bildrand verschleiert. Der entgegenkommende Zug ist auf der Mitte der Brücke dargestellt, die vom Zentrum diagonal aus dem Bildfeld hinausführt. In seinem Enthusiasmus für die technische Errungenschaft der Eisenbahn und ihre Möglichkeit einer größeren Mobilität begnügt sich Turner allerdings nicht mit einer dynamischen Darstellungsform. Er bezieht zugleich die Funktion der Dampfmaschine, die als Antrieb den Zug auf seine Geschwindigkeit bringt, ein. An der Front des schwarzen Kessels mit dem relativ

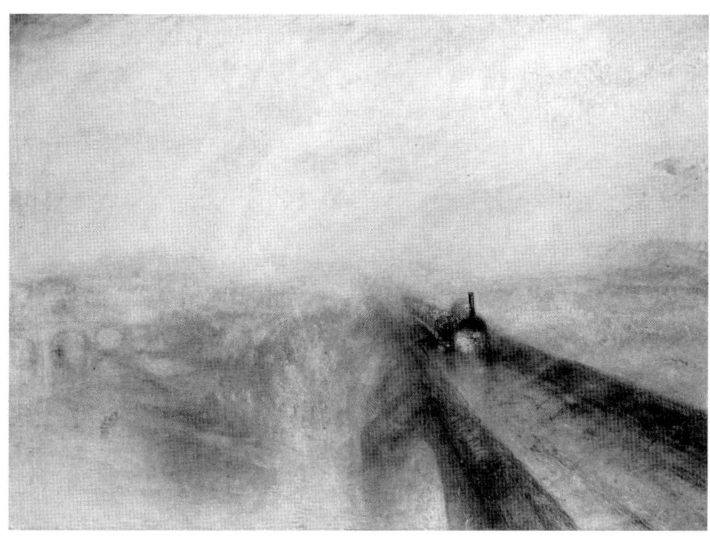

Abb. 1 Joseph Mallord William Turner, *Regen, Dampf und Geschwindigkeit*, 1844

deutlich gezeichneten Schornstein sind vage Lichter gesetzt, die sowohl auf verschwommene Scheinwerfer, als auch auf das Feuer als Antriebsenergie der Maschine hindeuten. Mit Turners Darstellung der dampfgetriebenen Eisenbahn wird der Begriff der Geschwindigkeit als Sinnbild des technologischen Fortschritts in die Kunstgeschichte eingeführt.

II.

Mit der Einführung der Geschwindigkeit als Darstellungsgegenstand der bildenden Kunst leistet Turner einen Vorgriff auf die Darstellung des impressionistischen Augenblicks, der den Gegenstand in einem zeitlichen Moment von Licht und Vibration auflöst. Diese Entwicklung in der Malerei verläuft parallel zur Erfindung der Fotografie, deren die Wirklichkeit abbildende Funktion sich zunehmend in dem Vermögen der Beherrschung des Augenblicks äußert.
An der Wende vom 19. zum 20. Jahrhundert war die scheinbar objektive Wiedergabe der sichtbaren Wirklichkeit durch die Fotografie Ausdruck einer sich immer stärker dem technologischen Fortschritt unterwerfenden Lebenswelt. Das technisch-reproduzierte Bild veränderte die Wahrnehmung der Wirklichkeit in grundlegender Weise. Entscheidenden Anteil daran hatte die Entwicklung der fotografischen Fähigkeit, Bewegung im Bild zu fixieren. Diese Weise der Beherrschung des Augenblicks bewirkte in der Folge eine Schwerpunktverlagerung der Wahrnehmung des Bildes vom simultanen Ausdruck zugunsten der sukzessiven Erzählung, im Sinne von Bergsons Unterscheidung zwischen *Dauer* und *Gleichzeitigkeit*, welche die Messbarkeit der "Zeit durch die Bewegung" konstatiert. "Aber man muß hinzufügen, daß das Messen der Zeit durch die Bewegung möglich ist, weil wir selbst in der Lage sind, Bewegungen auszuführen,

und daß diese Bewegungen dann einen doppelten Aspekt haben: als Muskelempfindung sind sie Teil unseres bewußten Lebensablaufs, sie haben eine Dauer; als visuelle Wahrnehmung beschreiben sie einen Weg, sie schaffen sich einen Raum".[4]

In den ersten Jahrzehnten ihrer Entwicklung war das Festhalten von Bewegung im Bild nicht der zentrale Gegenstand der Fotografie, allein weil die technischen Mittel dazu nicht ausreichten. Die zwischen 1850 und 1880 verwendeten feuchten Kollodiumplatten hatten eine zu geringe Lichtempfindlichkeit, die keine Momentaufnahmen schneller Bewegungsabläufe zuließen. Die ersten brauchbaren Ergebnisse mit Belichtungszeiten unter einer Sekunde lieferten Bromsilber-Gelatine-Platten, die Ende der siebziger Jahre entwickelt wurden. Diese lieferten Eadweard J. Muybridge und Etienne-Jules Marey die technische Voraussetzung für ihre experimentellen Manifestationen der Bewegung, durch die die zeitliche Dimension als entscheidendes Moment der visuellen Wahrnehmung und Erkenntnis bestimmt wurde.

Trotz ihrer geographischen Trennung und unterschiedlichen Ausgangspositionen bzw. Interessenlagen entspann sich eine Beziehung zwischen den beiden Pionieren der Bewegungsdarstellung, die zu wechselseitiger Beeinflussung führte. Muybridge begann seine Studien zur fotografischen Darstellung von Bewegungssequenzen auf Veranlassung von Leland Stanford, dem ehemaligen Gouverneur von Kalifornien und Präsident der Central Pacific Railroad. Dieser beauftragte Muybridge 1872 damit, Pferde im Trab aufzunehmen, um den pseudowissenschaftlichen Nachweis zu erbringen, daß in dieser Gangart zu einem bestimmten Moment kein Huf den Boden berührt. Im Verlauf dieses Projekts, das Muybridge bis 1879 beschäftigte, kam er bereits mit Mareys physiologischen Untersuchungen des gleichen Phänomens in Berührung, die 1874 in englischer Übersetzung erschienen waren. In der Folge erweiterte Muybridge im Rahmen eines Forschungsauftrags der Universität von Philadelphia in Zusammenarbeit mit der Academy of Fine Arts umfangreiche Bildserien mit Bewegungssequenzen von Menschen und Tieren. Aus den insgesamt zwanzigtausend Negativen wurden siebenhunderteinundachtzig Serien zusammengestellt, die 1887 unter dem Titel *Animal Locomotion* veröffentlicht wurden. Trotz der hohen Kosten erlangte dieses fotografische Kompendium schnell überragende Bedeutung und anhaltenden Einfluß auf die bildende Kunst.

Von ähnlicher Tragweite waren die Untersuchungen von Marey, der Muybridge 1881 in Paris traf, um ihn zu veranlassen, den Flug der Vögel zu fotografieren. Da ihn die erzielten Ergebnisse jedoch nicht befriedigten, wandte er sich selbst der Aufnahmetechnik zu und entwickelte die Chronofotografie, die die Vorstufe der Kinematografie bedeutete. Er arbeitete dabei mit Rollfilmen, die zunächst aus Papier, später aus Zelluloid bestanden. Der hierfür konstruierte Apparat ermöglichte variable Aufnahmesequenzen von bis zu sechzig Aufnahmen mit Belichtungszeiten zwischen 1/200 und 1/2500 Sekunden auf einem Filmabschnitt. Mareys Assistent Demenÿ verbesserte das Verfahren und demonstrierte es 1894 den Gebrüdern Lumière, die daraus ihren Kinematografen entwickelten, der Aufnahme und Projektion von 35-mm-Filmen ermöglichte.

Pontus Hulten stellte im Katalog zur 1977 gezeigten Marey-Ausstellung[5] die unterschiedlich dargestellte Beziehung von Zeit und Raum als dessen entscheidende Abweichung gegenüber Muybridges Verfahren heraus. Während Marey Bewegungsabläufe auf einer Platte bzw. einem Rollfilm darstellte, realisierte Muybridge seine Sequenzen als Reihe von Einzelaufnahmen. "Marey sah die Bewegung als ein Moment, das man zusammensetzen muß. (...) Muybridge dagegen (...) hielt an der Zerlegung eines Bewegungsablaufs in aufeinander folgende Augenblicke fest." Während dieser Bewegung in Zeitschnitten als Folge voneinander getrennter Zeitphasen darstellte, begriff jener sie als in einem Raum-Zeit-Kontinuum ablaufend.
Die künstlerischen Perspektiven, welche die Untersuchungsergebnisse von Muybridge und Marey eröffneten, wurden von Kubismus und Futurismus mit nur geringer Verzögerung aufgegriffen. Darüber hinaus wirkte ihr Einfluß auch auf die philosophische Diskussion und physikalische Definition des Zeit-Begriffs. Für Philosophie und Wissenschaft ist die Verbindung von Zeit und Raum seit jeher die Grundlage der Diskussion des Phänomens der Zeit, die Einstein mit der Relativitätstheorie als vierte Dimension des physikalischen Raumes definiert hat. Raum und Zeit sind dinghaft nicht greifbar. Der Raum ist isotrop, das heißt sich in alle Richtung simultan ausdehnend. Die Zeit ist das unumkehrbare Sukzessive, das nicht wirklich erfahren werden kann. Wir können sie nur indirekt in der Abfolge von Veränderungen, das heißt als Bewegung im Raum wahrnehmen. An einem unbewegten Gegenstand im Raum wird Zeit nicht ablesbar. Aber es liegt in der Natur der Bewegung, flüchtig zu sein und sich der Fixierung durch das Auge zu entziehen. Insofern Zeit und Raum als solche nicht fassbar sind, schafft nur ihre Beziehung zueinander eine unmittelbare Wirklichkeit. Als Folge erleben wir die Welt als ein relatives Raum-Zeit-Kontinuum.

III.

Kubismus und Futurismus entwickelten zeitlich parallel unterschiedliche Darstellungskonzepte, die eine Auflösung der tradierten Abbildungskonventionen durchsetzten. Ihre jeweilige Ausrichtung thematisierte phänomenologische und zeitliche Problemstellungen, welche die wahrnehmungstheoretischen Bedingungen von Simultaneität und Sukzession im zweidimensionalen Bild untersuchten.
Die von Picasso und Braque um 1910 entwickelte kubistische Bildsprache setzte sich mit den Möglichkeiten einer Vermittlung von Raumdarstellung und Zeitempfinden auseinander. Dabei ging es ihnen um eine simultane Anschauungsform von Körpern und Gegenständen jenseits der Beschränkung ihrer Wahrnehmung, deren Gestalt sich uns jeweils nur unvollständig in einer "Abschattung" darbietet. Nach Edmund Husserl "bedeutet 'Abschattung' die empirisch-optische Gegebenheitsweise in einseitiger Erscheinungsabwandlung".[6] Ein ganzheitlicher Eindruck des Gegenstandes ist demzufolge nur aus der sukzessiven Erfassung mehrerer Ansichten und deren Zusammensetzung zu einem imaginären Gesamtbild möglich. Bilder wie Picassos *Porträt des Ambroise Vollard* aus dem Jahre 1910 oder Braques *Violine mit Krug* von 1909/10 – um

zwei der bekanntesten Werke dieser Periode zu nennen – vergegenwärtigen in vergleichbarer Weise die sichtbaren Formen in einer analytischen Aufspaltung. Dabei zielen beide Künstler auf eine visuelle Durchdringung des dreidimensionalen Gegenstands unter den Bedingungen einer weitestgehenden Aufhebung der raumillusionistischen Perspektive. Die Ambiguität der Darstellung erwächst aus der Erfassung des ganzheitlichen Wesens der Dinge in der Gleichzeitigkeit ihrer verschiedenen Ansichten, die in der Totalität des statischen Bildes aufgehoben werden. Das darin zum Ausdruck kommende Bewegungsmoment erscheint als Projektion des Aneignungsprozesses, der eine zeit-räumliche Beziehung von Betrachter und Objekt voraussetzt.

Demgegenüber entwickelte der Futurismus eine neue Form der Bilddynamik. Ausgangspunkt war die von Marinetti in seinem 1909 in *Le Figaro* publizierten *Futuristischen Manifest* entworfene fortschrittsgläubige Zukunftsideologie, die der Vergangenheit in vehementer Form jede Bedeutung für die Gegenwart absprach. "Ich erkläre euch hiermit, daß der tägliche Besuch von Museen, Bibliotheken und Akademien (...) wahrlich für die Künstler ebenso schädlich ist, wie eine überlange Vormundschaft der Eltern für die Jünglinge, die im Bewußtsein ihres Genies und ihres so ehrgeizigen Wollens sich der Zügel zu entledigen gedenken. Für die Sterbenden, Kranken und die Gefangenen mag das alles noch angehen, denn eine bewunderte Vergangenheit mag ein Balsam für ihre Übel bedeuten, da die Zukunft für sie versperrt ist (...) Jedoch WIR wollen nichts wissen von der Vergangenheit, WIR jungen und starken Futuristen!"[7]

Trotz des unhaltbar aggressiven Pathos, mit dem sich Marinetti gegen die tradierten Formen der Kunst und ihre Institutionen wandte, identifizierten sich die Künstler um Boccioni und Balla mit dessen Gedanken und erklärten 1910 mit dem *Manifest der furturistischen Maler* ihren Beitritt zur neuen Bewegung. Dieser theoretischen Solidaritätsbekundung folgte zwei Monate später *Die Futuristische Malerei. Das Technische Manifest*, in dem sie sich "zu den höchsten Anliegen der reinen Malerei" erhoben. "Unsere Sehnsucht nach Wahrheit kann nicht mehr nur von Formen und einer traditionellen Farbgebung befriedigt werden! Die Geste ist für uns nicht mehr ein *fixierter, festliegender Moment* des allem gemeinsamen Dynamismus, sondern sie wird von uns als *dynamische Empfindung* zum Ausdruck gebracht werden. Alles bewegt sich, alles rotiert: alles spielt sich mit der größten Schnelligkeit ab".[8]

Diese grundlegende Emphatisierung der Dynamik als eine die gesamte Lebenswelt ergreifende und bestimmende Kraft ging den einschneidenden bildnerischen Innovationen der futuristischen Malerei voran, die erst ab 1911 hervortraten. Der darin zum Ausdruck kommende Anspruch schloß die kritische Abgrenzung vom Kubismus als zeitparalleler avantgardistischer Bewegung ein. Diese Abgrenzung formulierte Boccioni in einer Weise, die durchaus an die polemische Sprache Marinettis anknüpfte. Darin erklärt er, daß das, "was unter dem Namen Kubismus läuft, nichts anderes als ein Übergangsstadium [ist]". Dessen Überwindung führe zu "einer wahrhaft abstrakten Malerei". Die futuristische Darstellung der "Gleichzeitigkeit (simultaneità) der Gemütszustände (stati d'animo)", bezeichnet demnach die Verschränkung von Vergangenheit und Gegenwart, die eine "Brücke von der alten, traditionellen Malerei zu einer futuristischen" schlägt.[9] In den beiden aus je drei Bildern bestehenden Variationen der *Stati d'Animo* hat Boccioni 1911 die Ausrichtung des eigenen Tuns auf die Zukunft beschworen. Der zeitlichen Abfolge von Vergangenheit, Gegenwart und Zukunft werden drei Geisteszustände zugeordnet, die Boccioni in unterschiedlichen Bildgestalten anschaulich macht. Dabei wird eine Steigerung der malerischen und farblichen Dynamik evident. Während die *Bleibenden* in einer gleichförmigen vertikalen Struktur befangen bleiben, in der sie sich wie Schattenwesen bewegen, bläst den *Gehenden* der diagonal über die Fläche stürmende Wind entgegen, durch den sie sich ihren ungewissen Weg bahnen müssen. Die Darstellungen des *Abschieds* erscheinen als ein dynamischer Wirbel aus technologisch-industriellen Errungenschaften wie Eisenbahn und Brücke, Telegrafenmast und Kran, überragt vom über allem thronenden Krieger. Um diese Symbole des Fortschritts kreist die Gegenwart in ständiger Bewegung.

IV.

An dieser Stelle ruft das Nachdenken über die Darstellung von Geschwindigkeit sowie die ambivalente Beziehung der Futuristen zum Verhältnis von Vergangenheit, Gegenwart und Zukunft Bergsons Zeit-Begriff auf, dessen Ansatz sich aus der empirischen Psychologie herleitete. Auf der Basis medizinisch-psychologischer Untersuchungsergebnisse erbrachte Bergson den Nachweis, daß Reiz und Empfindung sich dadurch unterscheiden, daß letztere nicht meßbar, sondern allein in ihrer Intensität erfaßbar ist. Die Schlußfolgerungen aus dieser Erkenntnis führten zu einer Bestimmung der Zeit als ursächliche Bedingung unseres Bewußtseins. Das dynamische Wesen der Zeit vollzieht sich im Bewußtsein des handelnden Menschen und umfaßt Vergangenheit, Gegenwart und Zukunft. Bergson unterscheidet folglich die psychische Zeit als *Dauer* (Sukzession), die als inwendige Analyse des Bewußtseins erfahrbar wird, von der physikalischen Zeit als *Gleichzeitigkeit* (Simultaneität), die sich an der Feststellung der räumlichen Beziehungen der äußeren Wirklichkeit orientiert. Letztlich sind beide "zwei Auffassungen" der "reinen Dauer, die die Sukzession unserer Bewußtseinsvorgänge annimmt, wenn unser Ich sich dem Leben überläßt, wenn es sich dessen enthält, zwischen dem gegenwärtigen und den vorhergehenden Zuständen eine Scheidung zu vollziehen".[10] Die naturwissenschaftliche Herleitung seines Zeitbegriffs verband Bergsons philosophisches Denken sowohl mit den ebenfalls wissenschaftlich ausgerichteten Fotografen Muybridge und Marey als auch mit den futuristischen Malern um Boccioni und Balla. Der Vergleich ihrer Arbeiten macht die wechselseitige Beeinflussung evident. So offenbart Ballas *Auf dem Balkon laufendes Mädchen* von 1912 eine unmittelbare Beziehung zu Mareys chronofotografischen Darstellungen von Bewegungsabläufen. Die pointillistische Manier des Gemäldes verstärkt dabei die Dynamik der bildparallel ablaufenden Bewegungsdarstellung, deren bildräumliche Gleichzeitigkeit ihrerseits durch Farbstrukturen hervorgehoben erscheint. Von den vorbereitenden Studien zu diesem Gemälde, in denen Balla die Bewegung zeichnerisch analysiert, ist eine kleine Tinte-Zeichnung durch die

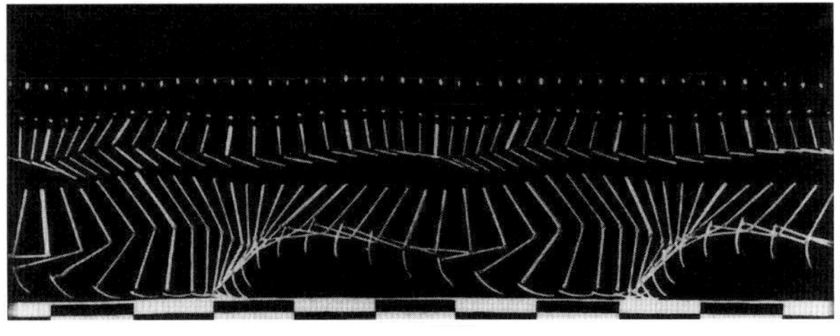

Abb. 2 Etienne Jules Marey

Schematisches Bild eines Läufers, um 1880

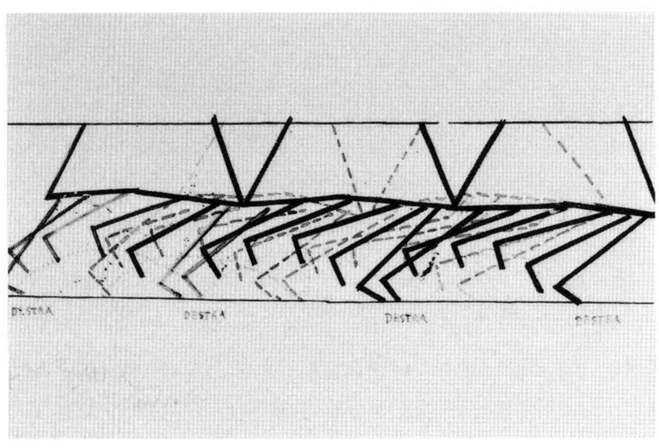

Abb. 3 Giacomo Balla

Studie zu *Kind auf dem Balkon laufend*, 1912

unmittelbare Übereinstimmung mit einer Fotografie von Marey aus dem Jahr 1880 besonders auffällig. Diese zeigt den schematischen Bewegungsablauf eines Läufers, dessen Kopf und Gliedmaßen mit weißen Markierungen versehen wurden, die sich vom schwarzen Hintergrund abheben. Balla hat diese schematische Aufnahme in eine Strichzeichnung übertragen, die die jeweilige Ausrichtung der Körperachsen in Bezug auf die horizontale Bildachse darstellt. (Abb. 2, 3)

V.

Unabhängig von den theoretischen Manifestationen der Futuristen und deren Entwicklung einer neuen dynamischen Bildgestalt, gelangte Marcel Duchamp um 1910 zu seiner Weise der Darstellung von Bewegung. Obwohl sein Hauptinteresse ebenfalls der Zerlegung von Bewegungen in einzelne Phasen galt, ist in *Akt, eine Treppe herabsteigend* (1912) der kubistische Ansatz einer simultanen Mehransichtigkeit nicht zu leugnen. Nicht zuletzt aufgrund dieser formalen Durchdringung kubistischer und futuristischer Ansätze wurde das Gemälde, das schon vor der ersten Futuristen-Ausstellung in Paris entstanden war, zu einer Ikone der klassischen Moderne. "Im *Akt, eine Treppe herabsteigend* wollte ich ein statisches Abbild der Bewegung schaffen: Bewegung ist hier eine Abstraktion, eine innerhalb des Gemäldes artikulierte Schlußfolgerung...".[11] Mit der Abstraktion eines Bewegungsablaufs verfolgt Duchamp nicht vorrangig dessen Zerlegung; vielmehr stellt er die Distanzierung von der Anschauung zugunsten der Empfindung dar, die vom Betrachter in das Bild hineingetragen wird.

Bemerkenswert im Zusammenhang mit der Verwirklichung ihrer dynamischen Bildvorstellungen zu Beginn der zehner Jahre ist, daß sowohl die Futuristen als auch Duchamp am Tafelbild festhielten. Die Fotografie wurde nicht als autonomes künstlerisches Medium, sondern nach wie vor als Funktion der Malerei angesehen, die den Künstlern anschauliche Vorlagen zur Natur der Bewegung in Zeit und Raum lieferte.

VI.

Das zentrale Problem der Fotografie seit ihren Anfängen war die technische Beherrschung der Geschwindigkeit, das heißt die Reduzierung der Belichtungszeit sowie die Synchronisation der Bewegung des Objekts mit dem Auslösen der Aufnahme. Doch führte die rasche Entwicklung neuer fotomechanischer und fotochemischer Verfahren zu einer ebenso schnellen Erweiterung des medialen Spektrums. Die Entstehung der Kinematografie aus der Chronofotografie war also eine logische Konsequenz, auch wenn um die Jahrhundertwende die Rekonstruktion von realer Bewegung weder für die wissenschaftliche noch für die künstlerisch ambitionierte Fotografie von vorrangigem Interesse war. Die Entwicklung des Films als Medium der Darstellung dokumentarischer oder fiktiver Sachverhalte wandte sich vielmehr an die Populärkultur und dementsprechend an ein Massenpublikum. Walter Benjamin begründete diese Ausrichtung mit wirtschaftlichen Zwängen. Aufgrund ihrer hohen Produktionskosten, denen Filme schon damals unterlagen, erschien "die technische Reproduzierbarkeit der Filmwerke als eine Notwendigkeit. (...) Diese ermöglicht nicht nur auf die unmittelbarste Art die massenweise Verbreitung der Filmwerke, sie erzwingt sie geradezu".[12] Im Gegensatz dazu schuf die bildende Kunst, die sich diesen Gesetzmäßigkeiten naturgemäß widersetzte, seit den zwanziger Jahren filmische Freiräume, die vor allem vom Dadaismus und Surrealismus besetzt wurden. Ihre experimentellen Ansätze verselbständigten sich nach dem Zweiten Weltkrieg zur darstellenden Untersuchung virulenter bildnerischer Fragestellungen an die Wirklichkeit.

Vor diesem Hintergrund sind die Filme von Andy Warhol als ein entscheidender Beitrag zur Eroberung des Mediums durch die Gegenwartskunst zu werten. "Der Film ist die beste Atmosphäre, die ich mir denken kann, weil er physisch dreidimensional und emotionell zweidimensional ist".[13] Als Demonstrationen des Verlustes der Anschaulichkeit von alltäglichen Gegenständen und Verhaltensformen reduzierte Warhol, in Anlehnung an Duchamp, "den schöpferischen Akt auf den Akt der Auswahl", welche "die Grenzen des Systems" bestimmt.[14] In diesem Sinne wirkt der 16-mm-Film *Empire* (Abb. 4), den Warhol am 25. Juni 1964 aufnahm, als eine Wiedergabe des radikal erweiterten Wahrnehmungsprozesses eines permanent gegenwärtigen Objekts. Das architektonische Wahrzeichen New Yorks ist über acht Stunden bei unbewegter Kamera aus unveränderter Einstellung aufgenommen. Der einzige formale Eingriff, den Warhol außer der Bestimmung des Standorts und des Bildausschnitts vornimmt, ist die Wahl der reduzierten Aufnahmegeschwindigkeit von sechzehn anstatt vierundzwanzig Bildern pro Sekunde. Das dadurch erzielte stoische Bild des Gebäudes löst den Betrachter aus allen Sehgewohnheiten und setzt ihn einer Situation aus, die auf eine wörtlich zu nehmende "Langeweile" abzielt. Diese entspricht Warhols Vorstellung, daß "die Bedeutung" eines Sachverhalts in dem Maße verschwindet, "je öfter man (...) genau dasselbe sieht".[15] Durch die radikale Reduzierung der formalen Mittel wird ein verändertes Bild der Wirklichkeit erzeugt. Warhol thematisiert in *Empire* die Ambiguität des bewegten Bildes in Bezug auf den von ihm vermittelten Zeitbegriff. Indem er eine Konvergenz von Zeitraum der Darstellung und Dauer der Wahrnehmung herstellt, projiziert er das Bild in die Zeitdimension, die die Determinierung des Mediums überwindet. Die Projektion des bewegten Bildes in die Zeitdimension beinhaltet eine latente Dehnung der erlebten Zeit, die nicht greifbar wird angesichts des unveränderlich erscheinenden Gegenstands. Warhol vollzieht sozusagen eine Umkehrung des Prinzips der fotografischen Momentaufnahme, die eine Bewegung in einem meßbaren Zeitabschnitt festhält. Demgegenüber führen die bewegten Bilder eines statischen Objekts einen Zeitraum als subjektiv empfundene Veränderung vor. "Dabei geschieht etwas sonderbares. Die Welt verändert sich, wird intensiviert, elektrifiziert. Wir sehen sie schärfer als zuvor. Nicht dramatische, neue Zusammenhänge und Bedeutungen werden aufgezeigt. (...) Sie erscheint uns vielmehr genauso, wie sie ist...".[16] Warhols Filme vermitteln demzufolge eine ästhetische Erfahrung, die auf die Lebenswirklichkeit des Betrachters verweist, deren alltäglicher Ablauf rein funktional bestimmt ist. Durch die Wiederholung und latente Verlangsamung findet eine Distanzierung vom Wahrnehmungsgegenstand statt, dessen Bedeutungsstruktur auf den Betrachter projiziert wird.

VII.

Eine bewußte Negation metaphorischer Bezüge zugunsten der Behauptung objektiver Formstrukturen war ein wesensbestimmendes Merkmal der Kunst in den sechziger Jahren. Ihre formale Ausrichtung läßt sich dabei an der Auffassung des Werkes ablesen, das einer einseitigen Determinierung des Raumes durch Objekte unterliegt, das heißt die Zeit als Funktion des Raumes begreift. Mel Bochner widersprach dieser einseitigen Objektorientierung zugunsten einer anschaulichen Ordnung, die die emotionale Verbindung von Gedanken und Gegenstän-

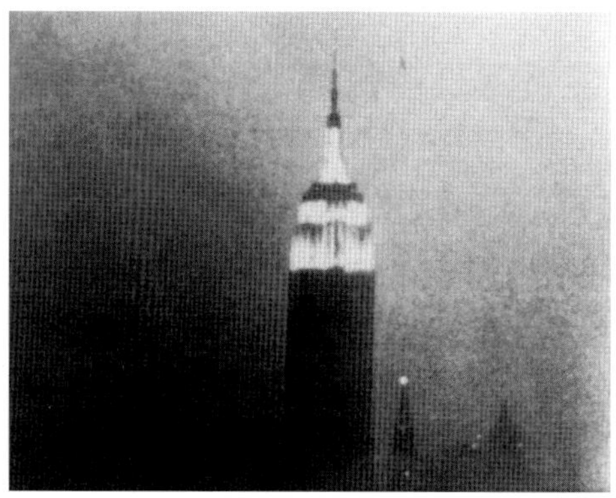

Abb. 4 Andy Warhol, *Empire*, 1964

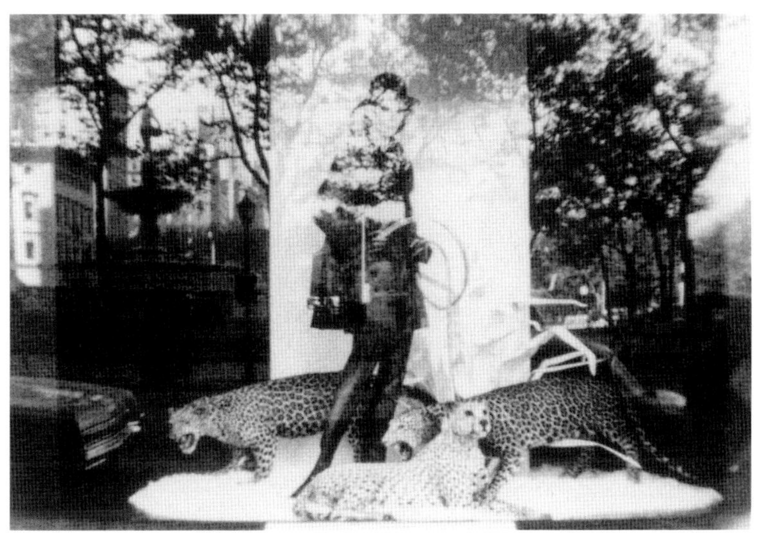

Abb. 5 Mel Bochner und Robert Moskowitz, Filmstill aus: *New York Windows*, 1966

den in einer selbstkritischen Empirie aufhebt. In Warhols *Empire* sah Bochner eine Bestätigung des Widerspruchs von Illusionismus und Wörtlichkeit. Er rieb sich daran, daß Warhol es durch die Suggestion von zeit-räumlicher Kontinuität letztlich "noch immer auf ein (perverses) Stück-aus-dem-Leben abgesehen [hat] ('hier ist, was passierte, als die Kamera lief')".[17] Mit seinem Film *New York Windows* (Abb. 5), den er 1966 zusammen mit Robert Moskowitz aufnahm, suchte Bochner dagegen die Umsetzung eines relativistischen Zeit-Raum-Konzepts. Der Film besteht aus einem Zusammenschnitt von Aufnahmen von Schaufenstern. Dazu wurde die Kamera direkt vor die jeweiligen Fensterscheiben plaziert, so daß diese möglichst formatfüllend ins Bild gesetzt waren. Der zu dieser Zeit noch übliche Federaufzug der Kamera sorgte für den Durchlauf des Filmes, der durch keine weiteren Eingriffe manipuliert wurde. "Die Fensterscheibe, die sich nun also mit der Filmleinwand deckt, wird zum eingeschränkten Pendant der Bildfläche des Malers, zugleich transparent *und* reflektierend".[18] Durch die Wiedergabe des Films mit nur sechzehn Bildern pro Sekunde, erscheinen die mit vierundzwanzig Bildern pro Sekunde gedrehten Aufnahmen in einer Verlangsamung, die die tatsächliche Diskontiniutät der als Sequenz von Einzelbildern dargestellten Bewegung hervorhebt. "Gelegentlich tritt ein Passant zwischen Kamera und Fenster und zerstört auf diese Weise die letzten glaubwürdigen Spuren des Raums. (...) *New York Windows* ist ein Spektakel der Anonymität, jener Leere, die alles überflutet und ausfüllt".[19] Die hier gestellten kritischen Fragen zum Widerspruch von Wörtlichkeit und Illusionismus überführte Bochner in sein Konzept, dreidimensionale Anschauungen aus den Beziehungen materieller und konzeptueller Elemente sowie der Perspektive ihrer Wahrnehmung zu entwickeln. Das Resultat dieser Untersuchung zeigt sich in der Arbeit *36 Photographs and 12 Diagramms* (1967).[20] Hier handelt es sich um Fotografien von zwölf komplexen Konfigurationen aus Holzwürfeln, deren Anordnung auf quadratischem Grundriß in einem Zahlen-Diagramm aufgezeichnet sind. Diese Konfigurationen sind aus drei Perspektiven, von oben, vorn und schräg von einer Seite aufgenommen. Sie werden in einem Tableau aus vier Blöcken gezeigt, in denen die Zeichnung und drei Fotografien jeweils senkrecht angeordnet sind. Mit *36 Photographs and 12 Diagramms* gelang es Bochner, "die intellektuelle Struktur der Zeit vom organischen Konzept der Dauer zu unterscheiden",[21] indem er die Wahrnehmung als Ergebnis sich überlagernder relativer Systeme darstellt. Das heißt, zeitliche Dauer wird in die Gleichzeitigkeit von mathematischer Zählung und visueller Modulation des Sachverhalts aufgehoben. Es geht also nicht mehr um die Frage von Wörtlichkeit oder Illusionismus, "denn die Arbeit war absolut illusionistisch und total anti-buchstäblich. (...) Aber es war (...) kein Illusionismus des Bildhaften. Es war die Illusion des [Wörtlichen]".[22]

Diese von Bochner entwickelten Ansätze nahm Dan Graham in seinen Videoinstallationen und Performances auf, die sich ebenfalls mit den Beziehungen zwischen Betrachter und Betrachtetem beschäftigen. Ein unmittelbarer Bezug zu Bochners *New York Windows* ist bei Grahams *Cinema* Projekt von 1981[23] ablesbar. Das entscheidende Element des nur im Modell realisierten architektonischen Entwurfs ist die Projektionsfläche aus Zweiwegespiegeln, die von der dunkleren Seite aus transparent sind und es dem Betrachter ermöglichen, den jeweils anderen Raum zu beobachten. Der Zuschauer wird darin wechselweise zum Voyeur und Anschauungsobjekt. Während das Kinopublikum sich in der Dunkelheit das fiktive Geschehen auf der "Leinwand" betrachtet, erlebt der Passant auf der Straße den Film als stummes Geschehen, das von der Lebenswirklichkeit überlagert wird. Beim Aufflammen des Saallichts sieht sich der Zuschauer im Spiegelbild, das sich dem Passant gleichzeitig als Einblick bietet. Das heißt, Graham benutzt das Kino als öffentlichen Ort, an dem der Zuschauer-Betrachter als Wesen thematisiert wird, das durch seine Beziehungen zum Umfeld definiert ist. Die Konfrontation des Betrachters mit sich selbst und seinem Verhalten hat Graham bereits 1974 in pronouncierter Weise mit *Present Continuous Past(s)* realisiert. Diese Closed-Circuit-Installation besteht aus einem an zwei Seiten verspiegelten Raum, an dessen dritter, einem der Spiegel gegenüberliegenden Wand eine Kamera und ein Monitor angebracht sind. Auf dem Monitor werden die aufgenommenen Bilder mit einer Verzögerung von acht Sekunden wiedergegeben. Dadurch wird ein zeit-räumlicher Kontext hergestellt, der Bewegungen als Veränderung der Gegenwart registriert. Da die Kamera auch das gespiegelte Monitorbild wahrnimmt erscheint dieses in einer, sich im zeitlichen Abstand von acht Sekunden unendlich fortsetzende Wiedergabe. "Der Bildschirm im Bildschirm im Bildschirm bringt nicht nur den Raum, sondern auch die Zeit an ihre abgründige Grenze. Im Fluchtpunkt 'befindet sich' die unendliche Vergangenheit".[24] Die Projektion des Vergangenen setzt nach Thierry de Duve die Vorwegnahme der Unendlichkeit der Zukunft voraus, weil das inszenierte Raum-Zeit-Kontinuum einen Anfang hat, der mit der jeweiligen Installation gegeben ist. Grahams Video-Konzepte verweigern eine narrative Struktur, an dem der oder die Betrachter sich allein oder gemeinsam orientieren könnten. Stattdessen wird durch ihre Verzögerungstechnik die Raumperspektive auf eine unendliche Vergangenheit als Illusion einer Beziehungsfolge von abgelaufener zu aktueller Gegenwart ausgerichtet.

Im Gegensatz dazu verfolgt Nam June Paik mit seiner Videoinstallation *One Candle / Eine Kerze*, die er 1989 für den Portikus in Frankfurt am Main realisierte, ein Zeitkonzept, das die narrative Struktur seiner Bilder in den Vordergrund stellt. Es handelt sich ebenfalls um eine Closed-Circuit-Installation, bei der eine Videokamera eine brennende Kerze aufnimmt, deren Abbilder zeitgleich mit einer variablen Anzahl von Videobeamern auf die Wände des Raumes projiziert werden. Die suggestive Wirkung dieser Raumbilder wird von Paik durch die Manipulation der Projektoren gesteigert. Die additive Farbmischung der drei Röhren wird im projizierten Bild auseinanderdividiert, so daß ein rot-grün-blauer Dreiklang entsteht. Das darin enthaltene Zeitkonzept basiert auf dem "Licht, das die Kerze symbolhaft und real liefert". Die von ihm erzeugten Bilder werden zu einem Merkmal des Raumes. "Das Bild entstammt hier also nicht einer bestimmten zurückliegenden und begrenzten Zeit, sondern es dauert und vergeht mit dem abgebildeten Gegenstand".[25] Mit dem Motiv der brennenden Kerze ruft Paik eine der großen Daseinsmetaphern auf, die er bereits 1975 in *Candle TV* mit der brennenden Kerze im leeren Fernsehgehäuse dargestellt hatte. Beide Arbeiten beziehen ihren außergewöhnlichen ästhetischen Reiz aus der unvergleichlichen Einfachheit, mit der Paik den Nutzen der Technologie aus dem subversiven Umgang mit ihren herkömmlichen Gesetzmäßigkeiten aufzeigt. "Mein experimentelles TV ist nicht immer interessant, aber nicht immer so uninteressant wie die Natur, die schön ist, nicht weil sie sich auf schöne Weise verändert, sondern einfach, weil sie sich verändert".[26]

An der Schwelle zum nächsten Jahrtausend hat die Auseinandersetzung mit dem Phänomen der Zeit eine naheliegende Aktualität zurückgewonnen. Und sie berührt in unveränderter Weise eine der existentiellen Fragen nicht nur von Philosophie, Wissenschaft und Kunst, sondern in immer stärkeren Maße auch unserer Lebenswirklichkeit. Das Zeitalter ungebremster Mobilität hat uns die Welt in ihrer ganzen Disparatheit näher gebracht. Wir sehen uns immer stärker einer Fremdbestimmung durch einen beschleunigten Informationstransfer ausgesetzt, dessen Wirklichkeitsrelevanz kaum mehr nachvollziehbar ist. Und so erscheint die Verlangsamung, wie sie in der Gegenwartskunst verstärkt thematisiert wird, als Möglichkeit, der Gefahr zu begegnen, daß sich die Dimensionen von Zeit und Raum im Cyberspace verlieren. "... Als der Ball sich über das vorstehende Dach erhebt, verliert er ihn aus den Augen, und er denkt, der landet auf der oberen Tribüne. Doch bevor er lächeln oder schreien oder seinen Nachbarn auf den Arm hauen kann, bevor der Augenblick ihn überwältigen kann, taucht der Ball wieder auf, mit sichtbar wirbelnden Nähten, so nah trifft er auf, prallt in schrägem Winkel von einem Pfosten ab – überall schießen Hände hervor".[27]

1 Gilles Deleuze, *Bergsonism*, New York 1997, S. 58

2 Don DeLillo, *Unterwelt*, Köln 1998, S. 49

3 Siehe John Walker, *William Turner*, Köln 1978, S. 132

4 Henri Bergson, *Durée et simultanéité*, zitiert nach: *Mélange*, Paris 1972, S. 104

5 *Etienne-Jules Marey*, Ausst. Kat. Centre Georges Pompidou, Paris 1977

6 Max Imdahl, *Bildautonomie und Wirklichkeit*, Mittenwald 1981, S. 20

7 Filippo Tommaso Marinetti, *Manifest des Futurismus*, 20. Februar 1909, zitiert nach: Raffaele Carrieri, *Futurismus*, Mailand 1963, S. 13

8 *Die Futuristische Malerei. Das Technische Manifest*, Mailand, 11. April 1910, zitiert nach: Raffaele Carrieri, *Futurismus*, S. 33

9 Umberto Boccioni, zitiert nach: *Zeit. Die vierte Dimension in der Kunst*, hrsg.v. Michel Baudson, Ausst. Kat., Brüssel, Mannheim, Wien 1984/85, S. 181

10 Henri Bergson, *Zeit und Freiheit*, Hamburg 1994, S. 77

11 Pierre Cabanne, *Gespräche mit Marcel Duchamp*, (Paris 1967) Köln 1970, S. 36

12 Walter Benjamin, *Das Kunstwerk im Zeitalter seiner technischen Reproduzierbarkeit*, Frankfurt 1966, S. 17

13 *The Philosophy of Andy Warhol (From A to B and Back Again)*, New York 1975, S. 100f.

14 Lawrence Alloway, *Systematic Painting*, New York 1966

15 Andy Warhol und Pat Hackett, *POPism: The Warhol 60's*, New York 1980, S. 50

16 Jonas Mekas, in: *Andy Warhol*, Ausst. Kat. Kunsthaus Zürich 1978, S. 193

17 Mel Bochner, *New York Windows*, unveröffentlichter Text, 1966/67

18 Ebd.

19 Ebd.

20 Im Besitz der städtischen Galerie im Lenbachhaus, München.

21 Sasha M. Newman, *Die Fotoarbeiten*, in: Richard S. Field, *Mel Bochner: Sichtbar gemachtes Denken 1966–1973*, Ausst. Kat. Lenbachhaus, München, 1996, S. 80

22 Ebd.

23 Erste Version des *Cinema*-Modells im Besitz der städtischen Galerie im Lenbachhaus, München; zweite Version im Besitz des Musée Nationale d'Art Moderne, Centre Georges Pompidou, Paris.

24 Thierry de Duve, *Dan Graham und die Kritik der künstlerischen Autonomie*, in: *Dan Graham, Pavilions*, Ausst. Kat. Kunsthalle Bern, 1983, S. 50 f.

25 Edith Decker, in: *Nam June Paik. One Candle / Eine Kerze*, Ausst. Kat. Portikus, Frankfurt a. M. 1989, S. 28

26 Ebd. S. 19

27 Don DeLillo, *Unterwelt*, Köln 1998, S. 49

Ulrich Wilmes

Remembering Tomorrow

The phenomena of time and space are fundamental conditions of our being in the world. We experience our existence in an awareness of its finiteness. We have a limited space of time at our disposal. Its beginning, end and duration are indeterminate. We can neither speed them up nor slow them down. In his treatment of the philosophy of Henri Bergson, Gilles Deleuze points to a misunderstanding in our concept of past and present. According to Deleuze, we are too caught up in our belief that 'a present is only past when it is replaced by another present'. Whereupon Deleuze raises the question: 'How would a new present come about, if the old present did not pass away at the same time that it *is* present?' This elementary essence of time also determines the 'most profound paradox of memory: The past is "contemporaneous" with the present that it *has been*'.[1]

On October 4, 1951, sports journalist Red Smith wrote in the New York Times: 'It's all over. The story comes to an end. And there's no way of telling it. The art of fiction is dead. Reality has stifled all invention. From now on, only the absolutely impossible, the inexpressibly fantastic can ever seem plausible again.' Only the completely uninitiated reader of these lines can be astonished by the fact that this pathetic-euphoric commentary was triggered by a sports event. The previous day, with the last hit, the New York Giants had triumphed over the Brooklyn Dodgers in the Baseball Championship. Having since become a legend, the game has been chosen by Don DeLillo as the historical vanishing point for his novel *Underworld*, in which he proves the sports reporter wrong. DeLillo's novel examines the second half of our century in terms of a change in our worldview initiated by the coincidence of two events: The 'shot that was heard around the globe' is overshadowed by the news of the first Soviet atomic test. A second reason for the choice of the homerun as the point of departure and focus of the story was the fact that no television pictures of it exist. Photographs, radio commentaries and eyewitness reports are what keep alive a memory, whose past the novel traces, after the prologue, from the early 1990s backwards. *Underworld* has to do only superficially with sport, although DeLillo does use the ball-game as a metaphor for life, which has an open time structure. The game of baseball is not played in a limited time period. The length of the game depends on its course, to the extent that a team remains at bat until three players are stroke out by the pitcher of the opposing team. The game's tension arises from the monotonous repetition of the procedures in expectation of that one decisive hit. The flight of the ball only lasts a few seconds, and DeLillo describes its story for his protagonists: 'Pafko at the wall. Then he's looking up. People thinking where's the ball. The scant delay, the stay in time that lasts a hairsbreadth. And Cotter, standing in section 35 watching the ball come in his direction. He feels his body turn to smoke...'[2]

I

Motion and speed as functions of time render the latter perceptible as a change in space. In their traditional forms of representation, works of art are physical objects which exist in the space-time-continuum that embraces reality. Thus they are objects we observe and whose outward appearance presents itself to us as a simultaneous expression. In this, the work of art expresses a content that can be read as a successive narration. Thus the *simultaneity* and *succession* of artistic form can be called upon as visual functions of the space-time relationship combined in the work of art.

In 1844, on the threshold to the Industrial Age, William Turner painted *Rain, Steam and Speed* (fig. p. 107), an icon of confidence in technical progress. This was rooted in the idea of increased mobility and the accompanying expansion of our realm of experience, a basic precondition for the future understanding of time as a space-time-continuum. The painting is of a steam-train on a railway line in the west of England, whose extension from Bristol to Exeter was also opened in 1844. The topicality of the painting is further underlined by the artist's inclusion of the most modern type of locomotive, the so-called Firefly Class, and by his choice of location, the bridge at Maidenhead, built by Isambard Kingdom Brunel and regarded as the most outstanding example of contemporary engineering. In his review of the exhibition for *Frazer's magazine*, author William Thackarey wrote: 'As for Mr. Turner, he has put all former marvels in the shade (...) The world has never seen anything like this painting.'[3]

In the style of painting characteristic of Turner at the time, the work presents the landscape as a blazing swirl of colour forming clouds, fog, and swathes of rain and veiling the view of the river valley and a second bridge at the left side of the painting. The oncoming train has arrived at the middle of the bridge, which leads diagonally from the centre of the painting out of the pictorial field. In his enthusiasm for the technical achievement of railway transport and its potential as regards greater mobility, Turner was not satisfied just with a dynamic form of representation. He also integrated the function of the steam-engine, driving the train and causing it to pick up speed. At the front of the black boiler with the relatively clearly outlined funnel, he has included vague lights which suggest not only blurred headlamps, but fire, the driving force behind the machine. Turner's representation of the steam-driven train introduced the concept of speed as a symbol of technical progress into the history of art.

II

With this introduction of the theme of speed into the fine arts, Turner anticipated the impressionist representation of the moment, in which the object is dissolved in a temporal immediacy of light and vibration. This development in painting ran parallel to the invention of photography, whose function as a copy of reality was expressed more and more as the capacity to master the moment.

At the end of the nineteenth and the beginning of the twentieth century, photography's apparently objective reproduction of visible reality was an expression of a world which was becoming increasingly subject to technological progress. The technically reproduced image fundamentally altered the perception of reality. Photography's capacity to capture movement in an image played a decisive role in this. This manner of mastering the moment led to a subsequent shift of emphasis in the perception of an image, from simultaneous expression to successive narration, which reflects Bergson's distinction between *duration* and *simultaneity*, which establishes the measurability of 'time through movement'. 'But one must add that the measurement of time through movement is possible because we ourselves are in a position to carry out movements, and these movements then have a dual aspect: as muscle sensation they are part of the course of our conscious life, they have duration; as visual perception they describe a path, create space for themselves.'[4]

In the initial decades of its development, photography's central preoccupation was not to capture movement in an image, especially as the technical means to do so were not yet available. The wet collodion plates used between 1850 and 1880 were not sensitive enough to light and so did not allow instantaneous shots of swift sequences of movement. The first useful results with exposure times of less than a second were achieved with the silver bromide gelatin plates developed in the late 1870s. These provided Eadweard J. Muybridge and Etienne-Jules Marey with the technical prerequisites for their experimental manifestations of movement, in which the temporal dimension was defined as the decisive moment in visual perception and comprehension.

Despite the geographical distance between them and their different points of departure and interests, these two pioneers of the representation of motion developed a relationship which resulted in their mutually influencing one another's work. Muybridge began his studies on the photographic representation of motion at the instigation of Leland Stanford, former governor of California and president of the Central Pacific Railroad. In 1872 Stanford commissioned Muybridge to photograph trotting horses so as to procure pseudo-scientific proof that at one point while trotting all the horse's hooves were off the ground at the same time. It was in the course of this project, which preoccupied him until 1879, that Muybridge came in contact with Marey's physiological investigations into the same phenomenon, published in English translation in 1874. As a result, within the framework of a research commission from the University of Philadelphia in collaboration with the Academy of Fine Arts, Muybridge took extensive series of photographs of both people and animals in motion. Of the twenty thousand negatives, seven hundred and eighty-one series were put together and published in 1887 under the title *Animal Locomotion*. Despite the high price, this photographic compendium soon gained an

enormous reputation and exerted a lasting influence on the fine arts. Marey's investigations of movement were of equal consequence. Marey met up with Muybridge in Paris in 1881 with the aim of encouraging him to photograph the flight of birds. As he was not satisfied with the results, Marey himself turned his attentions to photographic techniques and developed the chronophotography, signalling the advent of the cinematography. For this he worked with rolls of film, initially of paper, later of celluloid. The specially constructed apparatus allowed variable sequences of up to sixty takes with exposure times of between 1/200 and 1/2500 seconds on one section of the film. Marey's assistant Demenÿ improved this process and in 1894 introduced it to the brothers Auguste and Luis Lumière, who developed their 'cinématographie' on the basis of it, an apparatus with which it was possible to both film and project using 35-mm-film.
In the catalogue to the Marey exhibition in 1977,[5] Pontus Hulten emphasises that Marey's process diverged significantly from Muybridge's in his different way of representing the relationship between time and space. While Marey represented sequences of movement on a plate or roll of film, Muybridge realised his sequences as a series of individual shots. 'Marey saw movement as a moment that had to be pieced together. (...) By contrast, Muybridge persisted in resolving a sequence of movements into successive moments.' Whereas Muybridge represented motion in sections as a series of separate time phases, Marey understood it as taking place in a space-time-continuum. The artistic openings resulting from the findings of Muybridge and Marey were soon availed of by Cubism and Futurism. They also exerted an influence on the philosophical debate on, and scientific definition of, the concept of time. For philosophy and science, the basis for discussing the phenomenon of time has always been the link between time and space, which Einstein defined in his theory of relativity as the fourth dimension of physical space. Space and time are intangible. Space is isotropic, that is to say, it extends in all directions simultaneously. Time is irreversibly successive and cannot really be experienced, but only perceived indirectly through a sequence of changes, that is, movement in space. Time cannot be read from an immobile object in space. However, it is also in the nature of movement to be fleeting and avoid being fixed by the eye. To the extent that time and space are not visible as such, only their relationship to one another creates an immediate reality. Consequently, we experience the world as a relative space-time-continuum.

III

Cubism and Futurism developed chronologically parallel, though differing concepts of representation, which brought about a displacement of traditional conventions. Their respective approaches dealt with phenomenological and temporal issues related to the perceptual-theoretical conditions of simultaneity and succession in a two-dimensional image. The cubist pictorial idiom developed by Picasso and Braque around 1910 came to grips with the possibilities of representing space and the sensation of time. The two artists were interested in a simultaneous mode of visualising bodies and objects above and beyond the limitations of perception, which presents them to us incompletely, as a 'shading' [German: 'Abschattung'], to use a term of Edmund Husserl's. 'Shading' means 'the empirical-optical state of a phenomenon in a one-sided modification of its appearance'.[6] Consequently, a complete impression of an object is only possible by presenting several successive aspects and combining them in an imaginary overall view.

Paintings such as Picasso's *Portrait of Ambroise Vollard*, 1910, or Braque's *Violin and Jug*, 1909/10 – to mention just two of the most famous works of that period – are comparable representations of visible forms that have been split up analytically. Both artists aim to visually penetrate the three-dimensional object by a far-reaching obliteration of the spatial-illusionist perspective. The ambiguity of the representation arises from the presentation of the complete essence of the thing in different but simultaneous views, which latter are assumed into the totality of the static image. The aspect of movement expressed here appears as a projection of the acquisition process which presupposes the spatio-temporal relation between observer and object.

By contrast, Futurism developed a new form of pictorial dynamism. The point of departure for this was the futurist ideology and its belief in progress outlined by Marinetti in his *Manifesto of Futurism* published in *Le Figaro* in 1909. This ideology vehemently denied the past any significance for the present. 'I say to you that daily visits to museums, libraries and academies (...) is truly just as dangerous for artists, as parents' prolonged guardianship of their young boys, who, fully aware of their genius and their so ambitious will, are fully intent on kicking over the traces. All that may still be of some importance to the dying, sick and imprisoned, as an honoured past may well be a balsam for their wounds, especially as the future is closed to them. (...) However, WE want nothing from the past, WE young and strong futurists!'[7]

Despite the untenably aggressive pathos with which Marinetti turned against the traditional forms of art and its institutions, the artists around Boccioni and Balla identified with his ideas and declared their adherence to the new movement in 1910 in the form of the *Manifesto of Futurist Painters*. This theoretical declaration of solidarity was followed two months later by *The Technical Manifesto of Futurist Painting*, in which they expressed their aspiration 'to the highest concerns of pure painting'. 'Our longing for truth can no longer be satisfied merely with forms and a traditional choice of colours! For us, the gesture is no longer a *fixed established moment* in an all-embracing dynamism, instead we lend it expression as a *dynamic sensation*. Everything is in motion, everything is rotating: everything is taking place at the greatest possible speed.'[8]

This fundamental emphasis on dynamism as the force imbuing and determining the whole life-world was somewhat in advance of the extensive artistic innovations of futurist painting, which only really became established after 1911. The aspiration expressed here included a critical distinction between Futurism and the chronologically parallel avant-garde movement Cubism.

This was formulated by Boccioni in a style somewhat reminiscent of Marinetti's polemical language. He declared that 'what goes by the name of Cubism [is] nothing more than a transitional stage'. Overcoming that stage would lead to 'a fortified abstract painting'. According to Boccioni, representing the 'simultaneity (simultaneità) of states of mind (stati d'animo)' meant intertwining past and present, forming a 'bridge from old, traditional painting to futurist painting'.[9] In 1911, in the two versions of his work *States of Mind*, each containing three paintings, Boccioni invoked the future orientation of his own activities. In this work Boccioni ascribes three spiritual states to the temporal sequence of past, present and future, incorporating these states in different pictorial figures and clearly intensifying the dynamism of the painterly gesture and colour. While *Those who stay* are caught up in an even, vertical structure in which they move as shadows, the stormy wind sweeping diagonally across the surface of *Those Who Go* is blowing in the face of the figures, who have to make their uncertain way against its force. The two *Farewells* depict a dynamic vortex of technological-industrial achievements, such as railways, bridges, telegraph posts and cranes, as well as the warrior enthroned above it all. The present circles in constant motion around these symbols of progress.

IV

At this point, the representation of speed, like the futurists' ambivalent attitude to the relationship between past, present and future, evokes Bergson's concept of time, which is derived from empirical psychology. On the basis of the findings of medical and psychological research, Bergson demonstrated that stimulus and sensation differ in that the latter cannot be measured but only grasped in terms of its intensity. The conclusions he drew from this was to determine time as the causal prerequisite for human consciousness. The dynamic essence of time comes about in the consciousness of an active human being and embraces past, present and future. As a result, Bergson distinguishes psychological time as duration (succession), experienced as an inner analysis of consciousness, and physical time as simultaneity, aimed at establishing spatial relations in external reality. In the final analysis, these are 'two conceptions' of 'pure duration, which the succession of our conscious processes assumes when our ego gives in to life, when it refrains from making a distinction between present and foregoing conditions.'[10] The derivation of his concept of time from the natural sciences links Bergson's philosophical concept both with the scientifically oriented photographers Muybridge and Marey, and with the futurist artists around Boccioni and Balla. A comparison of their works yields evidence of this mutual influence.

In this context, Giacomo Balla's *Girl running on the Balcony* of 1912 reveals a direct link with Marey's chronophotographic depiction of sequences of movement. The pointillist style of the painting intensifies the dynamism of the parallel representation of the movement, whose spatial simultaneity is in turn emphasised by colour structures. Among the preparatory studies in which Balla analysed the movement, a small ink drawing stands out in particular because of its direct conformity with a photograph taken by Marey in 1880. The photograph shows the schematic movement of a runner, whose head, arms and legs have been marked in white and thus contrast starkly with the black background. Balla transposed this schematic photograph into a line drawing presenting the respective direction of the body's axes in relation to the horizontal axis of the painting. (fig. p. 112)

V

Independently of the Futurists' theoretical manifestos and their development of a new dynamic pictorial form, Marcel Duchamp arrived at his own particular manner of depicting movement. Although he too was mainly interested in dividing it up into individual phases, there is no denying his leaning towards the cubist idea of several different simultaneous views. Not least due to this formal interpenetration of cubist and futurist approaches has his *Nude Descending a Staircase*, created in 1912 and thus before the first futurist exhibition in Paris, become an icon of classical modernism, whose importance was undoubtedly strengthened by Duchamp's subsequent rejection of traditional forms of representation. 'What I wanted with *Nude* was to create a static reproduction of movement: here movement is an abstraction, a conclusion articulated within the painting,...'[11] With his abstraction of movement, therefore, Duchamp was not primarily concerned to describe the division of a bodily movement. Instead he represented a certain distancing from observation in favour of sensation, which is brought to the painting by the observer. What is remarkable about both the Futurists' and Duchamp's realisation of their dynamic pictorial concepts in the first decade of this century is that they remained faithful to the panel painting. That is to say, they did not recognise photography as an artistic medium. It was still seen as a function of painting, providing artists with visual models of the nature of movement in time and space, which they then translated into a simultaneous expression.

VI.

Since its beginnings, photography's main challenge was to technically master the parameters of speed, i.e., to reduce exposure times and synchronise moving object and shutter release. The swift development of new photomechanical and photochemical processes led to an equally swift expansion of the medium's scope. A logical consequence was the birth of cinematography from chronophotography, although at the turn of the century the reconstruction of real movement was not of paramount importance to either scientifically or artistically inclined photographers. The development of cinema as a medium for representing documentary or fictional events focused more on popular culture, and accordingly on a mass audience. Walter Benjamin explained this particular orientation as being due to economic constraints. Given the high production costs which film-making involved then, the 'mechanical reproduction of films (seemed) an external condition (...) This technique not only permits in the most direct way, it virtually causes mass distribution.'[12] By contrast, as of the 1920s the fine arts, naturally opposed to conformity to laws, created open spaces for films which were occupied, above all, by dadaists and surrealists. After the Second World War, their experimental approaches took the form of a representational examination of virulent aesthetic questions about reality. Against this background, Andy Warhol's films can be seen as a decisive contribution to contemporary art's conquest of the medium of film. 'Film is the best atmosphere I can think of because it is physically three-dimensional and emotionally two-dimensional.'[13] To demonstrate the loss of distinctiveness in everyday objects and behaviour patterns, Warhol, with reference to Duchamp, reduced 'the creative act to an act of selection', which 'determines the limits of the system'.[14] In this sense, a film like *Empire* (fig. p. 114), which Warhol shot on June 25, 1964, seems to reproduce the radically extended process of perceiving a permanently present object. New York's architectural landmark is filmed over a period of more than eight hours by an unmoved camera from an unchanged position. Apart from determining the location and the frame, the only formal intervention undertaken by Warhol was the choice of the reduced speed of the take, sixteen instead of twenty-four frames per second. The resulting stoic image of the building jolts the observer out of his visual habits and exposes him to a situation specifically created to, literally, increase 'boredom' [German: Langeweile]. This is in keeping with Warhol's idea that 'the meaning' of a thing disappears 'the more often one (...) sees exactly the same thing'.[15] The radical reduction of the formal means produces an altered image of reality. In *Empire* Warhol's theme is the ambiguity of the moving image in terms of the concept of time it mediates. By causing the space of time of the representation to converge with the duration of the perception, he projects the image into a dimension of time that overcomes any of the medium's limitations. The projection of the moving image into the dimension of time involves a latent extension of experienced time, which is not visible given the unchanging appearance of the object. Warhol thus brings about a reversal, as it were, of the principle of the snapshot, which captures a movement in a measurable space of time. As opposed to this, the moved images of a static object present a space of time as subjectively experienced change, 'whereby something strange happens. The world changes, is intensified, electrified. We see it more sharply than before. Undramatic, new connections and meanings are highlighted. (...) To us it seems to be exactly as it is...'[16] Thus Warhol's films mediate an aesthetic experience directed at the observer's real life, the everyday course of which is functionally determined. Thanks to the repetition and latent slowing down, a distancing from the perceived object is created and the observer is made responsible for its meaning.

VII

One essential feature of the art of the 1960s was the deliberate negation of metaphorical references in favour of the assertion of objective formal structures. A common formal orientation can be seen in the understanding of the artwork as subject to a one-sided determination of space by objects, i.e., an understanding of time as a function of space. Mel Bochner contradicted this one-sided orientation in favour of a visible order which brings together the emotional links between thoughts and objects in a self-critical empiricism. Bochner saw Warhol's *Empire* as confirming the contradiction between illusionism and literalness. He was irritated by the fact that Warhol, in suggesting a time-space continuity, was, in the end, 'still striving for a (perverse) slice-of-life' ("this is what happened while the camera was running")'.[17] With the film *New York Windows* (fig. p. 115), which he made with Robert Moskowitz in 1966, Bochner strove to realise a relativist time-space concept. The film consists of an assemblage of takes of shop windows. For this purpose a camera was positioned directly in front of the respective window so that, where at all possible, the window took up the full frame. The camera winder, still common at the time, was responsible for advancing the film, otherwise no other manipulation was involved. 'The windowpane, now congruent with the movie screen, becomes the debased counterpart of the painter's picture plane, simultaneously transparent *and* reflective.'[18] By showing the film at only sixteen frames per second, the takes, shot at twenty-four frames per second, appear in a slowness that underscores the actual discontinuity of the movement, represented as a sequence of individual images. 'An occasional passer-by drifts between the camera and the window, shattering the last believable vestige of space. (...) *New York Windows* is a spectacle of anonymity, the emptiness that overruns and fills up everything.'[19] The critical questions raised here about the contradiction between literalness and illusionism have been assumed into Bochner's concept of developing three-dimensional views from the relations between material and conceptual elements and the perspective from which they are perceived. The results of these considerations can be seen in *36 Photographs and 12 Diagrams* (1967).[20] These are photographs of twelve complex configurations of wooden cubes, whose order is drawn on a square plan in a number diagram. These configurations are shot from three different perspectives, from above, in front, and diagonal from one side. They are presented in a tableau consisting four blocks, in which the drawing and three photographs are ordered vertically. With *36 Photographs and 12 Diagrams* Bochner succeeds in 'distinguishing the intellectual structure of time from the organic concept of duration',[21] by representing perception as the result of superimposed relative systems. That is to say, temporal duration is taken up into the simultaneity of mathematical series and visual modulations. It is no longer a question of literalness or illusionism, 'for the work was absolutely illusionist and totally anti-literal. (...) But is was (...) not an illusionism of the image. It was the illusion of the [literal]'.[22]

In developing his video installations and performances, Dan Graham was inspired, not least, by Mel Bochner's procedure. Graham's works also deal with the relation between observer and observed. A direct reference to Bochner's *New York Windows* can be seen in Graham's 1981 *Cinema*[23] project. The decisive feature in this architectural design, only realised as a model, is the projection surface. This is made up of two-way mirrors which are transparent on the darker side and allow the observer to look into the other room. Here the observer alternates between voyeur and object of observation. While the cinema audience watches the fictional event on 'screen' in the dark, the passer-by on the street experiences the film as a silent event on which the reality of life is superimposed. When the lights go up inside the room, the viewer sees himself in the mirror image, which at the same time is being offered to the passer-by as a 'look-in'. That is to say, Graham uses the cinema as a public place in which the viewer-observer is treated as a being defined by his relations to his surroundings.

Graham had already brought about a striking confrontation between the observer and himself, and the observer and his behaviour in his 1974 *Present Continuous Past(s)*. This closed circuit installation consists of a room with mirrors on two sides; attached to a third wall, opposite one of the mirrors, are a camera and a monitor. The pictures taken by the camera are shown on the monitor with a time delay of eight seconds. This creates a time-space context which registers movements as a change in the present. As the camera also perceives the reflection of the monitor image, this latter is repeated endlessly at a time delay of eight seconds. 'The screen in the screen in the screen takes not just space but also time to its abysmal limit. The eternal past "is to be found" in the vanishing point.'[24] According to Thierry de Duve, projecting what is past presupposes an anticipation of the eternity of the future, as the staged time-space continuum has a beginning that is given with the respective installation. Graham's video concepts reject a narrative structure around which one or more observers might orient themselves, alone or in jointly. Instead, through a delaying technique, the spatial perspective is directed at an endless past, the illusion of a sequence of relations from past present to current present.

By contrast, in the video installation *One Candle / Eine Kerze* made for Portikus in Frankfurt a. Main in 1989, Nam June Paik pursues a concept of time that places the narrative structure of his images in the foreground. This too is a closed-circuit installation in which a video camera films a burning candle and the images are projected almost simultaneously onto the walls of the room by a variable number of video beamers. Paik intensifies the suggestive effect of these images by manipulating the projectors so that the additive colour mixture of the three tubes is separated and an image appears as a red-green-blue triad. The time concept here is based on the 'light which the candle provides, symbolically and really'. The images the light produces become a feature of the room. 'The image here does not originate in a particular time that is past and limited, but endures and disappears with the object represented.'[25] With the motif of the burning candle, Paik calls on one of the great metaphors of existence, and one which he had already evoked in 1975 in his *Candle TV*, a burning candle in an empty TV casing. The two works draw their extraordinary aesthetic appeal from the incomparable simplicity with which Paik demonstrates the use of technology by handling its established laws in a subversive manner. 'My experimental TV is not always interesting but not always uninteresting like nature, which is beautiful, not because it changes beautifully, but simply because it changes.'[26]

On the threshold to the new millennium, the debate on the phenomenon of time has reassumed an obvious relevance, touching as it still does on one of the existential questions not only of philosophy, science and art, but also, and to an ever greater degree, of our real lives. The era of unbridled mobility has brought the world in all its disparity closer to us. We see ourselves as increasingly exposed to outside determination through an accelerated transfer of information, the relevance of which for our lives we can scarcely recognise any more. Slowness, as it is being insistently addressed in contemporary art, thus seems like a possible way of encountering the threat of the dimensions of time and space getting lost in cyberspace. '... He loses sight of the ball when it climbs above the overhang and he thinks it will land in the upper deck. But before he can smile or shout or bash his neighbor on the arm. Before the moment can overpower him, the ball appears again, stitches visibly spinning, that's how near it hits, banging at an angle off the pillar – hands flashing everywhere.'[27]

1 Gilles Deleuze, *Bergsonism*, New York 1997, p. 58

2 Don DeLillo, *Underworld*, New York 1997, p. 42

3 See John Walker, *Joseph Mallord William Turner*, Cologne 1978, p. 132

4 Henri Bergson, *Durée et simultanéité*, in *Mélange*, Paris 1972, p. 104

5 *Etienne-Jules Marey*, catalogue: Centre Georges Pompidou, Paris 1977

6 Max Imdahl, *Bildautonomie und Wirklichkeit*, Mittenwald 1981, p. 20

7 Filippo Tommaso Marinetti, *Manifeste de Futurisme*, 20. February 1909, quoted by Raffaele Carrieri, *Futurism*, Milan 1963, p. 13

8 *Futurist Painting. The Technical Manifesto*, Milan, April 11, 1910, quoted by Raffaele Carrieri, *Futurism*, p. 33

9 Umberto Boccioni, quoted from *Zeit. Die vierte Dimension in der Kunst*, ed. by Michel Baudson, catalogue, Brussels, Mannheim, Vienna 1984/85, p. 181

10 Henri Bergson, *Zeit und Freiheit*, Hamburg 1994, p. 77

11 Pierre Cabanne, *Conversations with Marcel Duchamp*, (Paris 1967), Cologne 1970, p. 36

12 Walter Benjamin, *The Work of Art in the Age of Mechanical Reproduction*

13 *The Philosophy of Andy Warhol (From A to B and Back Again)*, New York 1975, pp. 100f.

14 Lawrence Alloway, *Systematic Painting*, New York 1966

15 Andy Warhol and Pat Hackett, *Popism: The Warhol 60's*, New York 1980, p. 50

16 Jonas Mekas, in *Andy Warhol*, catalogue: Kunsthaus Zürich, 1978, p. 193

17 Mel Bochner, *New York Windows*, unpublished text, 1966/67

18 Ibid.

19 Ibid.

20 Owned by the Lenbachhaus Munich.

21 Sasha M. Newman, *The Photo Pieces*, in: Richard S. Field, *Mel Bochner: Thoughts made visible 1966–1973*, catalogue: Yale University Art Gallery, New Haven 1995, p. 117

22 Ibid.

23 First version owned by the Lenbachhaus Munich; second version by the Musée National d'Art Moderne, Centre Georges Pompidou, Paris.

24 Thierry de Duve, *Dan Graham und die Kritik der künstlerischen Autonomie*, in *Dan Graham, Pavilions*, catalogue: Kunsthalle Bern 1983, pp. 50f.

25 Edith Decker, in *Nam June Paik, One Candle/ Eine Kerze*, catalogue: Portikus, Frankfurt a. M. 1989, p. 28

26 Ibid.

27 Don DeLillo, *Underworld,* New York 1997, p. 42

Michael Tarantino

Ein paar Augenblicke in der Geschichte der Filmzeit

I. PLÖTZLICH

"Die Bedeutung des Schneidens als kreativer Prozeß war vielleicht die folgenreichste Offenbarung des *Potemkin*. Die Angst auf dem Achterdeck, die Panik und der maschinenartige Mord auf der Treppe, die Spannung auf dem wartenden Schiff konnten einzig durch diese revolutionäre Schnittechnik ausgedrückt werden. Man darf nicht vergessen, daß Eisenstein bei der Arbeit an der Gesamtkomposition und der Gestaltung der Einzelbilder des *Potemkin* (...) bereits einen Großteil der schließlich erreichten Gegenüberstellungen vor Augen hatte".[1]

Jay Leyda betont, daß vor Eisenstein der Ablauf eines Filmes auf der "logischen" Entwicklung der Szenen vom Anfang bis zum Ende basierte. "Eisenstein schuf dagegen einen neuen Filmrhythmus, indem er außer mit diesem Inhalt mit Einstellungen von sehr unterschiedlicher Länge und ihrer freien assoziativen Verknüpfung arbeitete, eine Technik, die sich unmittelbar aus seinem Interesse an der Psychologie ergab".[2]
Was mir vom *Panzerkreuzer Potemkin* (1925) nach mehrmaligem Sehen am deutlichsten in Erinnerung geblieben ist, ist nicht die Szene auf der Treppe von Odessa, nicht der Kinderwagen, der inmitten des Gemetzels die Stufen hinunterrollt, nicht die zerbrochene Brille der schreienden Frau, nicht, wie die steinernen Löwen zum Leben erwachen... es ist der Untertitel, der die Treppenszene ankündigt, den emotionalen und historischen Höhepunkt des Films: PLÖTZLICH.
Es war, als ob dieses Wort, das für einen abrupten Wechsel von Ort und Zeit stand, zugleich eine andere Sehweise einleitete, die nötig sein würde, um das nun Folgende zu sehen und zu verstehen. Diese Bilder mußte man nicht nur chronologisch begreifen, sondern assoziativ. Die Vorstellung einer räumlichen und zeitlichen Kontinuität, von der man bis dahin ausgegangen war, zerbrach PLÖTZLICH in tausend Stücke. Eisensteins gezielte Verbindung von nacheinander und gleichzeitig geschehenden Ereignissen zwingt den Zuschauer, einen anderen Zeitrahmen zu konstruieren: einen, der durch die Grenzen des Films bestimmt wird und nicht durch den immer zum Scheitern verurteilten Versuch, die reale Zeit zu imitieren.

II. Ganz unvermittelt

"Es ist die gewalttätigste Szene des Films [die Duschszene in *Psycho*]. Hinterher gibt es, je weiter der Film fortschreitet, immer weniger Gewalt, denn die Erinnerung an diesen ersten Mord reicht aus, um die späteren suspense-Momente furchterregend zu machen".[3]

Dem PLÖTZLICH des *Panzerkreuzers Potemkin* entspricht in *Psycho* der Moment, in dem Marion Crane (Janet Leigh) unter der Dusche steht und man durch den Duschvorhang jemanden ins Bad kommen sieht. Ähnlich wie beim *Panzerkreuzer Potemkin* erfährt die Haltung des Zuschauers an diesem Punkt eine irreversible Veränderung. Bis dahin hat sich der Film relativ geradlinig entwickelt (eine Frau hat eine Affäre, stiehlt ein wenig Geld, flieht und sucht Unterschlupf in einem Motel), und "plötzlich" wird alles ganz anders. ("Ich glaube, das einzige, was mir gefallen hatte und mich dazu gebracht hat, den Film zu machen, war der unerwartete Mord unter der Dusche. Das ist ganz unvermittelt, und deshalb hat es mich interessiert").[4] Wir werden in einem Tempo mit Einstellungen bombardiert, das in krassem Gegensatz zu der bisherigen Langsamkeit des Filmes steht. Und die Hauptdarstellerin, der Star des Films, wird ermordet, bevor auch nur die Hälfte seiner Spieldauer vorüber ist. Und die Szene ist von einer brutalen Direktheit, auch wenn es keine Einstellung gibt, in der man sieht, wie das Messer in den Körper eindringt. Die Hand, die an den Kacheln abrutscht, der Duschvorhang, der von den Haken reißt, die Schreie, die Musik von Bernard Hermann... das alles hinterläßt beim Zuschauer einen unauslöschbaren Eindruck, läßt ihn den weiteren Verlauf des Films wie eine Reise durch eine Traumlandschaft erleben, in der die Zeit sich immer an der Möglichkeit eines weiteren unvermittelten Bilderhagels bemißt.

Wenn Hitchcock sagt, daß die Art, wie der Zuschauer die vergehende Zeit erlebt, durch die Erinnerung geprägt wird, d. h. durch die schockierende Erfahrung der Geschwindigkeit (die meist durch die Montage erreicht wird) oder durch die angenehme Erfahrung der Langsamkeit (die lange Einstellung, die Kamerabewegung), so spricht er in Wirklichkeit von einer Art Voraussicht. Wir erwarten einen bestimmten Rhythmus nach Maßgabe dessen, was wir bisher gesehen haben.

In Douglas Gordons Arbeit *24 Hour Psycho* (1993) wird dieser Vorgang in sein Gegenteil verkehrt. Der Künstler spielt dabei mit unserer Erinnerung an das Original (ähnlich wie Gus Van Sant in seinem fast originalgetreuen "Remake" von 1998), indem er den gesamten Zeitrahmen auf vierundzwanzig Stunden ausdehnt. Szenen, die wir zuvor als "langsam" erlebt haben, werden dadurch noch mehr in die Länge gezogen. "Schnelle" Szenen, wie etwa die Duschszene, werden unerträglich "langsam" und für manche Zuschauer paradoxerweise weit brutaler als im Original. Gordon zeigt, daß nicht nur eine Abfolge von schnellen Bildern den Zuschauer in einen anderen Zeitrhythmus versetzen kann: Dies geschieht vielmehr durch die Verbindung verschiedener Geschwindigkeiten und das Wechselspiel zwischen dem Film und unserer Vorstellung von dem, was kommt.

III. Geschirrspülen: Angst und Realität

"Und jetzt nur noch eine Bemerkung zum Angstproblem! Die neurotische Angst hat sich uns unter unseren Händen in Realangst verwandelt, in Angst vor bestimmten äußeren Gefahrensituationen. Aber dabei kann es nicht bleiben, wir müssen einen weiteren Schritt machen, der aber ein Schritt zurück sein wird. Wir fragen uns, was ist denn eigentlich das Gefährliche, das Gefürchtete an einer solchen Gefahrensituation? Offenbar nicht die objektiv zu beurteilende Schädigung der Person, die psychologisch gar nichts zu bedeuten bräuchte, sondern was von ihr im Seelenleben angerichtet wird".[5]

In Chantal Akermans Film *Jeanne Dielman, 23 Quai du Commerce, 1080 Bruxelles* (1975) stellt sich ein völlig anderes Zeitgefühl ein. Der Titel, der einfach aus der Adresse der Protagonistin besteht, mitsamt der Postleitzahl, läßt bereits ahnen, was einen erwartet. Akermans "Porträt" eines Lebens (Auszüge aus *Jeanne Dielman* tauchen in ihrer Videoinstallation *Self-Portrait* von 1998 wieder auf) erweitert unseren Begriff von Vollständigkeit, ja unseren Zeitbegriff selbst. Jeanne nimmt ein Bad, spült Geschirr, putzt das Haus... diese Geschehnisse, die in einer filmischen Erzählung normalerweise weggelassen oder nur stark gerafft gezeigt werden, scheinen hier in Realzeit abzulaufen.
Als ich den Film im Jahr 1975 im New Yorker Museum of Modern Art zum ersten Mal sah, verließen viele Zuschauer während der Vorführung den Saal, weil der Film ihnen zu lang (er dauert drei Stunden und zwanzig Minuten) und zu "anstrengend" war. Vielleicht war für sie nicht erkennbar, worauf das Ganze hinauslief. Vielleicht verstanden sie nicht, warum diesen "nicht narrativen" Geschehnissen so viel Bedeutung beigemessen wurde. Diejenigen jedoch, die blieben, schrien gemeinschaftlich auf, als der Film seinen Höhepunkt erreichte: als Jeanne, von der man inzwischen weiß, daß sie Prostituierte ist, einen ihrer Kunden umbringt. Dieser äußerst handlungsreiche und brutale Augenblick wirkt um so stärker, als ihm all jene statischen Momente vorausgegangen sind. Die Unruhe und Angst, die dadurch erzeugt werden, daß man drei Stunden lang die Zeit vergehen sieht, bereiten einen auf das schreckliche Ereignis vor. Es ist, als hätte ein bewußtes Verfolgen der Zeit unausweichliche Folgen: Die Angst führt zur Gewalt.

IV. Der unsichtbare Mann / Blinde Flecken

In James Colemans Arbeit *La Tache Aveugle* (1978–90) wird eine Szene aus James Whales Film *The Invisible Man* (1933) mit Hilfe zweier computergesteuerter Diaprojektoren in ein abstrakt wirkendes Bild aufgelöst. Eine Einstellung, die im Original nur den Bruchteil einer Sekunde lang ist, wird auf acht Stunden gedehnt. Zu diesem Zweck hat Coleman interessanterweise eine der – zumindest im Hinblick auf die erzählerische Funktion – unbedeutendsten Einstellungen des Films gewählt. Auf der Flucht vor den Einwohnern des Ortes betritt der unsichtbare Mann eine Scheune. Die Kamera bewegt sich an einem Pfeiler vorbei, während im Hintergrund ein Heuhafen zu sehen ist, und bleibt schließlich an der Stelle stehen, wo er sich niederlegt (was man an der Vertiefung im Heuhaufen erkennt). Den ersten Teil dieser Einstellung, bei dem man zum ersten Mal das Innere der Scheune sieht – denjenigen, den Coleman gewählt hat –, hat man schnell wieder "vergessen", da nun der Film einen überraschenden Höhepunkt erreicht.
Indem der Künstler diesen Moment, diese Einführungsaufnahme, in die Länge zieht, läßt er den Akt des Sehens selbst als problematisch erscheinen. Es ist ein Moment, der sich fast "außerhalb der Zeit" befindet. Der Künstler macht ihn zum Fetisch, indem er uns ein Bild betrachten läßt, das wir nicht lesen, nicht mit Gewißheit beschreiben können. Die Tatsache, daß sich das Bild durch eine Reihe von Überblendungen über einen Zeitraum von acht Stunden hinweg verändert, macht es noch rätselhafter. Wir erwarten, daß eine Veränderung zur Klärung beiträgt. Wir erwarten, das (nahezu) statische Bild entziffern zu können. Wir erwarten, daß unsere Fähigkeit zu sehen mit der Zeit größer wird, doch das ist nicht der Fall. Das einzige, was deutlich wird, ist der blinde Fleck darin ("la tache aveugle"): unsere Unfähigkeit, ein gegebenes Bild in seinem ganzen Umfang zu sehen oder zu verstehen.[6]

V. Ein paar Augenblicke in der Zeit

In Willie Dohertys Installation *Somewhere Else* (1998) sind auf einer der Projektionen in der Ferne die Lichter einer nächtlichen Stadt zu sehen. Wir wissen nicht, wo wir uns befinden, bis die Scheinwerfer eines Autos (die in regelmäßigen Abständen wieder auftauchen) die Straße und den Hügel erhellen, von dem man auf das nordirische Derry hinabsieht.
In Sergio Leones Film *Once Upon a Time in the West* (1968) wird im Vorspann ein relativ kurzer Augenblick auf zehn Minuten ausgedehnt, in denen man eine Bande von Killern an einem verlassenen Bahnhof auf einen Zug warten sieht.
In Michelangelo Antonionis Film *L'Avventura* (1960) verschwindet die Heldin des Films,

ohne irgendwann wieder aufzutauchen, und der Film besteht aus einer Reihe von sich dahinziehenden Suchaktionen in der Umgebung. Der Eindruck, den man hier von der vergehenden Zeit gewinnt, ist der, daß sie endlos ist. Die in diesem Fim vorgeführte Version der "Realzeit" hat fast etwas Halluzinogenes.

Der Moment in Andy Warhols Film *Empire* (1965), wenn im Empire State Building das Licht eingeschaltet wird.

Michael Snows Film *Wavelength* (1967), in dem sich während einer fünfundvierzigminütigen Kamerabewegung auf eine an der Wand hängende Fotografie zu im Off alle möglichen erzählerischen Vorgänge entfalten können.

Marguerite Duras' Film *Le Camion* (1977) mit der endlosen, jedoch faszinierenden Reihe von Gesprächen zwischen Gerard Depardieu und der Autorin und Regisseurin.

Sämtliche Dialoge in den Filmen von John Cassavetes, in denen die Figuren sich die Seele aus dem Leib reden, bis Facetten ihres Charakters deutlich werden, die in den meisten Spielfilmen künstlich und gezwungen wirken. Die Art, wie die Kamera in *Woman Under the Influence* (1974) auf Gena Rowlands' Gesicht verweilt, so daß wir die Risse unter der Oberfläche wahrnehmen, den allmählichen Zerfall ihrer Persönlichkeit mitverfolgen können.

Die erste Einstellung von Wim Wenders Film *Die Angst des Tormanns beim Elfmeter* (1972), in der man den Torwart von hinten sieht, während das Spiel vor ihm, außerhalb unseres Gesichtsfeldes abläuft. Er wartet und wartet und wartet. Man sieht seine wachsende Anspannung, als das Spiel sich wieder auf sein Tor zubewegt. Und plötzlich, völlig unvermittelt, saust der Ball an ihm vorbei ins Netz.

Oder...

VI. Mittendrin

Meine frühesten Erinnerungen ans Kino handeln nicht von bestimmten Filmen (obwohl ich mich natürlich auch an sie erinnere... *20.000 Leagues Under the Sea*, 1954*; The Ten Commandments*, 1956; der unglaublich geschmacklose Film *Tammy and the Bachelor* mit Debbie Reynolds, 1957; u.s.w.), sondern davon, wie ich nach Beginn des Films hereinkam und sitzen blieb, bis die nächste Vorstellung an dem Punkt angekommen war, an dem ich den Saal betreten hatte. Ich ging meist mit meinem Vater ins Kino, der sich aus irgendeinem Grund niemals an die Anfangszeiten hielt. "Ins Kino gehen" bedeutete ebendas: gleichsam eine spezifische Form der Erfahrung, bei der es sich jedesmal um einen anderen Film handelte und der Zeitpunkt der Ankunft und des Hinausgehens eher so gewählt wurde, daß er sich in den Tagesablauf (meines Vaters) einfügte, als nach der vorgegebenen Erzählzeit des Films.

Die Zeit des Filmes mußte daher völlig flexibel sein. Wir kamen immer mittendrin. Das U-Boot war gesunken. Moses hatte auf dem Berg mit Gott gesprochen. Tammy hatte sich verliebt. Es war immer dasselbe. Wir mußten die Zeit, die sich vor unseren Augen entfaltete, durch die vergangene Zeit ergänzen. Und dann, nachdem der Film am Ende angekommen war, mußten wir sitzen bleiben, während das Licht anging, die Leute den Saal verließen, die nächsten hereinkamen und die Vorschauen gezeigt wurden, bis der Film schließlich wieder von vorn anfing.

Dieser letzte Teil unseres Kinobesuchs war vielleicht am befriedigendsten. Denn nun sahen wir die Szenen vor uns ablaufen, von denen wir vermutet hatten, daß sie dem, was wir sahen, vorangegangen waren. Natürlich hatten wir meist richtig vorausgesagt, was wir im ersten Teil verpaßt hatten. Das ist nicht schwer, wenn man weiß, wie es ausgeht. Doch wenn wir dann den Punkt erreichten, an dem wir ins Kino gekommen, an dem wir in die Geschichte eingetreten waren, war das ein phantastisches Gefühl. Der Kreis hatte sich geschlossen. Alles hatte seinen Sinn. Die Zeit war vorhersehbar, und sie stand auf unserer Seite.

1 Jay Leyda, *Kino. A History of Russian and Soviet Film*, New York 1960, S. 196

2 Ebd.

3 François Truffaut, *Mr. Hitchcock, wie haben Sie das gemacht?,* München 1989, S. 275

4 Ebd., S. 263

5 Sigmund Freud, *Angst und Triebleben*, in: *Gesammelte Werke*, Bd. XV, Frankfurt/M. 1973, S. 99 f.

6 Colemans Verwendung des Ausdrucks "la tache aveugle" geht auf Georges Bataille zurück. Siehe dazu Denis Hollier, *Against Architecture. The Writings of Georges Bataille*, Cambridge, Massachusetts, 1989

Michael Tarantino

A Few Brief Moments of Cinematic Time

I. SUDDENLY

'The importance of cutting and editing as a creative process was perhaps the most widely recognized revelation of *Potemkin.* The sensation of fear on the quarter-deck, panic and machine-like murder on the steps, tension on the waiting ship could only have been communicated by this revolutionary cutting method. What must be remembered is that the total construction and the frame compositions of *Potemkin (...)* were gauged and carried out with most of the eventual juxtapositions in mind.'[1]

Jay Leyda goes on to say that, before Eisenstein, the progression of a film had depended on the 'logical' development of shots from beginning to end. 'Eisenstein now created a new film-rhythm by adding to this content the sharply varying lengths and free associations of the shots, a technique growing directly from his interest in psychological research.'[2]

What I remember most vividly from repeated viewings of *Battleship Potemkin* (1925) is not the Odessa Steps sequence, not the baby pram rolling down those steps amid the slaughter, not the broken glasses of the screaming woman, not the stone lions coming to life... it is the single intertitle announcing the Steps sequence, the emotional and historical climax of the film: SUDDENLY.

It was as if this word, signifying an abrupt change in space and time, also inititiated another kind of vision that would be necessary to see, to read what was to follow. One needed to follow these images not merely chronologically, but associatively. SUDDENLY, one's whole notion of spatial and temporal continuity was shattered. Eisenstein's purposeful combination of events that were happening successively and simultaneously forces the spectator to construct another time frame: one which is bound by the limits of the film and not by the always doomed attempt to mimic real time.

II. Out Of the Blue

'This [the shower sequence in *Psycho*] is the most violent scene of the picture. As the film unfolds, there is less violence because of the harrowing memory of this initial killing carries over to the suspenseful passages that come later.'[3]

Psycho's equivalent of *Potemkin*'s SUDDENLY is the moment when Marion Crane (Janet Leigh) is taking a shower and we see, through the shower curtain, a figure enter the room. Like *Potemkin*, from that moment on, our position as viewer is inalterably changed. We have been watching the film develop in a relatively straightforward manner (woman having an affair, steals some money, flees and takes refuge at a motel, etc.) and 'suddenly' everything changes. ('I think that the thing that appealed to me and made me decide to do the picture was the suddenness of the murder in the shower, coming, as it were, out of the blue'[4].) Shots are coming at us at a speed which sharply contrasts with the slow pace of the film up to that point. And the actress, the star of the film, is being killed, after less than half its running length. And, it is brutally direct, even if there is not actually a shot of the knife cutting her body. The hand slipping down the tiles on the wall, the shower curtain breaking away from its hooks, the screams, the Bernard Hermann music... all of this makes an indelible impression on the viewer, makes his/her experience of the rest of the film's narrative a voyage through a kind of dream landscape, in which time is always measured by the possibility of another violent eruption of shots.

When Hitchcock talks about the viewer's sensation of time passing being conditioned by memory, i.e. the shock of experiencing speed (usually communicated by montage) or the pleasure of experiencing slowness (the long take, the moving camera), he is really talking about a kind of anticipation. We expect a rhythm based on what we have seen.

Douglas Gordon's *24 Hour Psycho* (1993) is, of course, a reversal of this procedure. Here the artist plays on our memory of the original film (just as Gus Van Sant does in his almost shot-by-shot 'remake' (1998)) by extending the entire time frame to that of a twentyfour hour day. Thus, sequences which we have experienced as 'slow' become even more attenuated. 'Fast' sequences, such as the shower scene, become excruciatingly 'slow' with, paradoxically, the violence achieving levels of shock which, for some, may surpass the original. Gordon shows that it is not just a succession of fast images which can jolt the spectator into another time rhythm: it is the combination of speeds and the interplay between the film and where we think we are going.

III. Washing Dishes: Anxiety and Reality

'And now, only one more remark on the problem of anxiety. Neurotic anxiety has changed in our hands into realistic anxiety, into fear of particular external situations of danger. But we cannot stop there, we must take another step – though it will be a step backward. We ask ourselves what it is that is actually dangerous and actually feared in a situation of danger of this kind. It is plainly not the injury to the subject as judged objectively, for this need be of no significance psychologically, but something brought about by it in the mind.'[5]

In Chantal Akerman's *Jeanne Dielman, 23 Quai du Commerce, 1080 Bruxelles* (1975), one has a completely different sensation of time. A tip-off of what is to come may be found in the title which is simply the address of the subject of the film, complete with postal code. Akerman's 'portrait' of a life (and she would later use excerpts from *Jeanne Dielman* in her own *Self-Portrait* video installation (1998)) extends the viewer's notion of completeness, of time itself. Jeanne taking a bath, Jeanne washing the dishes, cleaning the house... these events, normally excised from film narratives or greatly reduced, seem to take place in real time.

When I first saw the film at the Museum of Modern Art in New York in 1975, many of the viewers left during the screening, unable to deal with its three hour and twenty minute length and its 'demands' on them. Perhaps they were unable to see where the narrative was leading. Perhaps they could not make sense of why these 'non-narrative' events were elevated to such an important level. Those who did stay, however, let out a collective scream at the climax of the film, when Jeanne, who has, by this time, been revealed as a prostitute, kills one of her clients. This moment of extreme action and violence is made all that more effective by the static moments that have preceded it. The anxiety produced by our watching time pass for three hours sets us up for the horrendous event that is to come. It is as if the consequences of a conscious tracking of time are inescapable: fear and anxiety lead to violence.

IV. Invisible Man / Blind Spots

In James Coleman's *La Tache Aveugle* (1978/90), a scene from James Whale's *The Invisible Man* (1933) is broken down, through the use of two, computer-driven slide projectors, into what appears to be an abstract image. A shot which, in the original film, takes a fraction of a second, is extended to eight hours. What is curious about Coleman's choice of shots is that it is, in fact, one of the least important, at least in diegetic terms, shots of the film. As the invisible man flees the townspeople, he goes into a barn. The camera moves past a column, a stack of hay in the background, finally to settle on the spot where he lays down (which we see by the indentation on the hay). The first part of this shot – when we first see the inside of the barn –, the one that Coleman has chosen, is already-'forgotten' as the narrative comes to a sudden climax.

By drawing out that moment, that establishing shot, the artist renders the very act of seeing to be problematic. It is a moment which is almost 'out of time'. The artist fetishizes it by making us regard an image we cannot read, cannot, with any degree of certainty, describe. The fact that the image is changing, through the use of a series of dissolves, over the course of eight hours, makes it even more enigmatic. We expect clarity to be a function of change. We expect to be able to decipher the (nearly) static image. We expect time to empower our sense of vision, but it does not. It only reveals our blind spot ('tache aveugle'), our inability to comprehensively see or understand a given image.[6]

V. A Few Moments in Time

In Willie Doherty's installation, *Somewhere Else* (1998), one screen shows the city lights at night in the distance. We cannot tell where we are until, periodically, the headlights of a car illuminate the road and the hill overlooking Derry, Northern Ireland.

In Sergio Leone's *Once Upon a Time in the West* (1968), the opening credit sequence extenuates a brief moment in time to ten minutes, as a gang of killers waits for the train to arrive in a deserted station.

Michelangelo Antonioni's *L'Avventura* (1960), in which the heroine disappears, is never found and the film unfolds in a series of languorous searches of the surrounding landscape. Here, one's sense of time passing is that it is endless. The film's version of 'real time' seems almost hallucinogenic.

Andy Warhol's *Empire* (1965), when the lights in the building are turned on.

Michael Snow's *Wavelength* (1967), where a forty-five minute moving camera shot into a photograph on the wall allows all sorts of narratives to develop in the space off-screen.

Marguerite Duras' *Le Camion* (1977), with the interminable, yet fascinating, series of conversations between Gerard Depardieu and the author/director.

All of John Cassavetes' conversations, in which characters talk until they are blue in the face, until they reveal facets of their personalities/characters that, in most fiction films, seem artificial and forced. The way in which the camera stays on Gena Rowlands' face in *Woman Under the Influence* (1974) allowing us to see the cracks below the surface, to witness her disintegration over time.

The opening shot of Wim Wenders' *Die Angst des Tormanns beim Elfmeter* (1972), where we watch the goaltender, from behind, as the game unfolds ahead of him, out of our sight. He waits, he waits, he waits. He tenses as the action returns to his end. And, suddenly, out of the blue, the ball whizzes by him, into the net.

Or...

VI. Stuck in the Middle

My earliest memories of going to the cinema revolve not around particular films (of course, I remember those as well... *20,000 Leagues Under the Sea* (1954), *The Ten Commandments* (1956), the incredibly insipid *Tammy and the Bachelor* (1957) with Debbie Reynolds, etc.) but of the experience of walking into a film after it had started and staying until the next show arrived the point I had entered. I usually went with my father, who, for some reason, never took account of the starting times. 'Going to the movies' was just that... a kind of generic experience in which the film would be different each time and the moment of arrival and departure was meant to fit into the day's schedule (my father's time) rather than the fixed narrative time of the film.

Thus, the film's time had to be completely flexible. We always walked in in the middle of something. The submarine had sunk. Moses had talked with God on the mountain. Tammy had fallen in love. It was always the same. We had to provide the time past for the time unfolding in front of our eyes. And then, following the film to its conclusion, we had to sit through the lights coming up, people leaving, new people coming in, previews of films to come and, finally, the film starting again.

It was this last part of our visit that was, perhaps, the most satisfying. For now we saw the scenes unfold in front of our eyes that we imagined had taken place. Most of the time, of course, we had accurately predicted what we had missed in the first part of the film. It's not so difficult when you know the end. But when we reached the point at which we had entered the cinema, entered the narrative, it was sublime. Everything had come full circle. Everything made sense. Time was predictable and it was on our side.

1 Jay Leyda, *Kino. A History of Russian and Soviet Film*, New York 1960, p. 196

2 Ibid.

3 François Truffaut, *Alfred Hitchcock*, New York 1967, p. 210

4 Ibid., p. 205

5 Sigmund Freud, *Anxiety and Instinctual Life*, in: *New Introductory Lectures on Psychoanalysis*, London 1964, p. 125 - 126

6 Coleman's use of the title, 'tache aveugle' is taken from Georges Bataille. For further reference, see Denis Hollier, *Against Architecture. The Writings of Georges Bataille*, Cambridge, Massachusetts, 1989

Irene Netta

Zeit als gestalterisches Element bei Jan Vermeer van Delft und Bill Viola

Das Phänomen "Zeit" war und ist bis heute nicht nur in der Philosophie und den Naturwissenschaften, sondern auch in der bildenden Kunst immer wieder Thema der gedanklichen Auseinandersetzung, denn sie bezeichnet ein existentielles Grundphänomen menschlichen Lebens. Der Versuch einer Definition von Zeit macht jedoch sogleich deutlich, wie schwer der Begriff zu fassen ist. Zeit bestimmt einerseits unseren täglichen Lebensrhythmus und Terminkalender, andererseits wird sie subjektiv erlebt. Das heißt, ein mit der Uhr objektiv gemessener Zeitraum kann in der subjektiven Wahrnehmung sehr kurz oder auch ausgedehnt und lang erscheinen. Zeit besitzt keine physische Existenz, sondern bezeichnet eine unsichtbare, unfaßbare Größe, die eng an das menschliche Bewußtsein und Handeln gebunden ist. Sie besitzt keinen eigenen Daseinscharakter,[1] keine eigene Gestalt, sondern zeigt sich an den Dingen selbst, wird an ihnen bzw. durch sie in unterschiedlicher Weise sichtbar. Weiterhin befindet sich Zeit in ununterbrochenem gleichmäßigen Fluß und läßt sich nicht anhalten. Obwohl wir immer nur in der Gegenwart zu leben und agieren scheinen, ist es dennoch unmöglich, den gegenwärtigen Moment festzuhalten und zu erfassen, ohne daß er nicht schon wieder der Vergangenheit angehört. Bereits Augustinus (354–398 n. Chr.) beschreibt in seinen *Bekenntnissen* von 397–398 n. Chr. zum ersten Mal in der Geschichte der abendländischen Philosophie die Problematik einer Zeit-Definition: "Was also ist Zeit? Wenn niemand mich danach fragt, weiß ich es; wenn ich es jemandem auf seine Frage hin erklären soll, weiß ich es nicht. Dennoch sage ich zuversichtlich, ich wisse, wenn nichts vorüberginge, dann gäbe es keine Vergangenheit, und wenn nichts herankäme, gäbe es keine Zukunft, und wenn gar nichts wäre, dann gäbe es auch keine Gegenwart. Aber auf welche Weise sind denn diese beiden Zeiten, die Vergangenheit und die Zukunft, wenn doch das Vergangene schon nicht mehr ist und das Zukünftige noch nicht ist? Eine Gegenwart aber, die immer gegenwärtig bliebe und nicht überginge in die Vergangenheit, wäre nicht mehr Zeit, sondern Ewigkeit."[2] An späterer Stelle heißt es weiter: "In strengem Sinne müßte man wohl sagen: Es gibt drei Zeiten, eine Gegenwart von Vergangenem, eine Gegenwart von Gegenwärtigem und eine Gegenwart von Zukünftigem. Diese drei sind nämlich in der Seele wirklich vorhanden, während ich sie anderswo nicht sehen kann: gegenwärtige Erinnerung an Vergangenes, gegenwärtiges Anschauen von Gegenwärtigem, gegenwärtige Erwartung von Zukünftigem."[3]

Die Gegenwart ist so kurz, daß sie als Grenze zwischen Vergangenheit und Zukunft nicht wahrgenommen werden kann. Eine genau definierte Trennung von Vergangenheit, Gegenwart und Zukunft kann das menschliche Zeitbewußtsein nicht vornehmen. Vielmehr vollzieht es eine

Synthese aus allen drei zeitlichen Dimensionen, wonach sich der gegenwärtige Moment aus Vergangenheit, Gegenwart und Zukunft konstituiert. Es gibt daher im eigentlichen Sinne nicht drei Zeiten, sondern nur eine, und zwar – wie auch Augustinus erklärt – die Gegenwart, die das Vergangene und das Zukünftige in sich zusammenfaßt. Martin Heidegger spricht in dem Zusammenhang von dem Phänomen der ursprünglichen Zeit. Alle drei Zeiten nennt er die drei gleichursprünglichen zusammengehörigen Ekstasen der Zeitlichkeit.[4] Dieses integrierende Zeitbewußtsein bestimmt unsere alltägliche Erfahrung von Zeit und ebenso unsere Wahrnehmung von Bildern, auch unabhängig von den neuesten Nachforschungen im Bereich der kognitiven Psychologie, die ergeben haben, daß die Gegenwart als eine Grenze zwischen Vergangenheit und Zukunft eine meßbare Größe ist und eine maximale Dauer von drei Sekunden umfaßt.[5]

Für die visuelle Wahrnehmung von Bildern sind die beschriebenen Vorgänge zeitlicher Wahrnehmung von großer Bedeutung. In der traditionellen Malerei bezeichnet der zeitliche Aspekt ein evidentes Problem. Bei Tafelbildern handelt es sich grundsätzlich um ein stillstehendes Medium, das heißt die abgebildete Darstellung bleibt unverändert, unabhängig davon, wie lange wir sie betrachten. Darin besteht ein wesentlicher Unterschied zu anderen Künsten wie etwa der Musik oder der Dichtkunst sowie zu anderen Medien der bildenden Kunst wie Film oder Video. Bei Letzteren erfolgt die Wahrnehmung inhaltlicher Zusammenhänge jeweils durch die sich in einem zeitlichen Nacheinander vollziehenden Veränderungen, das unserer sukzessiven Zeitwahrnehmung entspricht. Da eine bildliche Darstellung im Unterschied zum Film oder Video unbewegt und auf ein nur begrenztes Bildfeld beschränkt bleibt, stellt sich die besondere gestalterische Aufgabe, dennoch die Illusion von Bewegung und zeitlichen Abläufen beim Betrachter hervorzurufen. Die Schwierigkeit besteht darin, trotz simultaner Gegenwärtigkeit des Dargestellten die Vorstellung einer Ungleichzeitigkeit verschiedener Ereignisse zu erreichen und den Betrachter zum sukzessiven Verständnis der Bilderzählung anzuleiten. Das gegenwärtige Bildjetzt der Darstellung muß demnach offen sein für ein zeitliches Vorher und Nachher, folglich Vergangenheit und Zukunft mit einbeziehen. Ist dies der Fall, spricht man in der klassischen Kunstgeschichte vom sogenannten "fruchtbaren Moment". Der Begriff wurde erstmals von Gotthold Ephraim Lessing in seinem Buch *Laokoon – oder über die Grenzen in der Malerei und Poesie* (1766) verwendet, in dem er sich als einer der ersten mit der Bedeutung des zeitlichen Aspekts in der Dichtkunst im Vergleich zur bildenden Kunst auseinandersetzt. Erst in diesem Jahrhundert wurde der Begriff des fruchtbaren Moments von Ernst H. Gombrich in Anspielung auf Lessing erneut aufgegriffen.[6] Seitdem handelt es sich hier um einen feststehenden Begriff innerhalb der kunsthistorischen Diskussion zu diesem Thema. Ist der fruchtbare Moment im Bild gegeben und damit die Illusion eines Zeitkontinuums, kann man von narrativen Bildstrukturen sprechen. Die Umsetzung eines zeitlichen Nacheinanders der simultan im Bild wiedergegebenen Ereignisse geschieht mit Hilfe rein formaler, bildstruktureller Mittel. Dazu gehören zum Beispiel die Wahl des Bildausschnitts und dessen bildnerische Komposition ebenso wie die Anordnung von Figuren innerhalb eines räumlich-perspektivisch gestalteten Umfelds, ob einer Landschaft oder eines Innenraums. Die ersten Lösungen zur gestalterischen Umsetzung narrativer Bildzusammenhänge lassen sich bei den Arenafresken in Padua von Giotto (1266–1337) beobachten. Sie entstanden vermutlich zwischen 1303 und 1310. Giottos grundlegende Errungenschaften für die gesamte Malerei der nachmittelalterlichen Kunstentwicklung in Europa liegen in der Weiterentwicklung der bis dahin vorherrschenden starren und ikonenhaften Bildauffassung zu einer lebhaften, von unterschiedlicher Psychologie bestimmten Bilderzählung.[7] Mit Giotto beginnt die neuzeitliche Malerei, die in ihrem Streben nach Illusionismus und durch die Entwicklung der Zentralperspektive auch die Darstellung narrativer Bildzusammenhänge zunehmend umzusetzen vermochte. Die Zentralperspektive ermöglicht seit Beginn der Renaissance die Darstellung eines fiktiven Vorne und Hinten, von Nähe und Ferne auf der zweidimensionalen Bildfläche. An die Illusion perspektivischer Räumlichkeit ist die Vorstellung von Bewegungsabläufen gebunden, die nicht nur parallel zur Bildfläche ablaufen, sondern im Raum und damit auch in der Zeit wahrgenommen werden können.[8]

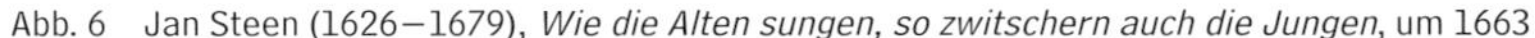

Abb. 6 Jan Steen (1626–1679), *Wie die Alten sungen, so zwitschern auch die Jungen*, um 1663

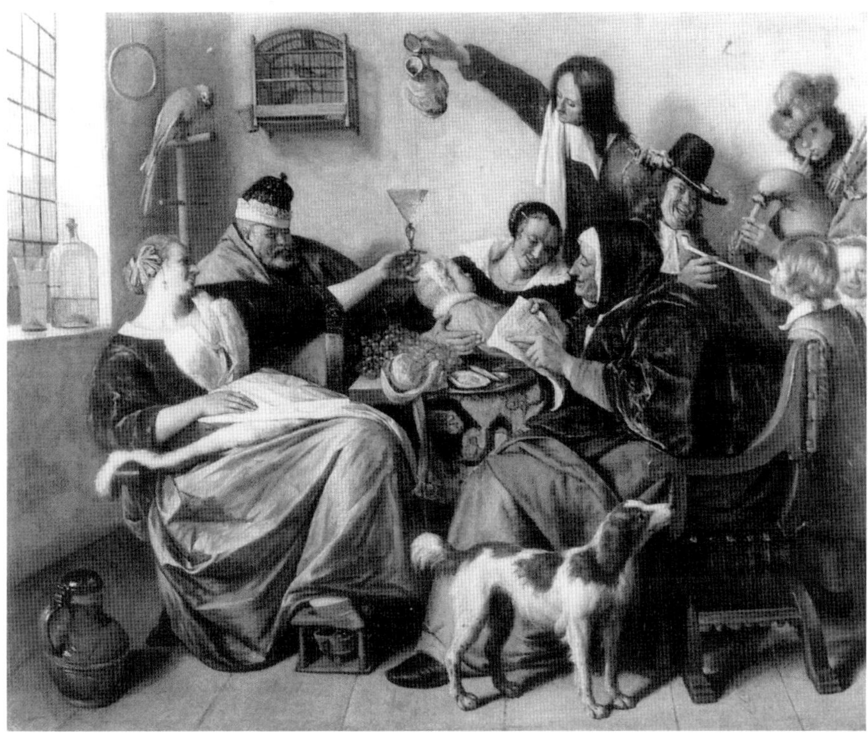

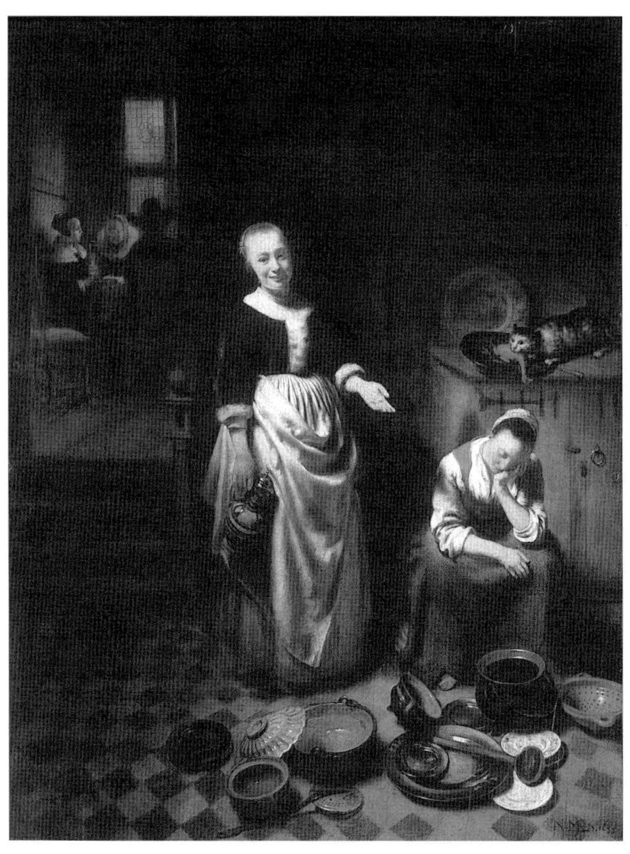

Abb. 7 Nicolaes Maes, *Schlafende Magd*, ca. 1655

Wirft man einen Blick auf die holländische Genremalerei des 17. Jahrhunderts, erweist sich vor allem der narrative Aspekt als ein Wesensmerkmal dieser Epoche. In den Bildern von Jan Steen (1639–1679) oder Adriaen Brouwer (1605/06–1638) singen und feiern die Menschen, sind laut und flegelhaft, und bringen den Haushalt in große Unordnung (Abb. 6). Als Betrachter meint man die lautstarken betrunkenen Stimmen herauszuhören und die verrauchte, schlechte Luft des dargestellten Innenraums einzuatmen. Ruhiger, jedoch nicht weniger anekdotenreich erscheinen demgegenüber Darstellungen von Künstlern wie Pieter de Hooch, Gerard Terborch oder Nicolaes Maes. Sie zeigen Menschen in gepflegtem häuslichem Ambiente im Gespräch oder beim gemeinsamen Musizieren, oder Frauen, die mit den Kindern und dem Haushalt beschäftigt sind. Die holländischen nördlichen Provinzen der Niederlande hatten sich im 17. Jahrhundert von den von Spanien besetzten südlichen Provinzen abgespalten und eine eigene Republik gegründet. Das politische sowie gesellschaftliche Leben wurde seitdem nicht mehr von der katholischen Kirche und der Monarchie geprägt, sondern von einem calvinistisch-protestantisch orientierten Bürgertum, das durch den florierenden Handel mit Ländern in der ganzen Welt und seiner großen Seemacht sehr wohlhabend geworden war.[9] Aufgrund dieser in Europa einzigartigen politischen und kulturellen Situation veränderte sich auch die Kunstlandschaft. Als Auftraggeber traten nicht mehr Adel und Kirche auf, sondern Bürger, Gilden und andere Verbände, weshalb für religiöse Bildmotive nur noch wenig Interesse bestand.[10] Statt dessen konzentrierte sich die Aufmerksamkeit auf die Geschehnisse des alltäglichen Lebens. Dabei entwickelten die Künstler eine auffallend detailgenaue Beobachtungsgabe für die sie umgebenden Dinge, unabhängig ob es sich um Obst, Blumen oder wertvolle Textilien und andere Materialien handelt. Eingebunden sind all diese Schätze des Alltags in detailreiche Bilderzählungen, wie das Bild *Schlafende Magd* von Nicolaes Maes beispielhaft veranschaulichen mag (Abb. 7). Der narrative Handlungszusammenhang ergibt sich aus der Komposition, wonach die im Bildvordergrund stehende Hausfrau aus dem im Hintergrund durch die geöffnete Tür sichtbaren Wohnraum und von der dort sitzenden Gesellschaft in die Küche eingetreten ist, um neuen Wein zu holen. Dabei entdeckt sie die über ihrer Arbeit eingeschlafene Küchenmagd. Zahlreiche Teller und Töpfe liegen noch unaufgeräumt auf dem Fußboden verstreut und auf dem Küchentisch stiehlt unbeobachtet eine Katze ein Hühnchen vom Teller. Der vielsagende Gesichtsausdruck der Hausfrau sowie deren Handbewegung stellen den zuvor erwähnten fruchtbaren Moment im Bild dar, in dem ein zeitliches Vorher und Nachher in die gegenwärtige Handlung mit einfließen. Die Illusion eines kontinuierlichen Handlungsablaufs ist gegeben, eingebunden in einen faszinierenden narrativen Detailreichtum.

Innerhalb dieses künstlerischen Umfelds bildet der aus Delft stammende Maler Jan Vermeer (1632–1675) eine auffallende Ausnahme. Zwischen den anekdotenreichen Darstellungen seiner Zeitgenossen erscheinen seine Bilder außergewöhnlich still und unzugänglich. Zwar wählt auch Vermeer alltägliche Lebenssituationen als Bildmotiv, wie zum Beispiel das Brieflesen, Milchausgießen oder die tägliche Toilette vor dem Spiegel, aber er bindet sie nicht in einen narrativen Bildkontext ein. Im Gegenteil, die dargestellten Szenen erscheinen isoliert und trotz des schlichten Sujets der Alltagswelt entrückt. Wodurch entsteht dieser widersprüchliche Bildeindruck zwischen Inhalt und formaler Gestaltung?

Der Verzicht auf eine vordergründig ablaufende Bilderzählung lenkt die Aufmerksamkeit über das Bildmotiv hinaus auf die künstlerische Gestaltung. Die Faszination, die Vermeers Gemälde auch heute noch beim Betrachter hervorrufen, liegt nicht im Sujet selbst, sondern in der rätselhaften Hermetik und bewegungslosen Stille seiner Darstellung begründet. Das gilt nicht nur für seine Interieurbilder, sondern ebenso für die Außenansichten *Kleine Straße* oder die berühmte *Ansicht von Delft* (Abb. 8). Der Blick über den Hafen auf die Stadt erscheint hier idyllisch ruhig und geisterhaft still zugleich. Der erste Eindruck einer topographisch genauen Wiedergabe der Stadtsilhouette täuscht. Das läßt sich nicht nur anhand vergleichbarer Ansichten der Stadt Delft aus dieser Zeit feststellen,[11] sondern auch aufgrund der ungewöhnlichen Stille vermuten. Der täglich stark bevölkerte, laute und geschäftige Delfter Hafen stellt sich auf dem Bild von Vermeer wie ausgestorben dar. Kein Laut ist zu hören, nur wenig Schiffe haben angelegt und selbst das ruhige Wasser deutet auf keine zu erwartende Veränderung der gegebenen Situation. Die harmonische Feiertagsstimmung, die Vermeer in seinem Bild beschreibt, erweist sich als untypisch für diesen ansonsten so lebendigen Ort. Es hat sie so nie gegeben. Technische Untersuchungen des Gemäldes haben ergeben, daß Vermeer entscheidende kompositorische Veränderungen nachträglich vorgenommen hat,[12] die die Topographie des Stadtbilds zugunsten seiner eigenen Bildidee korrigieren, das heißt den Eindruck bewegungsloser Stille und Abgeschlossenheit zusätzlich intensivieren.

Ähnliche Veränderungen haben Röntgenaufnahmen des Bildes *Brieflesende Frau am offenen Fenster* (Abb. 9) aufgedeckt. Das Bild zeigt eine junge Frau, die allein in der Ecke eines Raumes vor einem geöffneten Fenster steht und einen Brief liest. Ihr Blick konzentriert sich ganz auf die Zeilen des Schreibens. Den Eindruck gedanklicher Versunkenheit unterstreicht Vermeer durch die Spiegelung ihres Gesichts in der geöffneten Fensterscheibe. Der Betrachter erfährt jedoch weder etwas über den Inhalt des Briefes noch über die Identität der Frau. Er darf nicht teilnehmen an ihren Gedanken und bleibt ungeahnter Beobachter der Szene. Ein ursprünglich an der kahlen Wand im Hintergrund vorgesehenes Bild im Bild mit der Darstellung eines Amors, der als solcher einen unmißverständlichen Hinweis auf den Inhalt des Briefes gegeben hätte, wurde von Vermeer wieder übermalt.[13] Statt dessen erscheint ein Vorhang als Trompe-

Abb. 8 Jan Vermeer van Delft , *Ansicht von Delft,* 1660–61

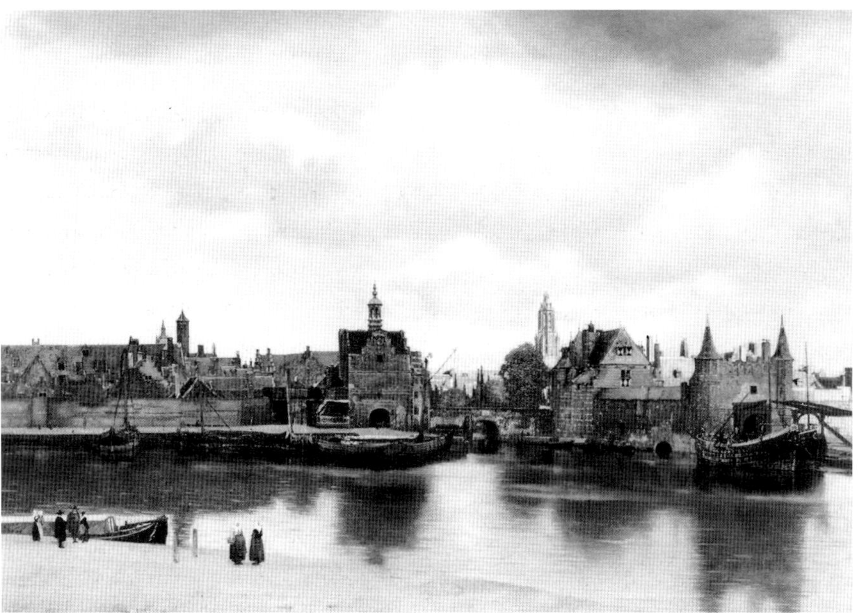

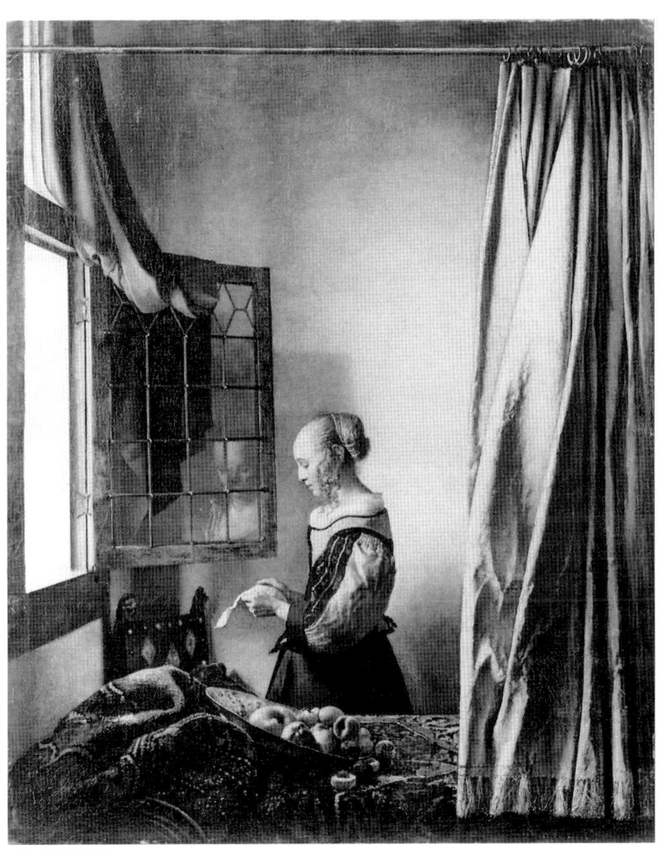

Abb. 9 Jan Vermeer van Delft, *Brieflesendes Mädchen am offenen Fenster*, 1657

l'oeil-Motiv auf der rechten Bildseite, die Wand selbst bleibt leer. Die im Raum verteilten Gegenstände und Möbel bestimmen zwar das räumliche Ambiente, lassen jedoch ebenfalls keine Rückschlüsse hinsichtlich inhaltlicher Aspekte zu. Vermeer verwendet sie vielmehr dazu, die räumliche Situation im Sinne seiner eigenen Bildidee zu gestalten. Er wählt einen nur kleinen Bildausschnitt, den er mit dem Stuhl, dem Tisch mit dem gemusterten Teppich, den beiden Vorhangmotiven oder dem geöffneten Fenster fast ganz ausfüllt und für die Frau kaum Bewegungsspielraum frei läßt. Zudem ist die ganze Komposition vorwiegend bildparallel angeordnet, wodurch sich der Eindruck des statisch Unbeweglichen noch erhöht. Sogar das geöffnete Fenster ermöglicht keinen Blick ins Freie auf die Straße oder andere Häuser und scheint auch keinen Laut von draußen hereinzulassen. So unterbindet nicht allein das Motiv des Brieflesens, das von sich aus keiner sichtbaren Bewegung bedarf, sondern auch die von Vermeer gestaltete räumliche Situation die Vorstellung und Möglichkeit zusätzlicher bildinterner Bewegungs- und Handlungsabläufe. Zudem verdeckt Vermeer wichtige perspektivische Orientierungspunkte wie die Zimmerecke durch den Stuhl, den Vorhang und das geöffnete Fenster, und verzichtet auf die Einbeziehung der Decke und des Fußbodens. Das räumliche Gefüge im Sinne eines Raum-Zeit-Kontinuums wird dadurch gestört. Das gilt auch für das Vorhangmotiv auf der rechten Seite. Es fällt auf, daß dieser Vorhang nicht der bildinternen Räumlichkeit angehört, sondern in Form eines Trompe-l'oeils den Eindruck erwecken soll, vor dem eigentlichen Bild zu hängen. Die Vorhangstange erscheint nicht im dargestellten Raum angebracht, sondern reicht rechts und links über den Bildrand hinaus. Die Länge des Vorhangs entspricht genau der Höhe des Bildes, wodurch die optische Täuschung entsteht, er sei Teil unseres Betrachterraumes. In Holland waren solche Bildvorhänge, vergleichbar einem Fenstervorhang, durchaus üblich. Sie dienten dazu, Bilder vor Licht und Schmutz zu schützen, oder aber sie nur an bestimmten Tagen zu zeigen. Diesen Trompe-l'oeil-Effekt nutzt Vermeer für eine erneute Irritation innerhalb des bildlichen Raum-Zeit-Gefüges. Obwohl der Vorhang außerhalb des Bildes zu hängen scheint, wird er dennoch von dem durch das geöffnete Fenster einströmende Licht der Darstellung dahinter, der er eigentlich nicht angehört, hell beleuchtet. Die doppelt angelegten, kompositorisch getrennten Raumschichten verschieben sich dadurch wieder ineinander. Eine weitere perspektivische Unklarheit birgt die Spiegelung des Gesichts der Briefleserin in der geöffneten Fensterscheibe, die nicht perspektivischen Gesetzmäßigkeiten entspricht. Der Winkel, in dem das Fenster offen steht, erlaubt keine frontale Spiegelung der in Profilansicht vor uns stehenden Frau. Für ein solches Spiegelbild, wie wir es vor uns haben, müßte die Frau vom Betrachter weit mehr ab- und dem Fenster zugewandt erscheinen. Röntgenaufnahmen des Bildes konnten auch an dieser Stelle nachträglich von Vermeer vorgenommene Veränderungen feststellen, die bestätigen, daß er sich der perspektivischen Unstimmigkeiten bewußt war.[14] Diese verschiedenen Beobachtungen machen deutlich, daß Vermeer einen Innenraum – ähnlich der Außenansicht des Delfter Hafens – durch eigene künstlerische Maßnahmen inszeniert, die nicht mit den tatsächlichen Gegebenheiten übereinstimmen. Die auf den ersten Blick in sich schlüssige Bildkomposition wird in ihrer räumlichen und zeitlichen Plausibilität unterbrochen, die räumliche Orientierung und das Zeitbewußtsein des Betrachters gestört. Lichtführung und perspektivische Anordnung nutzt Vermeer, um eine eigene Bildrealität zu schaffen, die nur scheinbar der Alltäglichkeit und den damit verbundenen zeitlichen Modalitäten entspricht.

Durch die beschriebenen kompositorischen Maßnahmen sowie durch den Verzicht auf Narration manipuliert Vermeer die Zeitwahrnehmung des Betrachters. Der dargestellte Augenblick beinhaltet keine zu erwartenden Veränderungen, die ein zeitliches Vorher und Nachher andeuten, sondern er bleibt unverändert immer gleich, wodurch sich eine zeitliche Assoziation verliert und vielmehr der Eindruck von unbegrenzter Dauer entsteht. Der fruchtbare Moment, wie er bei dem Bild von Nicolaes Maes zu beobachten war, ist bei Vermeer nicht gegeben. Aus diesem anschaulichen Phänomen resultiert die hohe Konzentration und Dichte, die dieses Bild ebenso wie die *Ansicht von Delft* in besonderer Weise auszeichnet und die Alltäglichkeit der abgebildeten Gegebenheiten zugleich als unwirklich erscheinen läßt. Beide Darstellungen vermitteln unabhängig vom jeweiligen Motiv den Eindruck meditativer Stille und zeitlicher Ausdehnung. Im Unterschied zu seinen Zeitgenossen möchte Vermeer in seinen Bildern nichts erzählen, sondern ein Geschehen oder einen Ort in seiner Zuständlichkeit beschreiben. Der Faktor Zeit bezeichnet daher einen wichtigen Schlüssel für das Verständnis dieser Bilder. Die innerbildliche Zeitstruktur entspricht hier nicht einer ablaufenden und vergänglichen, sondern einer sich stetig in gleichbleibender Wiederholung befindlichen, dauerhaften Zeit. Nicht das vordergründig gegebene Motiv, sondern dessen künstlerische Umsetzung ins Bild und die damit verbundene Permanenz des Geschehens bezeichnen den eigentlichen Sinngehalt und entheben die Darstellung ihrer nur scheinbaren Alltäglichkeit.

Medien des bewegten Bildes wie Film oder Video können im Unterschied zum Tafelbild Zeitlichkeit als realen Prozeß umsetzen. Sie erfordern demzufolge auch eine andere Rezeption. Durch die schnelle Abfolge von Bildern, die sich ständig verändern, ist es möglich, narrative, in der Zeit ablaufende Handlungszusammenhänge zu vermitteln. Film besteht aus einer Vielzahl von Bildern, die nicht einzeln, sondern als Sequenz wahrgenommen werden, und die aufgrund ihrer kontinuierlichen Abfolge Bewegungs- und Zeitabläufe wiedergeben. Die visuelle Aufmerksamkeit gilt demnach in erster Linie dem Nacheinander dieser Bilder, das heißt den jeweils sich vollziehenden Veränderungen von einem Bild zum nächsten und den daraus sich erschließenden Erzählstrukturen. Demgegenüber verhält es sich bei der Wahrnehmung eines Gemäldes umgekehrt. Hier bedarf es eines schöpferischen Sehens, bei dem der Betrachter die imaginative Leistung erbringen muß, aus der stillstehenden simultan gegebenen Darstellung im Geiste einen Prozess sukzessiv ablaufender Bilder selbst zu entwickeln. Im Unterschied zum Tafelbild unterstützt der Film bzw. das Video nicht die illusionistische Strategie des fruchtbaren Moments. Der Augenblick tritt beim bewegten Bild des Films hinter der fortlaufenden Erzählstruktur zurück, während sich die Narration beim Tafelbild erst im dargestellten Augenblick erschließt. Beim Film bzw. Video laufen ebenso viele Augenblicke wie Bilder hintereinander vor unseren Augen ab, wodurch das einzelne Bild als solches nicht dieselbe Bedeutung hinsichtlich narrativer Sinnzusammenhänge besitzt wie der fruchtbare Moment beim Tafelbild. Wird ein Film angehalten, erscheint das dann zu sehende Bild erstarrt, wie eingefroren und statisch, da es als Teil einer kontinuierlichen Bildersequenz ein zeitliches Vorher und Nachher nicht mit einbezieht, nicht als autonomes Bild gestaltet ist. Das haben erstmals die von Eadweard Muybridge (1830–1904) seit 1872 durchgeführten fotografischen Experimente nachgewiesen, bei denen die einzelnen Phasen des schnellen Bewegungsablaufs zum Beispiel eines galoppierenden Pferdes fotografisch dokumentiert wurden.[15] Jede Aufnahme zeigt einen einzelnen Bewegungsmoment, den man mit dem bloßen Auge nicht wahrnehmen kann. Er ist zu kurz, um im Gedächtnis einzeln registriert zu werden, weshalb der Bewegungsablauf eines galoppierenden Pferdes ebenfalls nur als kontinuierliche Sequenz wahrgenommen werden kann.

Muybridges Fotografien boten daher wichtige wahrnehmungstheoretische Erkenntnisse. Sein damals erhobener Vorwurf, Edgar Degas habe seine galoppierenden Pferde "falsch" gemalt, erweist sich jedoch nur als bedingt gerechtfertigt. Degas malte entsprechend der uns gegebenen Wahrnehmungsmöglichkeiten und nicht mit einem fotografischen Auge. In seinen Gemälden gestaltete er den fruchtbaren Moment als eine sämtliche Bewegungsphasen einbeziehende Bildgegenwart.

Um eine ganz andere und ungewohnte Wahrnehmung bewegter Bilder geht es in der Videoinstallation *The Greeting* von Bill Viola von 1995 (S. 101 ff.). Wie im Titel angedeutet, zeigt sie eine Begrüßungsszene zwischen zwei Frauen, der eine dritte Frau beiwohnt. Die Szene spielt sich auf einer nicht näher bestimmten Straße ab, wobei die Kameraeinstellung, ähnlich einem Tafelbild, unbewegt auf immer denselben Ort gerichtet bleibt. Zudem holt sie die sich dort abspielende Szene so nah heran, daß die drei Frauengestalten den Bildausschnitt fast ganz ausfüllen und nur wenig von ihrer städtischen Umgebung sichtbar wird. Zunächst sehen wir rechts in Profilansicht eine ältere Frau in weiten Kleidern im Gespräch mit einer jüngeren Frau, die frontal dem Betrachter gegenübersteht. Zu ihnen stößt von links eine dritte, ebenfalls junge und offensichtlich schwangere Frau hinzu. Das Erscheinen der hinzugetretenen Frau unterbricht das Gespräch der beiden anderen. Während sich die beiden Frauen im Vordergrund herzlich begrüßen und umarmen, tritt die dritte Frau als Zeugin des Wiedersehens immer stärker in den Hintergrund. Dabei wird kein Wort gewechselt. Viola unterlegt die Szene statt dessen mit einem neutralen, windähnlichen Rauschen. Die bildliche Wahrnehmung wird auf diese Weise nicht durch zusätzliche akustische Einflüsse gestört. Das Rauschen isoliert vielmehr das Geschehen, hüllt es in eine ganz bildeigene Sphäre. Hinzu kommt eine weitere gestalterische Abweichung vom herkömmlichen Film, die die Rezeption des vor uns ablaufenden bewegten Bildes wesentlich beeinflußt und verändert. Bei normalem Filmtempo würde die beschriebene Begrüßungsszene keine fünfundvierzig Sekunden dauern. Viola verlangsamt jedoch die Bildsequenzen des Films und dehnt die an sich kurze Szene auf zehn Minuten aus. Damit die Bilder dennoch nicht an Qualität und Schärfe verlieren, filmt er mit dreihundert Bildern pro Sekunde anstatt den sonst üblichen vierundzwanzig Bildern.[16] Obwohl es sich um ein bewegtes und in einem zeitlichen Kontiuum ablaufendes Bildgeschehen handelt, erfordert es in seiner zeitlichen Ausdehnung vom Betrachter ein bildnerisches und kein filmisches Sehen. Durch die extreme Verlangsamung der Handlung können die sich vollziehenden Veränderungen kaum wahrgenommen werden. Die filmischen Bilder erscheinen wie stillstehend und erinnern eher an die Gegebenheiten eines Tafelbildes. Der narrative Zusammenhang löst sich auf, wodurch sich die Aufmerksamkeit des Betrachters weniger auf die Erzählung als vielmehr auf die kompositorischen Details, auf die unmerkliche Veränderung der Licht- und Windverhältnisse und auf die unterschiedliche Psycholgie der drei Frauen konzentriert. Durch die zeitliche Ausdehnung vereinzeln sich die verschiedenen Reaktionen der Frauen und vermitteln sich durch deren Mimik und Gestik dem Betrachter sehr eindringlich. Die beiden sich begrüßenden Frauen zeigen große Freude, während die das Geschehen beobachtende Frau eher irritiert wirkt, bis sie erst ganz am Schluß mit einbezogen wird und sich ihre Gesichtszüge entspannen. Der argwöhnische Blick zeugt davon, daß sie als unbeteiligte Zeugin von dem Anlaß der Wiedersehensfreude der beiden anderen Frauen nichts weiß. Der außenstehende Betrachter befindet sich in einer ähnlichen Situation, denn auch er kennt die Hintergründe nicht. Alle drei Frauen bleiben anonym und der Titel läßt ebenfalls keine weiteren Rückschlüsse zu. Die Kleidung, Frisuren sowie die Straße entsprechen heutigen Gegebenheiten und deuten auf kein historisches Ereignis. Dennoch läßt die ungewöhnliche künstlerische Umsetzung des vor uns ablaufenden und zugleich still stehenden Geschehens mehr vermuten. Die unserer alltäglichen Erfahrung von zeitlicher Kontinuität fremde und dadurch irritierende Verlangsamung der Handlung weist in ähnlicher Weise wie bei den Gemälden Vermeers über das nur vordergründig zu sehende Motiv hinaus. Durch das die Projektion begleitende Rauschen verstärkt, vermittelt die Videoarbeit von Viola den Eindruck des Unwirklichen, Mystischen. Was verbirgt sich hinter dieser Begrüßungsszene? Was bedeutet die deutlich thematisierte Schwangerschaft? Was verbindet die beiden "ungleichen" Frauen?

Ohne ausdrücklich darauf zu verweisen, bezieht sich Viola in seiner Videoarbeit *The Greeting* auf ein Gemälde aus dem 16. Jahrhundert. Als kompositorische Vorlage dient das Altarbild *Die Heimsuchung* des italienischen Malers und Manieristen Jacopo Pontormo (1494–1557), das ca. 1528/29 entstanden ist.[17] Die Darstellung zeigt das im Neuen Testament bei Lukas 1, 39–56 beschriebene Geschehen der Begegnung von Maria und Elisabeth im Beisein zweier Zeuginnen. Für sein großformatiges Altargemälde wählt Pontormo einen nur sehr engen Bildausschnitt, wodurch das Bildfeld von den vier Frauengestalten fast ganz ausgefüllt wird. Ein architektonisches Ambiente im Hintergrund erscheint nur angedeutet. Die Bildszene bestimmt das Aufeinanderzugehen der jungen Maria links und der älteren Elisabeth rechts, die bereits beide einen Arm um den der anderen gelegt haben und sich, um das heilige Wunder ihrer Schwangerschaften wissend, freudig in die Augen sehen. Die beiden anderen Frauen begleiten die Szene, blicken aus dem Bildfeld heraus und beziehen auf diese Weise den Betrachter in das Geschehen als weiteren Zeugen mit ein.

Die Videoarbeit *The Greeting* von Viola stellt sich als eine diesem Gemälde vergleichbare Komposition dar. Der Bildausschnitt ist ähnlich gewählt und von den Frauenfiguren bestimmt, wobei Viola auf eine Zeugin verzichtet und nur drei Frauen auftreten läßt. Pontormos stillstehende Darstellung übersetzt Viola in ein bewegtes Bild. Obwohl der Bildausschnitt der statischen Kamera immer derselbe bleibt, vollzieht sich das Zusammentreffen der beiden Frauen – vielleicht sind auch hier Maria und Elisabeth gemeint – bei Viola als beweglicher Handlungsablauf auf der projizierten Bildfläche, wenngleich einem sehr ausgedehnten. Der fruchtbare Moment bei Pontormo, in dem in der gegenwärtigen Darstellung alle vorhergehenden und nachfolgenden Handlungsabläufe simultan zusammentreffen, scheint zurückübersetzt in eine tatsächlich vor uns zeitlich nacheinander ablaufende Handlung. Durch deren Verlangsamung jedoch nähert sich das von Viola an eine Wand projizierte Videobild dem originalen Gemälde Pontormos an. Im Unterschied zu Pontormo gibt Viola seiner Arbeit jedoch nicht den auf die Erzählung bereits hinweisenden Titel *Die Heimsuchung*, sondern bezeichnet sie einfach als Begrüßung, wonach es sich auch um eine ganz alltägliche Szene handeln könnte. Er verzichtet auf einen konkreten Titel und somit auf die Eindeutigkeit der biblischen Geschichte, wie sie bei Pontormo gegeben ist, um den Betrachter nicht von vorneherein in seiner Bildwahrnehmung zu beeinflussen und festzulegen.

Die Faszination von Violas Videoarbeit gründet sich in eben diesem Spannungsverhältnis von alltäglichem Geschehen und christlich-religiösem Ereignis, sowie von einer zeitlich kontinuierlich ablaufenden Erzählstruktur und deren extremer Ausdehnung, die den Film wiederum als Bild erscheinen läßt. Augenblick und Narration verbinden sich hier in ungewohnter Weise und bleiben nicht ohne Auswirkung auf den inhaltlichen Aspekt. Denn ist es nicht gerade die ungewöhnliche Zeitgestalt, die den Betrachter irritiert und die ihn hinter der nur vordergründig ablesbaren Alltäglichkeit des Motivs mehr vermuten läßt? Diese Überlegungen führen wieder zurück zu den Bildern von Jan Vermeer. Der Faktor Zeit erweist sich bei Jan Vermeer ebenso wie bei Bill Viola als wesentliches gestalterisches Element im Bild bzw. Film. Der Sinngehalt der hier vorgestellten Arbeiten beider Künstler erschließt sich durch die Analyse der jeweils gegebenen innerbildlichen Zeitstruktur. Beide Künstler arbeiten mit der Zeit, indem sie sie im Sinne ihrer jeweiligen Bildidee verändern und somit der alltäglichen Zeiterfahrung entziehen. Der Bruch, der dadurch zwischen Betrachterrealität und Bildrealität entsteht, lenkt die Aufmerksamkeit über das vordergründige Geschehen der jeweiligen Darstellung hinaus, wodurch sich die Begrüßung von Viola nicht allein als solche darstellt, sondern eben doch auch als eine Heimsuchung.

1 Vgl. Ernst Cassirer, *Philosophie der symbolischen Formen*, Darmstadt 1954, Kap. IV, S. 189 ff

2 Aurelius Augustinus, *Bekenntnisse*, Stuttgart 1989, 11. Buch, Kap. XIV.17, S. 314

3 Augustinus, siehe Fußnote 2, Buch 11, Kap. XX.26, S. 320

4 Martin Heidegger, *Sein und Zeit*, Tübingen 1984, Kap. 6, § 81, S. 240

5 Siehe hierzu: *Warum dauert die Gegenwart drei Sekunden Herr Pöppel?*, Ernst Pöppel in einem Interview mit Heribert Klein, in: Magazin der *Frankfurter Allgemeinen Zeitung* vom 31.12.1998

6 Ernst H. Gombrich, *Der fruchtbare Moment. Vom Zeitelement in der bildenden Kunst*, in: *Bild und Auge. Neue Studien zur Psychologie der bildlichen Darstellung*, Stuttgart 1984, S. 40-62

7 Vgl. hierzu Max Imdahl, *Über einige narrative Strukturen in den Arenafresken Giottos*, in: *Geschichte – Ereignis und Erzählung*, Hrsg. Reinhard Kosellek und Wolf-Dieter Stempel, München 1973, S. 155 - 173, erschienen als Vorabdruck zu seinem 1980 in München erschienenen Buch *Giotto – Arenafresken. Ikonographie, Ikonologie, Ikonik*. Siehe außerdem: Götz Pochat, *Bild – Zeit. Zeitgestalt und Erzählstruktur in der bildenden Kunst von den Anfängen bis zur frühen Neuzeit*, Wien 1996

8 Vgl. Rudolf Arnheim, *Kunst und Sehen. Eine Psychologie des schöpferischen Auges*, Berlin 1965, S. 235

9 Siehe hierzu Svetlana Alpers, *Kunst als Beschreibung. Holländische Malerei des 17. Jahrhunderts*, Köln 1985, sowie Simon Schama, *Überfluß und schöner Schein. Zur Kultur der Niederlande im Goldenen Zeitalter*, München 1988

10 Die wichtigste Ausnahme bildet in dem Zusammenhang das Oeuvre Rembrandts.

11 Vgl. hierzu die Recherchen von Arthur K. Wheelock und C.J. Kaldenbach, *Vermeer's View of Delft and his Vision of Reality*, in *Artibus et Historiae*, no. 6, 1982, S. 9 - 35; außerdem Arthur K. Wheelock, *Pentimenti in Vermeer' s Paintings: Changes in Style and Meaning*, in: *Holländische Genremalerei im 17. Jahrhundert* (Symposium 1984), Hrsg. H. Bock und Th. W. Gaethgens, *Jahrbuch Preußischer Kulturbesitz*, Sonderheft 4, Berlin 1987, S. 385 - 412; sowie *Vermeer*, Ausst. Kat. National Gallery of Art Washington und Mauritshuis Den Haag, Hrsg. Arthur K. Wheelock, Stuttgart, Zürich 1995, S. 120 ff

12 Siehe Jørgen Wadum, *Vermeer illuminated*, Mauritshuis Den Haag 1995, S. 30 - 41

13 Siehe Anneliese Mayer-Meintschel, *Die Briefleserin von Jan Vermeer van Delft – Zum Inhalt und zur Geschichte des Bildes*, in: *Jahrbuch der Staatlichen Kunstsammlungen Dresden 11*, 1978/79, S. 91 - 99

14 Vgl. Arthur K. Wheelock, *Jan Vermeer*, London 1988, S. 58/60 und S. 28

15 Diese Aufnahmen wurden zum Teil 1887 in *Animal Locomotion* veröffentlicht. Vgl. hierzu G. Hendricks, *Eadweard Muybridge. The father of the motion picture*, London 1975

16 Siehe *Being and Time: The Emergence of Video Projection*, Ausst. Kat. Albright-Knox Art Gallery Buffalo, New York 1996, S. 66

17 Das Altarbild hängt in der Pfarrkirche von Carmignano bei Florenz, Italien.

Irene Netta

Time in the Work of Jan Vermeer and Bill Viola

The concept 'time' has been a recurrent subject of debate not only in philosophy and the natural sciences, but also in the visual arts, for it denotes a basic phenomenon of human existence. Any attempt at defining time immediately makes apparent, however, how difficult the notion is to comprehend precisely. On the one hand, time determines the rhythm of our daily lives in objective terms, in the form of appointments and the like; on the other, we experience it subjectively, since a certain period of time may appear far shorter or longer than it is in terms of objective measurement. Time is an invisible but none the less intimate part of human consciousness and actions. It has no existential character of its own,[1] no form of physical presence, but reveals itself instead in relation to things, which render it perceptible in various ways. Moreover, the flow of time is steady and uninterrupted: it cannot be halted. Although we always seem to live and act in the here-and-now, it is impossible for us to stop the present moment, to grasp it without it immediately becoming part of the past. In his *Confessions*, written in 397–398, Saint Augustine (354–398) drew attention for the first time in Western philosophy to the difficulty of defining time: 'What then is time? If no one asks me, I know: if I wish to explain it to one that asketh, I know not: yet I say boldly that I know, that if nothing passed away, time past were not; and if nothing were coming, a time to come were not; and if nothing were, time present were not. These two times then, passed and to come, how are they, seeing the past now is not, and that to come is not yet? But the present, should it always be present, and never pass into time past, verily it should not be time, but eternity.'[2] Later, Augustine states: 'It might be properly said: there be three times; the present of things past, a present of things present, and a present of things future. For these three do exist in some sort, in the soul, but otherwhere do I not see them; present of things past, memory; present of things present, sight; present of things future, expectation.'[3]

The present is so brief that it cannot be perceived as a border between past and future. Indeed, human beings' perception of time does not equip them to define precisely what separates past, present and future from one another. Instead, their perception results in a synthesis of all three temporal dimensions in which the present moment is made up of past, present and future. Hence, there are not really three times, but, as Augustine recognized, one – the present that encompasses the past and the future. In this connection Martin Heidegger talks of the phenomenon 'original time'. He calls all three times the equally original ecstasies of temporality, which belong together.[4] This integrated and integrating notion of temporality governs our daily experience of time as well as our perception of images, irrespective of recent research in the field of perceptual psychology according to which the border between past and future is indeed measurable, lasting a maximum of three seconds.[5]

These aspects of temporal perception are of great significance in the visual apprehension of images. The element of time evidently posed a problem for traditional painting. Images attached to surfaces are by nature fixed – they remain unchanged, however long we look at them. That distinguishes them both from other art forms, such as music and poetry, and from other types of visual art. Among the latter are film and video, in which content is perceived as a succession of changes that corresponds to our sequential perception of time. Since painted images, unlike films and videos, are immobile and restricted to a particular surface, to give the viewer an impression of movement and sequences in time is a quite specific artistic task. The difficulty of that task lies in achieving the illusion of different events taking place at different times, leading the viewer to perceive a narrative sequence when, in fact, all events depicted are present on the picture plane at the same time. The here-and-now of the image must, then, encompass, the past and the future. When this is accomplished, art historians have spoken of a 'fruitful moment', a term coined by Gotthold Ephraim Lessing in his *Laokoon, oder Über die Grenzen in der Malerei und Poesie* (*Laocoön, or On the Limits of Painting and Poetry*) of 1766, one of the first investigations of the role of time in poetry as compared to the visual arts. Not until our own century did the idea of the fruitful moment gain renewed currency: ever since Ernst H. Gombrich reintroduced it, the notion has been an integral part of art historical discussions of the subject of time.[6] If the fruitful moment is present in an image, and the illusion of a sequence in time has thus been created, one may speak of narrative pictorial structures. The suggestion that events depicted simultaneously on the picture plane are taking place in chronological succession is achieved by purely formal pictorial means. The precise extent of the view represented as well as the composition of the image belong among these, as does the arrangement of figures in surroundings – a landscape or an interior, say. First solutions to the problem of representing narratives in terms of pictorial space are found in the frescoes that Giotto (1266–1337) painted, probably from 1303 to 1310, in the Arena Chapel in Padua. Giotto's achievement, of fundamental significance for all subsequent European painting, lay in his transformation of the hieratic imagery that had prevailed before him into narratives full of life and psychological differentiation.[7] Giotto's work may be said to mark the beginning of modern painting, which, in embracing illusionistic pictorial tools became increasingly adept at representing narrative sequences. The development of central perspective in the early Renaissance permitted the creation of a fictional 'front' and 'back', of nearness and farness, on a two-dimensional surface. This, in turn, enabled sequences of movement to be depicted that could be perceived as taking place not only parallel to the picture plane, but also in space and hence in time.[8]

Narrative elements are a distinctive feature of Dutch genre painting of the seventeenth century. In pictures by Jan Steen (1639–1679) and Adriaen Brouwer (1605/6–1638) people sing and make merry, bringing disorder to their environment (fig. p. 145). One can almost hear the loud drunken voices and breathe the smoky air in their interiors. The paintings of Pieter de Hooch (1629–1684), Gerard Terborch (1617–1681) and Nicolaes Maes (1634–1693) are quieter, though just as full of incident. They show people talking or making music together in domestic surroundings, women occupied with their children or household, and so forth. The people of the northern Netherlands achieved independence from Spain in the seventeenth century, separating from the provinces of the southern Netherlands to found their own republic. Politics and society were now controlled not by the Catholic Church and a monarch but by a Calvinist middle class that, establishing Holland as a great naval power, acquired great wealth through trade with countries the world over.[9] The fine arts were affected by this cultural and political situation, unique in Europe. With the nobility and the Church replaced as patrons by individual burghers, guilds or other associations, interest in religious imagery all but ceased[10] and attention turned instead to the events of people's daily existence. In satisfying this demand, artists developed a remarkable gift for detailed observation of the objects around them, be they fruit, flowers, precious textiles or other materials. These 'treasures' of everyday life are embedded in detailed pictorial narratives, as exemplified by Maes' *Sleeping Maid and Her Mistress* (fig. p. 146). The sequence of events depicted emerges from the composition of the image: the housewife standing in the foreground has left the company seated in the room visible through the open door at the back to fetch more wine; entering the kitchen, she discovers the scullery maid asleep over her work. Plates and pots are strewn across the floor while, unnoticed, a cat steals a chicken from a plate on the table. The evocative facial expression of the housewife and the gesture of her hand constitute the fruitful moment in this painting, in which past and future happenings become part of the present action. The illusion of a continuous sequence of actions has been attained, anchored in a wealth of narrative detail.

The painter Jan Vermeer van Delft (1632–1675) is a striking exception to the norm in these artistic surroundings. Compared to the work of his contemporaries, his images appear extraordinarily still and remote. Vermeer, too, takes everyday actions – a woman reading a letter, pouring milk, engaged in her toilet and such like – as the motifs of his paintings, yet he does not embed them in pictorial narratives. Instead, his scenes seem isolated and, despite the simple subjects, removed from daily life. What is the source of this contradictory impression produced by the subject matter and its pictorial realization, between content and form?

Eschewing immediately comprehensible pictorial narratives, Vermeer draws attention away from the motif of a painting to its more purely artistic qualities. The fascination that his images have always exerted on viewers derives not from the motifs, but from the mysteriously hermetic manner and the motionless quiet of their representation. This applies not only to the artist's interiors, but also to his exterior views, *The Little Street* and the famous *View of Delft* (fig. p. 148). In the latter the view across the harbour to the city appears at once idyllically peaceful and eerily still. The initial impression that this must be a topographically exact depiction of the city is deceptive: comparable views of Delft by Vermeer's contemporaries prove that it is not[11] and, in any case, the unusual stillness of the image suggests as much, for the busy Delft harbour, a daily scene of bustle and noise, seems completely deserted in the painting. Not a sound is to be heard, only a few ships have docked and the still water even indicates that no change in the situation is likely to occur. This harmonious atmosphere is utterly unsuitable to a place usually so lively: the calm described in Vermeer's image of the harbour could never have been experienced there in reality. Scientific examinations of the painting have shown that the artist made decisive changes to the composition in the course of his work,[12] altering the topography of the cityscape in accordance with his pictorial will – that is, he intensified still further the motionless quiet and self-contained remoteness of the image.

X-ray photographs have revealed similar alterations to Vermeer's *Young Woman Reading a Letter at an Open Window* (fig. p. 149). The woman in this painting stands in the corner of the room, her gaze concentrated on the letter she holds in her hands. The impression of someone deep in thought is strengthened by the reflection of her face in the open window. The viewer learns nothing of the letter's contents or of the woman's identity. He or she remains an unnoticed observer. A painting originally appeared within the painting, hung on the now bare wall. An image of Cupid, this picture would have given an unmistakable clue to the subject of the letter, but Vermeer painted over it.[13] He added the trompe-l'œil motif of the curtain on the right instead, leaving the wall blank. The furniture and other objects in the room, too, give no hints as to any possible narrative content. Rather, Vermeer uses them to define space in terms of his pictorial concept. This space is filled almost entirely by the chair, the table with the patterned cloth, the two curtains and the open window, leaving very little room for the woman herself. Moreover, several compositional elements are arranged parallel to the picture plane, increasing yet further the static impression of the whole. The open window affords no view and seems not even to allow any sound to penetrate the interior. Hence, it is not only the motif of letter-reading itself that causes a lack of visible movement in the image; the space as a whole has been composed by the artist in such a way as to prevent movement of this kind and to forestall the possibility that the viewer might construct a narrative from the pictorial elements. In details, too, Vermeer depicts the room so as to impede its perception as part of a space-time continuum. He does this by withholding from the beholder significant points of perspective orientation: the corner of the room is hidden by the chair, by the red curtain and by the window, while the ceiling and floor are not included at all. The same purpose is served by the right-hand curtain, which would seem not to belong to the space inhabited by the image but, as a trompe-l'œil motif, to hang in front of the painting proper. The curtain rail is attached to nothing within the room as represented, continuing beyond the confines of the image on both the right and the left. This helps to convey the illusion that the curtain is part of the space occupied by the viewer. Curtains placed in front of paintings were quite customary in Dutch interiors, serving both to protect the pictures from light and dirt and to enable them to be revealed at certain times only. The trompe-l'œil effect of Vermeer's curtain disrupts the relation between space and time in yet another way, for, although the curtain appears to hang outside the image proper and seems not to belong to the scene behind it, it is lit by the light coming through the open window in that scene. The two apparently separate spatial entities are thus linked after all. A further ambiguity is represented by the reflection of the woman's face in the window, which contradicts the rules of perspective. The angle at which the window is opened would not allow the viewer to see a frontal reflection of a face depicted in profile in the room itself. In order for that face to be reflected in a front view, the woman would need to be turned further from the beholder and more towards the window. Here too, X-ray photographs reveal that Vermeer made changes to the painting that indicate he was fully aware of these perspectival inconsistencies.[14]

All these observations show that the artist constructed the interior, like the outdoor view of Delft harbour, in accordance with artistic principles that did not necessarily agree with objective reality. Vermeer undermines the spatial and temporal logic of the pictorial composition, at first sight wholly consistent, to disturb the viewer's orientation in space and time. He uses light and perspective to create a pictorial reality that corresponds only apparently to everyday reality and its temporal structures. By employing the compositional devices described above, and by eschewing narrative, Vermeer manipulates the viewer's perception of time. The moment depicted in *Young Woman Reading a Letter at an Open Window* contains nothing that leads one to expect a change, that points to a 'before' or 'after'; rather, it seems immutable, passing outside time and giving the impression that it could last for ever. A fruitful moment, as represented in the picture by Maes, does not exist in Vermeer's image. This is the cause of that intense aura of concentration which emanates from this painting and from *View of Delft*, granting an unreal aspect to the everyday reality depicted in the two images. Independently of their subject matter, both pictures convey a sense of lasting contemplative calm. In contrast to his contemporaries, Vermeer seeks not to narrate but to describe the fixed condition of an event or a place. The element of time is thus an important key to understanding his imagery. The time contained within these pictures is not continuous and transitory, but stationary; continually repeating itself in identical fashion, it is, so to speak, durable time. It is not the motifs as such but the permanence granted them by their realization in pictorial terms that constitutes the real meaning of these images, raising them above their outwardly everyday character.

In contrast to pictures attached to a surface, media involving moving images, such as film and video, are able to present time as an actual process. They are therefore viewed in a different way. A rapid succession of continually changing images enables movements and events to be represented in time, permits stories to be told. Film consists of a multitude of images that are perceived not individually but as a sequence: attention is focused on the changes that occur from one image to the next and on the resulting narrative structures. Paintings are perceived in the opposite way: imagination is required of the viewer to develop mentally a number of successive images from a single fixed image that represents all narrative elements simultaneously. The illusionist strategy of the fruitful moment assists this creative viewing but is out of place in film. In motion pictures the individual moment dissolves in a continuous narrative, whereas the narrative in a fixed image emerges from the individual moment depicted. Since as many moments as images pass before our eyes in film, the single image cannot have a narrative significance comparable to the fruitful moment in a painting. If a film is stopped, the image appears frozen, static, because, as part of a continuous sequence of pictures, it contains nothing that points forwards or backwards in time: it has not been composed as an autonomous image. Such matters first became clear as a result of the photographic experiments carried out from 1872 onwards by Eadweard Muybridge (1830–1904), who recorded in rapid succession the motions of human figures and of animals. Each photograph shows a moment that cannot be perceived with the naked eye because it is too short to be retained individually in the memory: the movement of a galloping horse, for example,[15] can thus be registered only as a continuous sequence. Important as Muybridge's photographs were in expanding knowledge of human perception, his statement that Edgar Degas (1834–1917) painted horses 'incorrectly' is true only up to a point, for Degas depicted horses in accordance with our perceptual capabilities, not with the eye of a camera. In Degas' images the fruitful moment appears as a pictorial here-and-now that encompasses all stages in the horses' motion.

The 1995 video *The Greeting* by Bill Viola (born 1951) involves a different kind of perception of moving images (pp. 101–103). The scene, in which two women greet each other in the presence of a third, takes place in an anonymous street. The camera remains stationary, recalling the fixed viewpoint of a painting, and is so close to the scene that the three women almost completely fill the image, leaving little of their urban surroundings visible. First we see an older woman in profile on the right, dressed in loose clothes and talking to a younger woman facing the viewer. Their conversation is interrupted by the third woman, also young and obviously pregnant, who approaches them from the left. While the two women in the foreground embrace each other warmly, the witness to their reunion recedes ever further into the background. No one says a word. Instead, the soundtrack consists of a neutral rustling sound, like wind. Rather than distracting from a purely visual perception of the video, this sound focuses attention, isolating the movements and enclosing them in a specific pictorial realm. Another deviation from conventional film practice alters our perception of the moving images in a decisive way: by slowing down the sequence of motion Viola prolongs a short scene that, at normal speed, would last barely forty-five seconds to a duration of ten minutes. So as not to lose sharpness of focus, he filmed three hundred frames per second rather than the customary twenty-four.[16] Although the video consists of images that move within a time continuum, its length requires it to be viewed in the manner appropriate to a fixed rather than a moving picture. The extreme slowness of the action means that the changes taking place scarcely register as such. Recalling paintings, the film images seem to stand still: the narrative structure blurs as the viewer concentrates on compositional details, on barely perceptible alterations in the light and wind, and on the different psychological states of the three women. Prolonging time has the effect of itemizing each of the women's various reactions, granting compelling force to their facial expressions and gestures. The women greeting each other display great intimacy, whereas the woman watching them appears irritated, until at the very end the other two pay attention to her and her features relax. Her look had revealed that she, as an uninvolved witness, did not know why the other two women were delighted to see one another. Clues are withheld from the viewer, who is also an outsider with no background knowledge: the women remain anonymous from start to finish and the title of the video is neutral. All one can say with certainty is that the scene did not take place in an earlier era, for the women's clothes and hair-styles, and the street, belong to the present day. However, the unusual artistic means used to present action so that it appears both sequential and motionless virtually forces our imagination to become active. The slow pace at which the images move, foreign to our everyday experience of time and hence disturbing, points beyond the commonplace events shown in a way comparable to Vermeer's paintings. An unreal, almost mystical aura, intensified by the rustling sound accompanying the images, emanates from Viola's video. What lies behind this scene of greeting? What is the significance of the woman's pregnancy, given such prominence? What connects the two 'unequal' women?

Without referring to it directly in his video, Viola made use in *The Greeting* of a sixteenth-century painting, an altarpiece of 1528–29 by the Italian mannerist painter Jacopo Pontormo (1494–1557).[17] This painting depicts the Visitation, the meeting (described in Luke 1: 39–56) of the Virgin Mary and her cousin Elisabeth in the presence of two witnesses. Choosing a very narrow format for his large-scale image, Pontormo filled the picture plane almost entirely with the four female figures; architectural surroundings are no more than hinted at in the background. The composition is dominated by the young Mary and the elderly Elisabeth, who have approached one another and started to embrace; aware of the holy miracle represented by their pregnancies, they look each other in the eyes joyfully. The two accompanying women gaze out of the picture, incorporating the viewer in the scene as a further witness.

Viola's video is similarly composed. A comparable format is likewise dominated by large female figures, even though only one witness appears in the video, reducing the number of figures to three. Viola translates Pontormo's static image into a moving one: although the camera viewpoint does not change, the meeting of the two women – who, here too, are perhaps Mary and Elisabeth – is projected on a surface by Viola as a narrative sequence, however protracted.

The fruitful moment in Pontormo's painting, which unites everything that has happened and will happen in the here-and-now of the image, seems to have been translated back into a series of actions actually taking place in time. The slowness with which they do so, however, returns the video to the world occupied by Pontormo's painting. Yet in contrast to Pontormo, Viola gave his work a title that, unlike the quite specific biblical narrative denoted by 'The Visitation', does not point to a particular story: by choosing such a vague title as 'The Greeting', which could refer to an ordinary everyday occurrence, he sought not to influence, yet alone determine, the way in which the spectator approached the work.

The fascination of Viola's video lies in the tension, on the one hand, between an everyday event and a story of religious significance and, on the other, between a continually unfolding narrative and its prolongation to such an extreme extent that a film appears like a painting. The individual moment combines here with story-telling in a way so unusual that it affects how content is perceived; for it is surely the uncustomary aspect accorded time that disturbs the spectator and suggests that something greater must be at stake than the outwardly commonplace action recorded in the video. We noted a similar effect in images by Vermeer. Time thus constitutes a fundamental aspect of the artistic approach manifested in Jan Vermeer's painting and in Bill Viola's video installation. An analysis of the temporal structures inherent in each of the works by these artists discussed here reveals the true meaning of those works. Both artists deliberately modify time in terms of their pictorial concept, thus removing it from an everyday context. This gives rise to a rupture between the reality of the image and that of the viewer and this, in turn, draws attention to something beyond the immediate subject matter of the work in question: the scene in Viola's video emerges not simply as a greeting, but also as a Visitation.

1 See Ernst Cassirer, *Philosophie der symbolischen Formen*, Darmstadt, 1954, chapter 4, p. 314

2 *The Confessions of St Augustine*, trans. E.B. Pusey, London, 1907, p. 262

3 Ibid., p. 266

4 Martin Heidegger, *Sein und Zeit*, Tübingen, 1984, chapter 6, § 81, p. 240

5 See *Warum dauert die Gegenwart drei Sekunden, Herr Pöppel?*, interview with Heribert Klein, *Frankfurter Allgemeine Zeitung: Magazin*, December 31, 1998

6 Gombrich's study has been published most recently as *Moment and Movement in Art* in his *The Image and the Eye: Further Studies in the Pryschology of Pictorial Representation*, Oxford, 1982, pp. 40–62

7 See Max Imdahl, *Über einige narrative Strukturen in der Arenafresken Giottos*, in *Geschichte: Ereignis und Erzählung*, ed. Reinhard Kosellek and Wolf-Dieter Stempel, Munich, 1973, pp. 155–73 (later incorporated in the same author's *Giotto: Arenafresken – Ikonographie, Ikonologie, Ikonik*, Munich, 1980), and Götz Pochat, *Bild – Zeit: Zeitgestalt und Erzählstruktur in der bildenden Kunst von den Anfängen bis zur frühen Neuzeit*, Vienna, 1996

8 See Rudolf Arnheim, *Kunst und Sehen. Eine Psychologie des schöpferischen Auges*, Berlin 1965, p. 235

9 See Svetlana Alpers, *The Art of Describing: Dutch Art in the Seventeenth Century*, Chicago, 1983, and Simon Schama, *The Embarrassment of Riches: An Interpretation of Dutch Culture in the Golden Age*, London, 1987

10 The most notable exception here is the oeuvre of Rembrandt.

11 See Arthur K. Wheelock and C.J. Kaldenbach, *Vermeer's View of Delft and his Vision of Reality* in *Artibus et Historiae*, No. 6, 1982, pp. 9–35; Arthur K. Wheelock, *Pentimenti in Vermeer's Paintings: Changes in Style and Meaning*, in *Holländische Genremalerei im 17. Jahrhundert* (Symposium 1984), ed. H. Bock and T.W. Gaetgens, special issue No. 4 of *Jahrbuch Preussischer Kulturbesitz*, Berlin, 1987, pp. 385–412; and *Vermeer*, ed. Arthur K. Wheelock, exhibition catalogue, Washington, DC, National Gallery of Art, and The Hague, Mauritshuis (Stuttgart and Zurich, 1995), p. 120ff

12 See Jorgen Wadum, *Vermeer Illuminated*, The Hague, 1995, pp. 30–41

13 See Anneliese Mayer-Meintschel, *Die Briefleserin von Jan Vermeer van Delft: Zum Inhalt und zur Geschichte des Bildes*, in *Jahrbuch der Staatlichen Kunstsammlungen Dresden*, Vol. 11, 1978–9, pp. 91–9

14 See Arthur K. Wheelock, *Jan Vermeer*, London, 1988, pp. 58/60, 28

15 Some of Muybridge's photographs of horses in motion were published in 1887 in *Animal Locomotion*; see G. Hendricks, *Eadweard Muybridge: The Father of the Motion Picture*, London, 1975

16 See *Being and Time: The Emergence of Video Projection*, exhibition catalogue, Buffalo, NY, Albright-Knox Gallery Gallery (New York, 1996), p. 66

17 The painting is in the parish church of Carmignano near Florence.

Biografien / Biographys

James Coleman (* 1941, Ballaghaderreen, Irland)

Einzelausstellungen (Auswahl) / Individual Exhibitions (Selection)

1997 Wiener Secession (Kat.: Rosalind E. Krauss)
Galerie Micheline Szwajcer, Antwerpen
1996 Centre Georges Pompidou, Musée National d'Art Moderne, Paris (Kat.: Germain Viatte, Christine van Assche, Jean Fisher, Raymond Bellour, Benjamin H. D. Buchloh)
1995 Kunstmuseum Luzern
1994-95 Dia Center for the Arts, New York (Kat.: Lynne Cooke, Jean Fisher, Benjamin H. D. Buchloh)
1991 One Five, Antwerpen
Lisson Gallery, London
Marian Goodman Gallery, New York
1990 Musée d'Art Contemporain, Lyon (Kat.: Lynne Cooke)
Galerie Micheline Szwajcer, Antwerpen
Galerie des Beaux-Arts, Brüssel
The Art Gallery of York University, Toronto
1989-90 Stedelijk Van Abbemuseum, Eindhoven (Kat.: Jan Debbaut, Frank Lubbers)
1989 List Visual Arts Center, MIT, Boston
Musée d'Art Moderne de la Ville de Paris (Kat.: Friedrich Migayrou)
1988 Galerie des Beaux-Arts, Brüssel
1987 Galerie Rüdiger Schöttle, München
Galerie Johnen and Schöttle, Köln
1986 Institute of Contemporary Art, London
1985 The Renaissance Society, University of Chicago (Kat.: Anne Rorimer, Michael Newman)
Dunguaire Castle, Kinvara
1984 David Bellman Gallery/Art Metropole, Toronto
Douglas Hyde Gallery, Dublin
Zona, Florenz
1983 Auditorio da Arquitectura, Esbal, Lissabon
Orchard Gallery, Derry (Kat.: Jean Fisher)
Whitechapel Art Gallery, London
Teatro Estudio Citac, Coimbra
1982 Douglas Hyde Gallery, Dublin
Arts Council of Northern Ireland
Ulster Museum, Belfast
De Lantaren, Rotterdam
Shaffy Theater, Amsterdam
Concordia Theater, Enschede
De Toneelschuur, Haarlem
Witte Theater, Ijmuiden
1981 Franklin Furnace, New York
Project Arts Centre, Dublin
1980 Nigel Greenwood Gallery, London
Douglas Hyde Gallery, Trinity College (Beckett Room), Dublin
University College Galway Art Gallery, Galway
1979 Galleria Schema, Florenz
1978 Galway Arts Festival, Galway
Projects Arts Centre, Dublin
1975 Studio Marconi, Mailand
1974 Cork Arts Society Gallery, Cork
Galerie 't Venster, Rotterdam Arts Foundation, Rotterdam
Studio Lia Rumma, Neapel
Ulster Museum, Belfast
1973 David Hendriks Gallery, Dublin
Studio Marconi, Mailand
1972 Galleria Toselli, Mailand
1970 tudio Marconi, Mailand

Gruppenausstellungen (Auswahl) / Group Exhibitions (Selection)

1997 *Biennale de Lyon*, Musée d'Art Contemporain, Lyon
Documenta X, Kassel
Art and Film since 1945: Hall of Mirrors, Palazzo delle Esposizioni, Rom
1996 *L'informe: mode d'emploi*, Centre Georges Pompidou, Musée National d'Art Moderne, Paris
Portraits, Ydessa Hendeles Art Foundation, Toronto
EV+A 96, Limerick City Gallery, Limerick
Hall of Mirrors: Art and Film since 1945, The Museum of Contemporary Art, Los Angeles
1995-96 *Reconsidering the Object of Art, 1965-1975*, The Museum of Contemporary Art, Los Angeles
1995 *L'effet cinéma: art contemporain et cinéma*, Musée du Luxembourg, Paris; San Francisco Museum of Modern Art, San Francisco
1994 *Seoul Biennale*, Seoul Museum of Contemporary Art, Seoul
ARC Musee de la ville de Paris, Paris
1993-94 *Muybridge, Viola, Hill, Paolini and Coleman*, Ydessa Hendeles Art Foundation, Toronto
1993 *Aanwinsten/Acquisitions 1989-1993*, Stedelijk Van Abbemuseum, Eindhoven
Irish Museum of Modern Art, Dublin
1992 *Documenta IX*, Kassel
The Ancient Landscape, Ballyvaughan
1991 *The Projected Image*, San Francisco Museum of Modern Art
Places with a Past, Charleston, South Carolina
Carnegie International, Carnegie Museum of Art, Pittsburgh
Inheritance and Transformation, Irish Museum of Modern Art, Dublin
1990 *Irish Art: the European Dimension*, Irish Museum of Modern Art, Dublin
A New Necessity, First Tyne International, Newcastle
Le Diaphane, Musée des Beaux Arts, Tourcoing
Lignes de mire, Fondation Cartier, Jouy-en-Josas
Culture and Commentary. An Eighties Perspective, Hirshhorn Museum and Sculpture Garden, Smithsonian Institution, Washington D.C.

1989 *Theater Garden Bestiarium/Bestiarium Jardin Théatre*, Kurator: Rüdiger Schöttle, P.S. 1, Long Island City, New York u.a.
A Photo Show: A Selection, Marian Goodman Gallery, New York
1988 *Michael Asher/James Coleman*, Artists Space, New York (Kat.: Jean Fisher, Anne Rorimer, John Vinci)
1987-88 *The Analytical Theater. New Art from Britain*, Independant Curators Incorporated, New York; California State University, Long Beach; Institute of Contemporary Art, University of Pennsylvania, Philadelphia u.a.
1987 *From the Europe of Old*, Stedelijk Van Abbemuseum, Amsterdam

Tacita Dean (* 1965, Canterbury, England)

Einzelausstellungen / Individual Exhibitions

1994 *The Martyrdom of St. Agatha and Other Stories*, Galerija Skuc, Ljubljana & Umetnostna Galerija, Maribor, Slovenia
1995 *Clear Sky, Upper Air*, Frith Street Gallery, London
Galerie La Box, Ecole Nationale de Beaux Arts, Bourges (Kat.)
1996 ART NOWRoom, Tate Gallery, London (Kat.)
1997 Witte de With Center for Contemporary Art, Rotterdam (Kat.)
The Drawing Room, The Drawing Center, New York
Frith Street Gallery, London
1998 Galerie Gebauer, Berlin
Statements, Frith Street Gallery, Art Basel 98
De Pont Foundation, Tilburg, Holland
ICA Philadelphia (Kat.)
1999 Madison Art Center, Wisconsin
Marian Goodman, Paris
Dundee Contemporary Arts, Scotland

Gruppenausstellungen (Auswahl) / Group Exhibitions (Selection)

1992 *BT New Contemporaries*, Newlyn Orion, Penzance; u. a. (Kat.)
ICA, London
1993 *Barclays Young Artist Award*, Serpentine Gallery, London (Kat.)
Peripheral States, curated by Sarah Kent, Benjamin Rhodes Gallery, London
1994 *Watt*, Witte de With & Kunsthal, Rotterdam
Coming Up for Air, 144 Charing Cross Road & The Agency, London
Mise en Scene, Institute of Contemporary Arts, London (Kat.)
1995 *Mysterium Alltag. Hammoniale der Frauen*, Kampnagel, Hamburg (Kat.)
Kine (kunst) '95, Casino Knokke, Belgien
Video Forum, Art Basel '95
Speaking of Sofas, London Electronic Arts, London
Whistling Women, (Kurator: Sarah Kent), Royal Festival Hall, London
British Art Show 4, Manchester, Edinborgh & Cardiff (Kat.)
Cubitt Street Gallery, London
1996 CCATV, Centre for Contemporary Art, Glasgow
State of mind, Centrum Beeldende Kunst, Rotterdam
Swinging the Lead, International Festival of the Sea, Bristol
Berwick Ramparts Project, Berwick upon Tweed, Northumberland (Kat.)
Container '96, Kopenhagen
Tacita Dean & Stephan Wilks, Galerie Paul Andriesse, Amsterdam
Found Footage, Klemens Gasser & Tanja Grunert, Cologne
1997 *International Film Festival*, Rotterdam
Challenge of Materials, Science Museum, London
Contemporary British Drawings – Marks & Traces, Sandra Gering Gallery, New York
Celluloid Cave, Thread Waxing Space, New York
Videos Speaking of Sofas, Atheneum, Dijon, Frankreich
Flexible, Museum für Gegenwartskunst, Zürich (Kat.)
The Frame of time – Openmuseum, Museum van Hedendaagse Kunst, Limburg
Scriptwriters Lab, Sundance Institute, Utah
At One Remove, Henry Moore Institute, Leeds (Kat.)
20:20, Marian Goodman Gallery, New York
Social Space (Kurator: Dan Graham), Marian Goodman Gallery, Paris
New Found Landscape, Kerlin Gallery, Dublin
1998 *Voiceover: Sound and Vision in Recent Art*, Arnolfini, Bristol; u. a. (Kat.)
Wounds: Between Democracy and Redemption in Contemporary Art, Moderna Museet, Stockholm (Kat.)
A – Z, The Approach Gallery, London
Video / Projection / Film, Frith Street Gallery, London
La Terre est Ronde – Nouvelle narration, Musée de Rochechouart, Frankreich
La Mer n'est pas la Terre, FRAC Bretagne, Frankreich
Disrupting the Scene, Cambridge Darkroom
Breaking Ground, Marian Goodman Gallery, New York
Felsenvilla, Baden, Österreich
The Turner Prize, Tate Gallery, London
1999 *New Media Projects*, Orchard Gallery, Derry, Nordirland
1264–1999. Une Legende a Suivre, Le Credac, Ivry, Frankreich
Appliance of Science, Frith Street Gallery, London
Sadlers Wells, London
Wexner Center for the Arts, Columbus, Ohio

Publikationen der Künstlerin (Auswahl) / Publications by the artist (Selection)

1994 *Cahier No. 2*, Witte de With, Rotterdam
1997 *Cahier No. 6*, Witte de With, Rotterdam
Blackboard Drawings, Insert in: Parkett, Nr. 50/51
Disappearance at Sea, Edition Adelie, Limoges and L'Ecole Nationale de Bourges
1998 *Cahier No. 7*, Witte de With, Rotterdam
Cream: Contemporary Art in Culture, London, Phaidon Press

Artikel (Auswahl) / Articles (Selection)

Julia Thrift, *Beards and Bloddy Bodies,* in: *The Guardian*, 22. Jan. 1993
Ian Hunt, *Mise en Scene,* in: *Frieze*, Jan./Feb. 1995
Simon Grant, *Coming up for Air*, in: *Art Monthly*, Mai 1994
David Lillington, *Coming up for Air*, in: *Time Out*, März 23–30, 1994
Katy Deppwell, *Uncanny Resemblances,* in: *Womens Art Journal*, Jan./Feb. 1995
Adrian Scarle, *Behind the Mask,* in: *The Independent*, 25. Okt. 1994
Sarah Kent, *Role Call*, in: *Time Out*, 26. Okt. – 2. Nov. 1994
Libby Anson, *Tim Head/Tacita Dean,* in: *Art Monthly*, Juli – Aug. 1995, Nr. 188, S. 35-6
Sue Hubbard, *Tim Head and Tacita Dean,* in: *Time Out Magazine*, 21.–28. Juni, S. 48
Jaki Irvine, *Mise en Scène,* in: *Third Text*, 1995, Nr. 30, S. 101-106
Adrian Searle, *Noises Off, Visual arts,* in: *The Guardian*, 27. Aug. 1996, S. 9
Sarah Greenberg, *Berwick Ramparts Project,* in: *Art Monthly*, Sept. 1996, S. 43-45
Ingrid Swenson, *A Lighthouse and Some Tapdancing: All in a Day's Work,* in: *MAKE: The Magazine of Women's Art*, Okt./Nov. 1996 (Nr. 72), S. 14-16
Jennifer Higgie, *Tacita Dean: Tate Gallery*, London, in: *Frieze*, Nov./Dez. 1996 (Art. 31), S. 70-71
Sarah Greenberg, *Art Now: Tacita Dean/Focus on New art, in: TATE Magazine*, Art. 10, 1996/1997
Gianmarco Del Re, *Tacita Dean: Tate Gallery,* in: *Flash Art*, Mai/Juni 1997, S. 115
Roberta Smith, *The Celluloid Cave,* in: *The New York Times*. 27. Juni 1997, Art in Review Section
*Tacita Dean (*Preview), in: *Time Out*, 24. Sept. bis 1. Okt. 1997, Art Selections & Reviews Section
Tacita Dean, *Zen and the Art of Film Making*, in: *The Guardian*, 15. Okt. 1997, Arts Section
Jörn Ebner, *Aus Frankensteins Genlabor,* in: *Frankfurter Allgemeine Zeitung*, 18. Okt. 1997, S. 42
Frances Richard, *Tacita Dean, The Drawing Room*, in: *Artforum*, New York, Nov. 1997, S. 116
Alannah Hopkin, *New Found Landscape,* in: *The Sunday Times*, 4. Jan. 1998
William Jeffett, *Tacita Dean, Frith Street Gallery*, in: *Contemporary Visual Arts*, Nr. 17, S. 77
Silvia Brownrigg, *Interview with a Dead Deceiver,* in: *Frieze*, März bis April 1998, S. 70-72
Mark Currah, *Video Projection, Film*, in: *Time Out*, 10. – 17. Juni 1998, S. 47
Maria Walsh, *Beyond the Lighthouse: A Reflection on Two Films by Tacita Dean,* in: *Coil Magazine*, Art. 6. Juni 1998
Gianmarco del Re, *Cinema and the Sublime*, in: *Contemporary Visual Arts*, Nr. 19, S. 40-47
Richard Cork, *Canvassing our brightest talent,* in: *The Times*, 17. Juni 1998
Tacita Dean, in: *ID*, Okt. 1998, S. 187-188

Stan Douglas (* 1960, Vancouver, Kanada)

Einzelausstellungen (Auswahl) / Individual Exhibitions (Selection)

1999 Vancouver Art Gallery, Vancouver
1998 Salzburger Kunstverein, Salzburg
Detroit Photos, David Zwirner, New York
1997 *Photography*, Centre Gnevois de Gavure Contemporaine, Genf
Overture y Monodramas, Museo Alejandro Otero, Caracas, Venezuela (Kat.: Jesus Funemayor)
1996 Museum Haus Lange and Museum Haus Esters, Krefeld (Kat.: Julian Heynen, Stan Douglas)
Musée d'Art Contemporain de Montréal, Montréal (Kat.: Gilles Godmer, Stan Douglas)
Nootka Sound Photographs, Zeno X Gallery, Antwerpen
Two Early Works, David Zwirner, New York, USA
1995 Overture and Marnie, David Zwirner Gallery, New York
Monodramas, Neuer Aachenerkunstverein, Aachen
Evening and Hors-champs, The Renaissance Society at the University of Chicago (Kat.: Hamza Walker)
Pursuit, Fear, Catastrophe: Ruskin, B.C., Walter Philips Gallery, Banff, Kanada
1994 *Currents 24: Pursuit, Fear, Catastrophe: Ruskin B.C.,* Milwaukee Art Museum (Kat.: Dean Sobel, Stan Douglas)
Hors-champs, Contemporary Art Museum, Houston
Institute of Contemporary Art, London (Kat.: Stan Douglas)
Hors-champs, Wadsworth Atheneum, Hartford, USA
Macdonald Stewart Art Centre and Art Gallery of York University, Guelph and Toronto, Kanada (Kat.: Nancy Campbell, Catherine Crowsten)
Musée National d'Art Moderne/Centre Georges Pompidou, Paris; Centro Reina Sofia, Madrid; Kunsthalle Zürich; Witte De With, Centre for Contemporary Art, Rotterdam; Marstall, DAAD, Berlin (Kat.: Peter Culley, Jean-Christophe Royoux, Christine van Assche)

1993 *Monodramas*, Galerie Christian Nagel, Köln
Hors-champs, Transmission Gallery, Glasgow
Hors-champs, World Wide Video Centre, Den Haag
Hors-champs, David Zwirner Gallery, New York

1992 *Monodramas*, Art Metropole (mit TV-Übertragung), Toronto
Monodramas and Loops, UBC Fine Arts Gallery (mit TV-Übertragung), Vancouver (Kat.: Stan Douglas, John Fiske, Scott Watson)

1991 *Monodramas*, Galerie Nationale du Jeu de Paume, Paris

1990 *Trois installations cinematographiques*, Ambassade du Canada, Services culturels, Paris

1989 *Subject to a Film: Marnie/Television Spots*, YYZ Gallery, Toronto

1988 *Television Spots/Subject to a Film: Marnie (studies)*, Contemporary Art Gallery, Vancouver (Kat.: Stan Douglas, Miriam Nichols)
Samuel Beckett: Teleplays (Kurator: Stan Douglas), Vancouver Art Gallery. Weitere Stationen in Kanada, den USA, Australien, Frankreich und Italien (Kat., Hrsg. Stan Douglas: Samuel Beckett, Linda Ben-Zvi, Clark Coolidge, Stan Douglas)
Television Spots (first six) / Overture, Optica – Un Centre d'Art Contemporain, Montréal
Television Spots (first six), Artspeak Gallery, Vancouver

1987 *Stan Douglas: Perspective '87*, Art Gallery of Ontario, Toronto (mit TV-Übertragung), (Kat.: Barbara Fischer)

Gruppenausstellungen (Auswahl) / Group Exhibitions (Selection)

1999 *Double Vision: Stan Douglas Gordon*, Dia Center for the Arts, New York (Kat.: Lynne Cooke, u. a.)
Ecstatic Memory, Art Gallery of Ontario, Toronto

1998 *Auf der Spur*, Kunsthalle Zürich
Stretch, Tensta Konsthalle, Stockholm (Kat.: Karina Ericsson Wårn, Helena Holmberg)
Ghost Story, Künstlerhaus Wien (Kat.: Alexander Horwathe, Bert Rebhandl)
Reservate der Sehnsucht, Dortmund (Kat.: Iris Dressler, Kirsten Wächter)
1998 Images Festival of Independent Film and Video, Toronto
Wounds: Between Democracy and Redemption in Contemporary Art, Moderna Museet, Stockholm (Kat.)
Crossings, Kunsthalle Wien (Kat.: Cathrin Pichler)
Altered States Festival, Utrecht, Niederlanden (Kat.: Moritz Küng)
Voice-Over: Sound and Vision in Current Art, Hayward Gallery, London; Arnolfini, Bristol; Hatton Gallery, Newcastle-Upon-Tyne; Castle Museum, Nottingham (Kat.: Michael Archer)

1997 *The 5th International Biennale in Nagoya – ARTEC '97*, Nagoya, Japan
Public Service and Other Announcements, Philadelphia Museum of Art
Longing and Memory, Los Angeles County Museum of Art, Los Angeles
documenta X, Kassel (Kat.: Catherine David, J. F. Chevrier, u. a.)
Skulpturen Projekt Münster, Münster (Kat.: Klaus Bußmann, Kasper König, Florian Matzner, Walter Grasskamp)
4e Biennale de Lyon, Lyon (Kat.: Harald Szeeman, u.a.)
Trade Routes: History and Geography, 1997 Johannesburg Biennale, Johannesburg (Kat.: Okwui Enwezor, u. a.)
97 Kwangju Biennale, Kwangju, Korea (Kat.: Harald Szeeman, u. a.)
Inaugural Exhibition, Museo Guggenheim Bilbao, Spanien
Sharon Lockhart/Stan Douglas/Hiroshi Sugimoto, Museum Boymans Van Beuningen, Rotterdam
Timeframes, Freedman Gallery, Albright Center for the Arts, Reading (Kat.: Christopher Youngs, u. a.)
Browser: Artropolis 97, The Roundhouse, Vancouver (Kat.: Kitty Scott, Andrew Renton)

1996 *Real Fictions: Four Canadian Artists*, Museum of Contemporary Art, Sydney (Kat.: Linda Michaels, u. a.)
NowHere, Louisiana Museum, Humlebaek, Dänemark (Kat.: Anneli Fuchs, Lars Brambye, u. a.)
Hall of Mirrors: Art and Film since 1945, Museum of Contemporary Art, Los Angeles; Wexner Center for the Arts, Columbus, USA; 1997, Palazzo delle Esposizioni, Rome, Italy; The Museum of Contemporary Art, Chicago (Kat.: Kerry Brougher, u. a.)
Jurassic Technologies, 10th Sydney Biennale, Sydney (Kat.: Lynne Cooke, u. a.)
Everything that's Interesting is New, The Deste Foundation, Athen; Guggenheim Museum of Art, New York; Museum of Modern Art, Kopenhagen (Kat.: Jeffrey Deitch)
Hugo Boss Prize, Guggenheim Museum SoHo, New York (Kat.: Jon Oppolitto, u. a.)
The Red Gate, Museum van Hedendaagse Kunst, Gent (Kat.: Jan Hoet, u. a.)
Art in the age of Post-colonialism and Global Migration, Steirischer Herbst '96, Graz (Kat.: Peter Weibel, u. a.)
Defining the Nineties: Consensus-making in New York, Miami, and Los Angeles, Museum of Contemporary Art, Miami
Instants photographiques: & Oeuvres choisies de la Collection, Couvent des Cordeliers, Paris (Organisation: Musée d'Art Contemporain de Montréal). Kat.: Josée Bélisle
Nach Weimar, Kunstsammlungen zu Weimar, Weimar, (Kat.: Klaus Biesenbach, Nicholas Schafhausen)
Un-frieden. Sabotage von Wirklichkeiten, Kunstverein und Kunsthaus, Hamburg (Kat.: Ute Vorkoepner, Inke Arms)
The Culture of Nature, Kamloops Art Gallery, Kamloops, Kanada

Douglas Gordon (* 1966, Glasgow, Schottland)

Einzelausstellungen / Individual Exhibitions

1993 *24 Hour Psycho*, Tramway, Glasgow und Kunstwerke, Berlin (Kat.)
Migrateur, L'ARC Musée d'Art Moderne de la Ville de Paris
1994-95 Lisson Gallery, London
1995 *Bad Faith*, Künstlerhaus, Stuttgart
The End, Jack Tilton Gallery, New York
Jukebox (Zusammenarbeit mit Graham Gussin), The Agency, London
Entr'Acte 3, Van Abbe Museum, Eindhoven (Kat.)
1995-96 Centre Georges Pompidou, Paris
Rooseum Espresso, Malmö
1996 *Douglas Gordon & Rirkrit Tiravanija*, FRAC, Languedoc-Roussillion, Montpellier
24 hour Psycho, Akademie der Bildende Künste, Wien
...head, Uppsala Konstmuseum (Kat.)
Galleria Bonomo, Rome (Kat.)
Canberra Contemporary Art Space, Canberra, Australia
Museum für Gegenwartskunst, Zürich
Galerie Walchenturm, Zurich
The Turner Prize 1996, Tate Gallery, London (Kat.)
1997 Galleri Nicolai Wallner, Kopenhagen
Bloom Gallery, Amsterdam
Galerie Micheline Szwajcer, Antwerpen
Skulpturen Projekt Münster
Galerie Mot & Van den Boogaard, Brüssel
Gandy Gallery, Prag
Biennale de Lyon
5 Year Drive-By, Kunstverein Hannover
Leben nach dem Leben nach dem Leben..., Deutsches Museum, Bonn
1998 Dvir Gallery, Tel Aviv, Israel
Kunstverein Hannover
1999 Centro Cultural Belem, Lissabon
Gagosian Gallery, New York
Kölnischer Kunstverein, Köln
Lisson Gallery, London

Gruppenausstellungen (Auswahl) / Group Exhibitions (Selection)

1994 *WATT*, Witte de With, Rotterdam
Stains in Reality. Stan Douglas, Douglas Gordon, Joachim Koester, Galerie Nicolai Wallner, Kopenhagen (Kat.)
Modern Art, Transmission Gallery, Glasgow
Conceptual Living, Rhizome, Amsterdam
The Institute of Cultural Anxiety: Works from the collection, Institute of Contemporary Art, London
Points de vue: Images d'Europe, Centre Georges Pompidou, Paris (Kat.)
1995 Gallerie Eigen + Art im Independent Art Space, London
Kopfbanhhof/Terminal, Hautptbahnhof Leipzig (Kat.)
Take me (I'm yours), Serpentine Gallery, London; Kunsthalle, Nürnberg
Shift, De Appel Foundation, Amsterdam
Arte Inglese d'Oggi, Galleria Civica, Modena (Kat.)
Pulp Fact, Photographers Gallery, London
Wild Walls, Stedelijk Museum, Amsterdam (Kat.)
Am Rande der Malerei, Kunsthalle Bern
Korean Biennale, Kwang Jung, Korea
Perfect Speed, MacDonald Stewart Art Center, Guelph, Kanada; Southern Florida Contemporary Art Museum, Tampa
1995-96 *Biennale de Lyon*, Lyon
The British Art Show 4, South Bank Centre, London
1996 *By Night*, Fondation Cartier pour l'Art Contemporain, Paris (Kat.)
Hall of Mirrors: Art and Film, Museum of Contemporary Art, Los Angeles; The Wexner Center for the Arts, Columbus, Ohio; Palazzo Delle Espozioni, Rom; Museum of Contemporary Art, Chicago
21 Days of Darkness, Transmission Gallery, Glasgow
Traffic, CAPC Musée d'Art Contemporain, Bordeaux (Kat.)
Spellbound, Hayward Gallery, London (Kat.)
Sawn-Off, Uppsala Konstmusum, Uppsala (Kat.)
Manifesta 1, Rotterdam (Kat.)
Auto reverse 2, Le Magasin, Grenoble
Propositions, Musée Départemental de Rochechouart, Frankreich (Kat.)
Nach Weimar, Kunstammlungen Weimar (Kat.)
Scream and Scream Again, MOMA Oxford (Kat.)
10th Sydney Biennale, Sydney
ID, Van Abbemuseum, Eindhoven
life/live, Musée d'Art de la ville de Paris; Centro Cultural de Belem, Portugal
1997 *Animal*, Center for Contemporary Arts, Glasgow
Wish you were here too, 83 Hill Street, Glasgow
The Magic of Numbers, Staatsgalerie Stuttgart
Gothic, ICA, Boston
Past, Present, Future, Biennale Venedig
Material Culture: The Object in British Art in the 80's and 90's, Hayward Gallery, London
Letter and Event, Apex Art, New York (Kat.)
Hiroshima Art Document, Hiroshima, Japan
Quelques motifs de déclaration Amours, Fondation Cartier pour l'Art Contemporain, Paris (Kat.)
Scream and Scream Again. Film in Art, Museum of Contemporary Art, Helsinki
Pictura Britannia, Museum of Contemporary Art, Sydney; Art Gallery of South Australia, Adelaide; City Gallery, Wellington, Neuseeland
1998 Mary Boone Gallery, New York
British Art, Tochigi Prefectural Museum of Fine Arts, Japan

7 Artists from Europe, Takasaki Museum of Art, Gunma
Tuning up No. 5, Kunstmuseum Wolfsburg
London Calling, British School at Rome, Rom
Projected Allegories, Contemporary Arts Museum, Houston
Then and Now, Lisson Gallery, London
Crossings, Kunsthalle Wien
Hugo Boss Prize, Guggenheim Museum SoHo, New York
Time Zone, Kölnischer Kunstverein, Köln
Emotion: Young British and American Art, Sammlung Götz, Deichtorhallen, Hamburg (Kat.)
Exhibition of Contemporary British Art: Japanese Museum Tour 1998–99, Tochigi Prefectural Museum; Fukoka City Art Museum; Hiroshima City Museum of Contemporary Art; Tokyo Museum of Contemporary Art; Ashiya City Museum of Art and History
Happy Hours, Yvon Lambert, Paris
Kidnapping: Douglas Gordon, Stedelijk Van Abbemuseum, Eindhoven

1999 *Double Vision: Stan Douglas Gordon*, Dia Center for the Arts, New York (Kat.)
Beauty – 25th Anniversary, Hirshhorn Museum and Sculpture Garden, Washington

Publikationen des Künstlers (Auswahl) / Publications by the artist (Selection)

1991 *The Missing Text*, Chance Books, Hrsg. Marysia Lewandowska, London

1992 *Colours for Identification...*, Projekt für *Frieze*, Nr. 2 (Zusammenarbeit mit Simon Patterson)

1993 *Telephone Conversation*, Auszüge aus: *The Speaker Project*, ICA, London
A Bad Trip, in: Prospekt '93, Ausst. Kat., Frankfurter Kunsthalle, Frankfurt a. M.
In Love In Vienna, in: *Viennese Story*, Wiener Secession, Wien

1994 *Lost Then Found Then Lost Again*, in: Cahier #2 Hrsg. Witte de With, Rotterdam

1995 *Berlin visit*, in: *KOPFBANHOF*, Ausst. Kat., Hauptbahnhof Leipzig, Berlin
2 days in spring, in: *On Board*, Ausst. Kat., Riva san Biagio, Venedig
Grim (Zusammenarbeit mit Liam Gillick), in: *Parkett*, Nr. 44
Projekt für *Index*, Nr. 3–4, Stockolm, S. 54-63

1997 *Sailing Alone Around the World – a correspondance between Douglas Gordon and Liam Gillick*, in: *Parkett*, Nr. 49, S. 73-76
Signature, April 1997, Edition für *Parkett*, Nr. 49, S. 82-83
Point d'Ironie, Hrsg. agnès b. und Hans-Ulrich Obrist, Paris

Steve McQueen (* 1969, London)

Einzelausstellungen / Individual Exhibitions

1996 Museum of Contemporary Art, Chicago (Kat.)
Anthony Reynolds Gallery, London

1997 Portikus, Frankfurt (Kat.: Kasper König, Jan Debbaut, Jon Thompson)
Stedelijk Van Abbemuseum, Eindhoven
Marian Goodman Gallery, New York
Milwaukee Art Museum, Milwaukee
Museum of Modern Art, New York

1998 Boijmans van Beuningen Museum, Rotterdam
Four projected images, Museum of Modern Art, San Francisco
Galerie Marian Goodman, Paris

1999 ICA, London (Kat.: Robert Storr, Michael Newman, Okwui Enwezor)
Kunsthalle, Zürich

Gruppenausstellungen (Auswahl) / Group Exhibitions (Selection)

1994 *Acting Out: The Body in Video. Then and Now*, Royal College of Art, London (Kat.)

1995 *Mirage: Enigma of Race, Difference and Desire*, Institute of Contemporary Arts, London (Kat.)
The British Art Show, Manchester u. a. (Kat.)
X/Y, Musée National d'Art Moderne, Centre Georges Pompidou, Paris

1996 *Spellbound*, Hayward Gallery, London (Kat.)
Timing, De Appel Foundation, Amsterdam
Life/Live, ARC, Musée d'Art Moderne de la Ville de Paris, Centro Cultural de Belem, Lisbon (Kat.)

1997 *La Collection*, Musée Départemental d'Art Contemporain, Rochechouart
Documenta 10, Kassel
2nd Johannesburg Biennale, Johannesburg
Infra-slim, The Soros Center for Contemporary Art, Kiev

1998 *Wounds*, Moderna Museet, Stockholm (Kat.)
Ironisch/Ironic, Museum für Gegenwart Kunst, Zürich
La conscienza luccicante. Dalla videoarte all'arte interattiva, Palazzo delle Esposizioni, Rome

1999 Museum of Contemporary Art, Houston

Artikel (Auswahl) / Articles (Selection)

1994 Catherine Elwes, *Acting Out, The Body in Video: Then and Now*, in: *Art Monthly*, S. 23–24, April

1995 Sarah Kent, *Body Politic*, in: *Time Out*, 24–31. Mai
Richard Cork, *Bigotry trounced in show of Wit*, in: *The Times*, 27. Juni
Mark Sladen, *Black on Black*, in: *Art Monthly*, Juli – Aug., S. 13-15
Christian Haye, *Just an illusion*, in: *Frieze*, Sept.

Sacha Craddock, *Great British Hopes, Steve McQueen*, in: *The Times*, 14. Okt.
Robert Garnet, *The British Art Show 4*, in: *Art Monthly*, Dez./Jan.

1996 *Kritiker Umfrage* (Richard Cork), in: *Art*, Jan.
David Lillington, *Bloemetjes op de jurk van England*, in: *Metropolis*, Nr. 1
Emmanuel Cooper, *Gay Times*, Feb., S. 51
Adrian Searle, *The Guardian*, 24. Feb.
Jonathan Romney, *The Guardian*, 24. Feb.
Richard Cork, *The Times*, 5. März
Anna Tilroe, *Met film kan ik een regenboog in een kamer maken*, in: *Cultureel Supplement NRC Handelsblad*, 22. März
Christian Hayes, *Motion Pictures*, in: *Frieze*, Mai, S. 40-43
Adrian Searle, *The good, the bad and the ugly*, *The Guardian*, 8. Okt.
Elisabeth Lebovici, *La grande évasion selon Steve McQueen*, in: *Liberation*, 10. Okt.
Adrienne Burrows, *Das Reale und das System*, in: *Tages-Anzeiger*, 6. Nov.
Patricia Bickers, *Let's Get Physical*, Interview, in: *Art Monthly*, Dez./Jan., S. 1-5
Adrian Searle, *Let me through-I'm a critic*, in: *The Guardian*, 31. Dez.

1997 Rob Perrée, *Steve McQueen, Misleidende Filminstallaties*, in: *Kunstbeeld*, Vol. 21, Nr. 3
Gilda Williams, *Steve McQueen at Anthony Reynolds Gallery*, in: *Art in America*, April, S. 125
Dorothee Baer-Bogenschütz, *Sich beim Zuschauen anschauen*, in:*Frankfurter Rundschau*, 14. April
Ineke Schwartz, *In kunstwereld zijn mogenlijkheden voor filmers eindeloos*, in: *De Volkskrant*, 29. April
Andreas Bauer, *Enthüllender Spiegel*, in: *Andere Zeitung*, Mai
Roberta Smith, *Steve McQueen*, in: *The New York Times*, 6. Juni
Jerry Saltz, *Steve McQueen*, in: *Time Out Magazine (New York)*, 16-26. Juni
Verena Kuni, *Steve McQueen at Portikus*, in: *Kunstbulletin*, Nr. 6, Juni
Jan Winkelmann, *Steve McQueen*, in: *art/text*, Aug.-Okt.
Interview mit Philip Dodd, *Tate magazine*, Nr. 13, Winter, S. 36-39
Collier Schorr, *McQueen dreams*, in: *Bazaar*, Nov.
David Fraenkel, *Steve McQueen*, in: *Artforum*, Nov., S. 102-103
Martha Schwendener, *Steve McQueen*, in: *Flash Art*, Nov./Dez., Nr. 111
Pick of the day und *Critic's picks*, in: *Time Out*, Nov./Dez.
Whitney Scott, *Must Picks of the Week. Must Museum*, in: *New York Post*, 6. Dez.
Carol Kino, *Projects 62 : Steve McQueen*, in: *New York Time Out*, 24. Dez.
Victoria Pedersen, *Paper*, Dez.

1998 Holland Cotter, *Steve McQueen*, in: *The New York Times*, 23. Jan.
Michael Archer, *Steve McQueen*, in: *Art Monthly*, Nr. 213, Feb., S. 20
Chris Darke, *Oscar material? Er, not quite*, in: *The Independent*, 8. Feb.
Leslie Camhi, *In the House*, in: *The Village Voice*, 10. Feb.
Geoff Andrew, *Dutch Courage*, in: *Time Out*, 11.–18. Feb., S. 71
Kika Thorne, *Deadpan*, in: *Festival of Independent Film and Video*, 23. April – 2. Mai
Jade Lindgaant, *L'autre Steve McQueen*, in: *Le Monde*, 24. Sept., S. 25

Bruce Nauman (*1941, Fort Wayne, Indiana)

Einzelausstellungen (Auswahl) / Individual Exhibitions (Selection)

1966 Nicholas Wilder Gallery, Los Angeles

1968 Leo Castelli Gallery, New York
Galerie Konrad Fischer, Düsseldorf

1972 *Works from 1965 to 1972*, Los Angeles County Museum of Art; Whitney Museum of American Art, New York; Kunsthalle Bern; Städtische Kunsthalle, Düsseldorf; Stedelijk van Abbe Museum, Eindhoven; Palazzo Reale, Mailand; Contemporary Arts Museum, Houston; San Francisco Museum of Art (Kat.: Jane Livingstone, Marcia Tucker)

1973 *Floating Room*, Fine Arts Gallery, University of California, Irvine; Leo Castelli Gallery, New York
Flayed Earth/Flayed Self (Skin/Sink), Nicholas Wilder Gallery, Los Angeles
Image Projection and Displacement (No Promises), Ace Gallery, Vancouver

1974 Ace Gallery, Vancouver
Galerie Konrad Fischer, Düsseldorf
Yellow Triangular Room, Santa Ana College Art Gallery
Wall With Two Fans, Wide White Space, Antwerpen
Galerie Ileana Sonnabend, Paris

1975 *Cones Cojones*, Leo Castelli Gallery, New York
Consummate Mask of Rock, Albright-Knox Art Gallery, Buffalo (Kat.: Linda L. Cathcart)
Forced Perspective: Open Mind, Closed Mind, Equal Mind, Parallel Mind (Allegory and Symbolism), Galerie Konrad Fischer, Düsseldorf

1976 San Francisco Art Institute, San Francisco
Enforced Perspective. Allegory and Symbolism, Ace Gallery, Vancouver
White Breathing, UNLV Art Gallery, University of Nevada, Las Vegas

Consummate Mask of Rock, Sperone Westwater Gallery und Leo Castelli Gallery, New York

1978 InK. Halle für Internationale neue Kunst, Zürich (Kat.: *Dokumentation 1*, Christel Sauer)
1/12 Scale Study in Fiberglass and Plaster for Cast Iron of a Trench and Four Tunnels in Concrete at Full Scale, Art Gallery, University of California, San Diego

1979 *Bruce Nauman: An Installation*, Portland Center for the Visual Arts, Portland

1980 Leo Castelli Gallery, New York
New Sculpture, Hill's Gallery of Contemporary Art, Santa Fe
North, East, South, South East, Galerie Konrad Fischer, Düsseldorf
InK. Halle für Internationale neue Kunst, Zürich (Kat.: *Dokumentation 8*, Christel Sauer)

1981 *1/12-Scale Models for Underground Pieces*, Albuquerque Museum, Albuquerque. (Kat.: Jennie Lusk)
Stone Sculpture: Enforced Perspective: Allegory and Symbolism, Ace Gallery, Venice
Bruce Nauman, 1972 1981, Kröller Müller Museum, Otterlo; Staatliche Kunsthalle, Baden-Baden (Kat.: Siegmar Holsten, Ellen Joosten, Rudolf Oxenaar, Katharina Schmidt)
Photo Piece, Window Screen, Hologram, Neon Sculptures, Cast-Iron Sculpture, Drawings 19671981, Galerie Konrad Fischer, Düsseldorf

1982 *Violins, Violence, Silence*, Leo Castelli Gallery, New York
Neons, Baltimore Museum of Art, Baltimore (Kat.: Brenda Richardson, catalogue raisonne)

1983 *Dream Passage, Stadium Piece, Musical Chairs – Drei neue Arbeiten*, Museum Haus Esters, Krefeld (Kat.: Julian Heynen)
Hoffnung/Neid, Galerie Konrad Fischer, Düsseldorf

1984 Hallen für neue Kunst, Schaffhausen
Recent Neons and Drawings, Daniel Weinberg Gallery, Los Angeles
Room with My Soul Left Out, Leo Castelli Gallery, New York
Seven Virtues and Seven Vices. White Anger, Red Anger, Yellow Peril, Black Death, Sperone Westwater Gallery, New York

1985 *New Work, Neons and Drawings*, Donald Young Gallery, Chicago
New Neons, Galerie Konrad Fischer, Düsseldorf

1986 Galerie Jean Bernier, Athen
Oeuvres sur papier, Galerie Yvon Lambert, Paris
Drawings/Zeichnungen 1965–1986, Museum für Gegenwartskunst, Basel; Kunsthalle Tübingen; Städtisches Kunstmuseum, Bonn; Museum Boymans-van Beuningen, Rotterdam; Kunstraum, München; Badischer Kunstverein, Karlsruhe; Hamburger Kunsthalle, Hamburg; New Museum of Contemporary Art, New York; Contemporary Arts Museum, Houston; Museum of Contemporary Art, Los Angeles; University of California, Berkeley (Kat.: Coosje van Bruggen, Dieter Koepplin Franz Meyer, catalogue raisonne)
Whitechapel Art Gallery, London; Kunsthalle, Basel; ARC, Musee d'Art Moderne de la Ville de Paris (Kat.: Jean-Christophe Ammann, Nicholas Serota, Joan Simon)

1987 *Neon and Video*, Donald Young Gallery, Chicago
Daniel Weinberg Gallery, Los Angeles

1988 *Videos 1965-1986*, Museum of Contemporary Art, Los Angeles
Sperone Westwater Gallery, New York
Musee National d'Art Moderne, Centre Georges Pompidou, Paris

1989 *New Prints*, Sperone Westwater Gallery, New York
Heads and Bodies, Galerie Konrad Fischer, Düsseldorf
Prints 1970–1989, Leo Castelli Graphics und Lorence-Monk Gallery, New York (Kat.: Christopher Cordes, John Yau)
Bruce Nauman: A Survey, Anthony d'Offay Gallery, London.

1990 *Shadow Puppets and Instructed Mime*, Sperone Westwater Gallery, New York
Skulpturen und Installationen 1985-1990, Museum fur Gegenwartskunst, Basel; Städtische Galerie, Städelsches Kunstinstitut, Frankfurt; Musee Cantonal des Beaux-Arts, Lausanne (Kat.: Franz Meyer und Jörg Zutter)

1991 *Prints and Multiples*, Thea Westreich, New York; Museum van Hedendaagse Kunst, Gent; Institute of Contemporary Arts, London; Museum Boymans-van Beuningen, Rotterdam; Tel Aviv Museum of Art u. a.
OK OK OK, Portikus, Frankfurt

1992 *Neons*, Anthony d'Offay Gallery, London
Ydessa Hendeles Art Foundation, Toronto
Salzburger Kunstverein, Salzburg

1993-95 Retrospektive, Centro De Arte Reina Sofia, Madrid; Walker Art Center, Minneapolis; Museum of Contemporary Art, Los Angeles; Hirshhorn Museum and Sculpture Garden, Washington D.C.; Museum of Modern Art, New York (Kat.: Neal Benezra, Kathy Halbreich, Paul Schimmel, Joan Simon, Robert Storr, catalogue raisonne)

1994 *Falls, Pratfalls and Sleights of Hand*, Leo Castelli Gallery, New York; Anthony d'Offay Gallery, London
Prints and Drawings, Leo Castelli Gallery, New York
Seven Virtues and Seven Vices, Galerie Konrad Fischer, Düsseldorf

1995 *Falls, Pratfalls and Sleights of Hand*, Galerie Jean Bernier, Athen

1996 *Rotating Glass Walls (1970)*, Museum Boymans-van Beuningen, Rotterdam
Konsthall, Stockholm
Fifteen Pairs of Hands, White Bronze, Leo Castelli Gallery, New York
Video e Sculpture, Sperone Westwater Gallery, New York

1997 *Image/Texte 1966–1996*, Centre Georges Pompidou, Paris; Kunstmuseum Wolfsburg; Hayward Gallery, London; Museum of Contemporary Art, Helsinki (Katalog: Francois Albera, Christine van Assche, Vincent Labaume, Jean-Charles Massera, Gijs van Tuyl)
1998 *Versuchsanordnungen. Werke 1965–1994*, Hamburger Kunsthalle (Kat.: Uwe Schneede, Joan Simon, Barbara Engelbach, Melitta Kliege, Günter Metken, Friederike Wappler)

Rosemarie Trockel (* 1952, Schwerte, Deutschland)

Einzelausstellungen (Auswahl) / Individual Exhibitions (Selection)

1983 Monika Sprüth Galerie, Köln
Galerie Philomene Magers, Bonn (Kat.)
1984 Monika Sprüth Galerie, Köln (Kat.)
Galerie Ascan Crone, Hamburg
Stampa, Basel
1985 Rheinisches Landesmuseum, Bonn (Kat.)
1986 Galerie Erika Friedrich, Bern
Monika Sprüth Galerie, Köln
1987 Galerie Tanit, München
Galerie Ascan Crone, Hamburg
1988 Museum of Modern Art, New York
Kunsthalle, Basel
ICA, London (Kat.)
Barbara Gladstone Gallery, New York
1989 Donald Young Gallery, Chicago
Galerie Erika und Otto Friedrich, Bern
1990 Galerie Michael Werner, Köln (Kat.)
1991 Museum für Gegenwartskunst, Basel
Neuer Berliner Kunstverein, Berlin
Mario Diacono, Boston
Institute of Contemporary Art, Boston
University Art Museum, Berkeley
Museum of Contemporary Art, Chicago
Galerie Samia Saouma, Paris
Galerie Brachot-Amelio, Paris
1992 Museo Nacional Centro de Arte Reina Sofia, Madrid (Kat.)
Museum Ludwig, Köln
Galerie Ascan Crone, Hamburg (Kat.)
The Museum of Contemporary Art, Helsinki
Monika Sprüth Galerie, Köln
1993 DePont Stichting, Tilburg
Galerie Anne de Villepoix, Paris
Kunststation St. Peter, Köln (Kat.)
Le Case d'Arte, Mailand
Galerie Xavier Hufkens, Brüssel
Neues Museum Weserburg, Bremen
City Gallery, Wellington (Kat.)
Galerie Tanit, München
Anders Tornberg Galleri, Lund (Kat.)
Kunstverein Schwerte
1994 Galleria Lucio Amelio, Napoli
Monika Sprüth Galerie, Köln
Museum of Contemporary Art, Sydney
Museum für Angewandte Kunst, Wien (Kat.)
Centre d'Art Contemporain, Genf
Biennale Sao Paulo
Barbara Gladstone Gallery, New York
1995 Galerie Feuerle, Köln
Haus Esters, Krefeld (Kat.)
Galerie Springer, Berlin
Les Musée des Beaux Arts, Nantes (Kat.)
The Israel Museum, Jerusalem
Galerie Metropol, Wien
1996 Nolan/Eckman Gallery, New York
Biennale Sidney
Stampa, Basel
Akira Ikeda Gallery, Tokyo
Centre for Contemporary Art, Warschau
Mückenbus, Wissenschaftsmuseum Bonn (Zusammenarbeit mit Carsten Höller)
1997 Documenta X, Kassel (Zusammenarbeit mit Carsten Höller)
Kunstverein Schwerte
Barbara Gladstone Gallery, New York
Monika Sprüth Galerie, Köln
1998 Donald Young Gallery, Seattle (Zusammenarbeit mit Carsten Höller)
Leopold-Hösch-Museum, Düren (Kat.)
Hamburger Kunsthalle (Katalog)
Whitechapel Art Gallery, London (Kat.)
1999 Museé d'Art Moderne de la Ville de Paris (Zusammenarbeit mit Carsten Höller)
BQ, Köln (mit Carsten Höller)
Staatsgalerie Stuttgart
Biennale Venedig
M.A.C. Galeries Contemporaines des Musées de Marseille

Gruppenausstellungen (Auswahl) / Group Exhibitions (Selection)

1985 *Ars Viva 85/86*, Bauhaus Archiv, Museum für Gestaltung, Berlin
Kölner Herbstsalon, Museum Ludwig, Köln
Kunst mit Eigensinn, Museum Moderner Kunst, Wien
1987 *Art from Europe*, Tate Gallery, London
Similia/Dissimilia, Städtische Kunsthalle Düsseldorf
1988 *Carnegie International*, Museum of Art, Carnegie Institute, Pittsburgh
Refigured Painting: The German Image 1960–88, Toledo Museum of Art, Ohio; Solomon R. Guggenheim Museum, New York; Williams College of Art, Williamstown

1989 *Bilderstreit*, Messehallen Köln

1992 *Allegories of Modernism: Contemporary Drawing*, The Museum of Modern Art, New York

Ars Pro Domo, Museum Ludwig, Köln

1993 *Widerstand*, Haus der Kunst, München

1994 *Le modele, le double, l'identique*, Amiens

Dialogue with the other, Brandts Klaedefabrik, Odense

Das Jahrhundert des Multiple, Deichtorhallen, Hamburg

Frith Street Gallery, London

1995 *Trust*, Tramway, Glasgow

Galerie Blüher, Köln

Galerie Navarra, Paris

Biennale Istanbul

More than real, Lucio Amelio, Neapel

Féminin-Masculin: La sexe de l'art, Centre Georges Pompidou, Paris

Images in Perspectives, Zerynthia, Rom

Pittura/Immedia, Neue Galerie, Graz

1996 *Manifesta* Rotterdam

Berechenbarkeit der Welt, Bonner Kunstverein

Fremdkörper, Museum für Gegenwartskunde, Basel

Galerie Hübner & Thiel, Dresden

Fondo, Figura y Lluvia, Galerie Estrani, Barcelona

Arte & Moda 1900-2000, Biennale di Firenze

Galerie Blüher, Köln

Von Beuys bis Trockel, Centre Pompidou, Paris

Sammlung Speck, Museum Ludwig, Köln

Stiftung Froehlich, Staatsgalerie Stuttgart

Höhepunkte zeitgenössischer Kunst aus der Sammlung Garnatz, Städtische Galerie Karlsruhe

1997 *Kwangju Biennale*, Korea

Art/Fashion, Guggenheim Museum, New York

Aura, Ars Futura, Zürich

1998 *Mai 98*, Kunsthalle Köln

h:min:sec, Kölnischer Kunstverein, Köln

1999 *Maison/Häuser*, Carsten Höller/Rosemarie Trockel, Musée d'Art Moderne de la Ville de Paris (Kat.)

Bill Viola (* 1951, New York)

Einzelausstellungen (Auswahl) / Individual Exhibitions (Selection)

1973 *New Video Works*, Everson Museum of Art, Syracuse, New York

1974 The Kitchen, New York

1975 *Rain-Three Interlocking Systems*, Everson Museum of Art, Syracuse, New York (Kat.)

1977 The Kitchen, New York

1979 *Projects*, The Museum of Modern Art, New York

1980 *Chott el-Djerid*, Long Beach Museum of Art, Kalifornien

1981 *Work from 1976 to 1981*, Vancouver Art Gallery, Kanada

1982 Whitney Museum of American Art, New York

1983 Musee d 'Art Moderne de la Ville de Paris (Kat.: Anne Marie Duguet, John G. Hanhardt, Kathy Huffman, Suzanne Page, Bill Viola, Interview: Deirdre Boyle)

1985 Moderna Museet, Stockholm

The Museum of Contemporary Art, Los Angeles (Kat.)

1987 *Installations and Videotapes*, The Museum of Modern Art, New York (Kat.: J. Hoberman, Donald Kuspit, Bill Viola)

1988 *Reasons for Knocking at an Empty House: Video Installations and Videotapes*, Riverside Studios, London

Survey of a Decade, Contemporary Arts Museum, Houston (Kat.: Deirdre Boyle, Kathy Rae Huffman, Christopher Knight, u. a.)

1989 Fukui Fine Arts Museum, Fukui-City (*The 3rd Fukui International Video Biennale*) (Kat.)

Installations and Videotapes, Winnipeg Art Gallery, Canada

1990 *The Sleep of Reason*, Fondation Cartier pour l'Art Contemporain, Jouy-en-Josas, Frankreich (Kat.)

1991 *Video Projects*, Museum for Moderne Kunst, Frankfurt

1992 *Nantes Triptych*, Chapelle de l'Oratoire, Musee des Beaux-Arts de Nantes, Frankreich

Two Installations, Anthony d'Offay Gallery, London

1992-94 *Slowly Turning Narrative*, Institute of Contemporary Art, University of Pennsylvania, Philadelphia; Musee d'Art Contemporain, Montreal; Indianapolis Museum of Art; Museum of Contemporary Art, San Diego; Center for the Fine Arts, Miami; u. a. (Kat.: Melissa E. Feldman, H. Ashley Kistler)

1993 Donald Young Gallery, Seattle

An Instrument of Simple Sensation, Anthony d'Offay Gallery, London

Musee d'Art Contemporain, Montreal (Kat.: Josée Bélisle)

1993-94 *Unseen Images/Nie gesehene Bilder/Images Jamais vues*, Kunsthalle Düsseldorf; Moderna Museet, Stockholm; Museo Nacional Centro de Arte Reina Sofia, Madrid; Musee Cantonal des Beaux-Arts, Lausanne; Whitechapel Art Gallery, London; Tel Aviv Museum of Art, Israel (Kat.: Rolf Lauter, Marie Luise Syring, Interview: Jörg Zutter)

1994 *Images and Spaces*, Madison Art Center, Wisconsin (Kat.: Tina Yapelli, Toby Kamps, Bill Viola)

In the MInd's Eye: A Sacred Space, Oriel, Cardiff, Wales

Stations, American Center, Paris

Território do Invisivel/Site of the Unseen, Centro Cultural Banco do Brazil, Rio de Janeiro (Kat.: Ivana Bentes, Marcello Dantas, Kathy Huffman, Interview: Jörg Zutter)

Video Installations and Videotapes, Salzburger Kunstverein, Salzburg (Kat.: Friedemann Malsch, Celia Montolio, Otto Neumaier, Bill Viola, Interview: Otto Neumaier und Alexander Pohringer)

1994-97 *Déserts*, Konzerthaus, Wien; Konzerthaus, Karlsruhe; Muffathalle, München; Semper-Oper, Dresden; Palazzetto dello Sporto, Venedig; Hallein/Perner-Insel, Salzburg; Philharmonie, Köln; Alte-Oper, Frankfurt; Konzerthaus, Berlin; Concertgebouw, Amsterdam; Royal Festival Hall, London; Globe Arena, Stockholm; KB-Hallen, Kopenhagen; Auditorio RAI, Turin; Theatre des Champs-Elysees, Paris; Schauspielhaus, Frankfurt

1995 *Room for St. John of the Cross*, Douglas F. Cooley Memorial Art Gallery, Reed College, Portland
Stations, Stedelijk Van Abbe Museum, Eindhoven

1995-96 *Buried Secrets/Segreti sepolti*, Biennale Venedig; Kestner-Gesellschaft, Hannover; Arizona State University Art Museum, Tempe; The Institute of Contemporary Art, Boston (Kat.: Marilyn A Zeitlin, Carl Haenlein, Susie Kalil, Bill Viola)

1996 *New Work*, The Savannah College of Art and Design, Georgia
Stations, Lannan Foundation, Los Angeles (Broschüre: Kathleen Merrill, Jenee Misraje)
Stations, Württembergischer Kunstverein, Stuttgart (Kat.: Martin Hentschel, Hannelore Paflik-Huber, Bill Viola)
Trilogy: Fire, Water, Breath, Chapelle Saint-Louis de la Salpetriere, Festival d'Automne, Paris

1996-97 *The Messenger*, Durham Cathedral, Durham; South London Gallery, London; Video Positive 97, Liverpool; The Fruitmarket Gallery, Edinburgh; Oriel Mostyn, Llandudno, Gwynedd, Wales (Kat.: Felicity Sparrow, David Jasper, Stuart Morgan)

1997 *Fire, Water, Breath*, Guggenheim Museum SoHo, New York (Broschüre: John G. Hanhardt)
The Messenger, Albright-Knox Art Gallery, Buffalo (Broschüre: Marc Mayer)
Science of the Heart, Milwaukee Art Museum, Wisconsin

1998 Retrospektive, The Whitney Museum of American Art, New York (Kat.)

1999 *Europäische Einsichten/European Insights*, Museum für Moderne Kunst, Frankfurt a. M. (Kat.)

TV-Übertragungen (Auswahl) / Broadcasts (Selection)

1977 *Migration* (1976), in: *Artist's Showcase*, WGBH-TV, Boston

1978 *Four Songs* (1976), in: *Video and Television Review*, WNET/Thirteen, New York
Memories of Ancestral Power (The Solomon Islands) (1977–78), in: *Visa*, WNET/Thirteen, New York

1980 *Chott el-Djerid (A Portrait in Light and Heat)* (1979), in: Video/Film Review, WNET/Thirteen, New York; Belgische Radio en Televisie, October 1983; *Die Matinee*, SF DRS, Zürich

1982 *Hatsu-Yume (First Dream)* (1981), in: *Video/Film Review*, WNET/Thirteen, New York

1983 *Reverse Television-Portraits of Viewers*, WGBH, Boston; in: *El Arte del Video*, Television Espanola, Channel 2, Madrid

1984 *Ancient of Days* (1979-81), in: *Video and Television Review*, WNET/Thirteen, New York; *The Independents: Dispatches*, The Learning Channel

1987 *I Do Not Know What It Is I Am Like*, ZDF, Deutschland; WGBH, Boston; La Sept, Paris

1991 *The Passing*, ZDF, Deutschland; BBC, London
The Reflecting Pool (1977-79), in: *New Television*, WGBH, Boston; *Die Matinee*, SF DRS, Zürich

1993 *Angel's Gate* (1989), in: *Metropolis*, Television Espanola, Channel 2, Madrid

1994 *Déserts*, ZDF, Deutschland; VARA Netherlands 3; Arte, Frankreich; *Alive TV*, KCET, Los Angeles

55 James Coleman *La Tache Aveugle*, 1978-90
Kontinuierlich projizierte Bilder, s/w, ohne Ton / Continuous projected images, b/w, silent
Courtesy James Coleman, Galerie Rüdiger Schöttle, München und Galerie Johnen und Schöttle, Köln
Foto: Courtesy James Coleman

60 – 63 Tacita Dean *Gellért*, 1998
16-mm-Farbfilm, 6 min, vertont (Farbfotografien, Auflage 8) / 16-mm-colour-film, 6 min, optical sound (colourphotographs, edition 8). Auflage / Edition 4
Courtesy Tacita Dean und Frith Street Gallery, London. Fotos: Tacita Dean, courtesy Frith Street Gallery

66 – 69 Stan Douglas *Nu·tka·*, 1996
Videoprojektion mit quadrophonischem Ton, 6:50 min pro Durchlauf, variable Größe (Stills) / Single-channel video projection with quadrophonic sound, 6:50 min each rotation dimensions variable (stills)
Auflage / Edition 2. Solomon R. Guggenheim Museum, New York; National Gallery of Canada, Ottawa
Courtesy Stan Douglas und David Zwirner, New York. Fotos: Stan Douglas

72 – 77 Douglas Gordon *24 Hour Psycho*, 1993
Videoinstallation, s/w, ohne Ton, freistehende Leinwand (300 x 400 cm), von VHS-Kopie generiertes Bild, 24 h, (Installationsfotos) / Video installation, b/w, silent, single screen (300 x 400 cm), image generated from commercially available VHS copy, 24 h (exhibition views). Auflage / Edition 2: Privatsammlung, London; Kunstmuseum Wolfsburg
Courtesy Douglas Gordon. Fotos: Heidi Kosaniuk, John Riddy, courtesy Lisson Gallery, London

80 – 83 Steve McQueen *Bear*, 1993
16-mm-Film, Transfer auf Video, s/w, ohne Ton, 10 min 35 sec (Stills) / 16-mm-film, video transfer, b/w, silent, 10 min 35 sec (stills). Auflage / Edition 3
Courtesy Anthony Reynolds Gallery. Foto: Steve McQueen, courtesy Anthony Reynolds Gallery, London und Marian Goodman Gallery, New York

87, 89 Bruce Nauman *Art Make-Up No. 1–4: White, Pink, Green, Black*, 1967/68
4 16-mm-Farbfilme, ohne Ton, à ca. 10 min / 4 16-mm colour films, silent, approx. 10 min each
Stedelijk Museum Amsterdam. Fotos: Courtesy Stedelijk Museum Amsterdam

92 – 97 Rosemarie Trockel *Mutter, Mutter* (1992) *Ei-Dorado* (1993)
Video, s/w, vertont, à 1 min (Stills) / Video, b/w, sound, 1 min each (stills)
Galerie Monika Sprüth, Köln. Fotos: Bernhard Schaub

101 – 103 Bill Viola *The Greeting*, 1995
Video/Klanginstallation (Stills) / Video/sound installtion (production stills)
Auflage 1: Pamela und Dick Kramlich, San Francisco; Auflage 2: Modern Art Museum of Fort Worth, Texas; Auflage 3: Kunstmuseum Basel; Auflage 4: Stiftung Ludwig, Aachen; Auflage 5: DePont Foundation, Tilburg, Niederlande (Artist's proof, als anonyme Stiftung dem Whitney Museum of American Art, New York, in Aussicht gestellt) / (Artist's proof, anonymous donor, promised gift to the Whitney Museum of American Art)
Museum Ludwig, Köln. Foto: Kira Perov

Besonderer Dank an / Special Thanks to

die Künstler / the artists:
James Coleman, Tacita Dean, Stan Douglas, Douglas Gordon,
Steve McQueen, Bruce Nauman, Rosemarie Trockel, Bill Viola

Matthias Gaertner
Colin Grifith
Andreas Hofstett
Irene Netta
Julian Rosefeldt
Rüdiger Schöttle
Michael Tarantino
Ulrich Wilmes
Doris M. Würgert
Stedelijk Museum Amsterdam
Museum Ludwig, Köln
Frith Street Gallery, London
Lisson Gallery, London
Anthony d'Offay Gallery, London
Anthony Reynolds Gallery, London
Galerie Monika Sprüth, Köln
David Zwirner Gallery, New York

Dieses Buch erscheint anläßlich der Ausstellung
Geschichten des Augenblicks, Lenbachhaus Kunstbau München,
28. April – 13. Juni 1999.

This book was published on the occasion of the exhibition
Moments in Time, Lenbachhaus Kunstbau Munich,
April 28 – June 13, 1999.

Herausgeber / Editor
Helmut Friedel, Städtische Galerie im Lenbachhaus München

Konzept / Concept
Helmut Friedel, Susanne Gaensheimer

Ausstellung und Katalog / Exhibition and Catalogue
Susanne Gaensheimer

Übersetzung der Texte von / Translation of the texts by
Susanne Gaensheimer und Ulrich Wilmes
Pauline Cumbers

Übersetzung des Texts von / Translation of the text by
Michael Tarantino
Karen Lauer

Technische Leitung / Technical Supervisor
Andreas Hofstett

Presse / Public Relations
Johanna zu Eltz

Gestaltung / Graphic Design
D. M. Würgert

Lithografie / Lithography
goya productions, München

Druck und Bindung / Printing and Binding
Dr. Cantz'sche Druckerei, Ostfildern-Ruit bei Stuttgart

Umschlag / Cover
Ausschnitt eines Stills aus / Detail of still from:
Steve McQueen, *Bear*, 1993

ISBN 3-89322-983-3
Printed in Germany

Erschienen im Hatje Cantz Verlag
Senefelderstraße 12
73760 Ostfildern-Ruit
Telefon 0711/4405-0, Fax 0711/4405-220
Internet: www.hatjecantz.de

Distribution in the US
D.A.P., Distributed Art Publishers, Inc.
155 Avenue of the Americas, 2nd floor
USA-New York, N.Y. 10013-1507
Phone 212/6271999, Fax 212/6279484